PRYDNAWNGWAITH Y CYMRY

a gweithiau eraill gan William Williams

Bachgen hunanaddysgedig o Drefdraeth, Sir Fôn, oedd William Williams (1738-1817). Yn brentis cyfrwywr yn Llannerch-y-medd, dechreuodd feithrin diddordebau llenyddol, a chymdeithasu â rhai o'r un anian, yn cynnwys Robert Hughes (Robin Ddu II o Fôn), Huw Huws y Bardd Coch a William Morris, Caergybi. Ar bwys ei ddawn ysgrifennu, cafodd swydd clerc ar stad y Penrhyn, Llandygái, a 'William Williams Llandygái' fu o hynny allan. Daeth arno fwy a mwy o gyfrifoldeb nes dod, i bob pwrpas os nad mewn enw, yn brif weinyddwr y stad yn ystod y cyfnod o ddatblygu ac arloesi mawr yn y 1780au o dan berchenogaeth newydd Richard Pennant, yr Arglwydd Penrhyn cyntaf. Bu iddo ran allweddol yn y gwaith o agor Chwarel Cae Braich y Cafn (Chwarel y Penrhyn yn ddiweddarach) fel menter gyfalafol fawr, ac ym mhob datblygiad cysylltiedig, yn cynnwys datblygu harbwr Abercegin (Porth Penrhyn). Ym 1786 fe'i disodlwyd braidd pan benodwyd Benjamin Wyatt yn brif stiward y Penrhyn, ond parhaodd i wasanaethu'r stad yn ddyfal a hefyd i arfer crefft y tirfesurydd, yr oedd wedi ei dysgu iddo'i hun. Ym 1802 cafodd ymddeol ar gyflog llawn, – braint eithriadol i ddyn o'i oes ac o darddiad gwerinol. Yn ŵr ymchwilgar a diwylliedig, bu'n arloeswr amlochrog mewn llenyddiaeth hefyd. Ei *Observations on the Snowdon Mountains* (1802) yw'r llyfr safonol cyntaf ar ardal Eryri, os nad yn wir ar unrhyw ardal o Gymru. *Prydnawngwaith y Cymry*, a gwblhaodd ym 1804 ond nas cyhoeddwyd tan 1822, sef wedi ei farw, yw'r llyfr Cymraeg printiedig cyntaf i ddiffinio Oes y Tywysogion fel pennod [illegible]ru. Ymhlith ei waith toreithiog arall mae ysgrifau newyddiadurol sy'n flaengar yn eu hoes, a cherddi rhyddion a fuasai – petai mwy yn gwybod amdanynt – wedi ennill eu lle yn natblygiad y delyneg Gymraeg. Cyhoeddir yma, am y tro cyntaf er 1822, destun y *Prydnawngwaith*, ynghyd â detholiad o'r ysgrifau a'r cerddi. Rhyngddynt, cawn ddarlun o argyhoeddiadau a rhagfarnau sylwedydd meddylgar ar ei gymdeithas ac ar hanes Cymru, gyda'r ambell gyfyng-gyngor, neu groesddweud ar rai materion, yn ychwanegu at eu diddordeb. Cawn hefyd flas ar arddull ac iaith Cymro trwyadl a saif yn llinach y clasuron.

Mae DAFYDD GLYN JONES yn gyn-Ddarllenydd yn y Gymraeg, Prifysgol Cymru, Bangor ac yn awdur cofiant i William Williams.

William Williams, peintiad olew gan arlunydd anhysbys, drwy ganiatâd Amgueddfa ac Oriel Gwynedd, Bangor.

Cyfrolau Cenedl 3

Prydnawngwaith y Cymry

a gweithiau eraill gan William Williams

Golygwyd gan

DAFYDD GLYN JONES

DALEN NEWYDD

2011

Argraffiad cyntaf – 2011

Rhif llyfr cydwladol (ISBN) 978-0-9566516-3-1

Cydnabyddir yn ddiolchgar gymorth Cyngor Llyfrau Cymru
tuag at gyhoeddi'r gyfrol hon.

Cynllunio gan nereus,
Tanyfron, 105 Stryd Fawr, Y Bala, Gwynedd, LL23 7AE.
e-bost: dylannereus@aol.com

Cyhoeddwyd gan Dalen Newydd,
3 Trem y Fenai, Bangor, Gwynedd, LL57 2HF.
e-bost: dalennewydd@yahoo.com

Argraffwyd a rhwymwyd gan MWL Print Group Cyf.,
Unedau 10/13, Stad Ddiwydiannol Pontyfelin, New Inn,
Pont-y-pŵl, Torfaen, NP4 4DQ.

Rhagair

Mewn cofiant i'w awdur neilltuais bennod i *Prydnawngwaith y Cymry*, gan sôn am ei gefndir a'r pethau ynddo a welwn i yn arbennig o ddiddorol. Dyma bellach estyn cyfle a gwahoddiad i Gymry heddiw ei ddarllen a ffurfio barn amdano. Gyda hynny dyma ychydig o ysgrifau a cherddi William Williams.

Diolchaf i'm mab, Gethin, am gysodi testun y *Prydnawngwaith*, ac i'n cynllunydd, Dylan Jones, am gymryd y camau pellach angenrheidiol. Diolch i'r argraffwyr eto am bob cydweithrediad, ac i aelodau o staff y Llyfrgell Genedlaethol a Llyfrgell ac Archifdy Prifysgol Bangor am gymorth parod ar bob achlysur. Gwerthfawrogir unwaith eto gefnogaeth Cyngor Llyfrau Cymru a chyngor ei swyddogion.

Medi 2011 D.G.J.

Cynnwys

Rhagymadrodd

Rhwng canol Oes Victoria a diwedd y Rhyfel Byd Cyntaf yr oedd i'r atgof rhamantus am Oes y Tywysogion le pwysig yn niwylliant poblogaidd y Cymry Cymraeg, ac nid cwbl angof mohono eto tra pharheir i roi tro ar 'Y Marchog', 'Yr Ornest', 'Dewch i'r Frwydr' ac 'I Fyny, Blant y Cedyrn'. Ni fynnwn honni gormod dros *Prydnawngwaith y Cymry*, William Williams, ond rhesymol credu iddo, fel y llyfr Cymraeg printiedig cyntaf i gymryd cyfnod y tywysogion fel pennod glir o hanes, gyfrannu rhywbeth tuag at ddeffroad y diddordeb hwn. Fe'i cwblhawyd ym 1804, drwy drosi a helaethu drafft Saesneg a wnaed rai blynyddoedd ynghynt. Fe'i cyhoeddwyd ym 1822, pum mlynedd wedi marw William Williams, o wasg John Jones, Trefriw a than ofal Robert Williams, mab yr awdur. Bwriadwyd ef, fel y dywedir yn glir yn y 'Rhagarawd', fel dilyniant i *Ddrych y Prif Oesoedd* (Theophilus Evans) gan na wnaeth y gwaith poblogaidd hwnnw 'ond prin grybwyll am yr oesoedd a ganlynodd wedi i'r Saeson feddiannu y rhan werthfawrocaf o'r ynys, a elwir heddiw Lloegr, a tharfu y gweddillion o'n hynafiaid i'r rhan fynyddig hon o'r deyrnas, a elwir Cymru'. Daliodd yr hen *Ddrych* i werthu, gyda phedwar argraffiad ar ddeg yn ystod y bedwaredd ganrif ar bymtheg, cyn troi wedyn, yn yr ugeinfed ganrif, yn destun i'w astudio, gyda rhagymadroddion a nodiadau. Un argraffiad a fu o'r *Prydnawngwaith*, tan yr argraffiad hwn heddiw.

Deil William Williams: 'Ni welodd ac ni chlywodd y werin Gymraeg air erioed ynghylch y tywysogion a reolasant Gymru yn y cyfrwng yma, hyd y gwn i; na pha fodd y cysylltwyd Cymru â'r rhan arall o'r deyrnas dan un rheolaeth.' A yw'n iawn? Yn sicr fe fyddai cof am y tywysogion wedi ei gadw mewn ambell enw lle, a diau ambell ddarn o lên gwerin. Ond y gwir yw mai mewn olyniaeth o lyfrau Saesneg y cadwyd cofnod llenyddol trefnedig o'r hanes, llyfrau na fedrai ond ychydig o bobl Cymru eu darllen.

Mae i'r *Prydnawngwaith*, o ran ei gynllun a'i neges, ddyled eglur i'r olyniaeth honno, y ceisiais ei disgrifio mewn pennod o gofiant yr awdur. Dyma grynhoi, ond gan ychwanegu un peth a all fod o bwys, ac y dylwn fod wedi ei awgrymu o'r blaen.

Sail y cyfan yw *Brut y Tywysogion*, ein ffynhonnell Gymraeg bwysicaf o ran hanes yr Oesoedd Canol. Cyfansoddwyd y *Brut* yn hwyr yn y drydedd ganrif ar ddeg, trwy drosi o Ladin mae'n debyg, a thrwy osod ynghyd gasgliad o flwyddnodion neu 'annales' a gadwyd dros genedlaethau o gyfnod pur gynnar. O ran ei amrediad mae'n ymestyn o ddiwedd y seithfed ganrif hyd ddiwedd y drydedd ar ddeg, sef o Gadwaladr Fendigaid ('y brenin olaf', yn ôl tyb draddodiadol) hyd at Lywelyn ap Gruffydd, y tywysog olaf. (Tyb wydn arall oedd mai Caradog o Lancarfan oedd awdur y gwaith; gwrthbrofwyd hynny'n derfynol gan J.E. Lloyd.) Yr hen *Frut* hwn a gyfaddaswyd gan Humphrey Llwyd, ym 1559, yn destun Saesneg anorffenedig dan yr enw Lladin *Chronica Walliae a Rege Cadwalader ad Annum 1294*. Yn y man daeth un arall o 'wŷr y Dadeni', David Powel, i gwblhau'r gwaith hwn gydag ychwanegiadau, a'i gyhoeddi ym 1584 fel *The Historie of Cambria, now Called Wales*. Canrif go dda eto, a dyma William Wynne (un o Wynniaid Garthewin, Sir Ddinbych, ac aelod o gylch ysgolheigaidd Edward Lhuyd yn Rhydychen) yn bwrw ati i barhau a diweddaru stori Llwyd-Powel yn *The History of Wales* (1697). Mentrais y farn, wrth drafod hyn o'r blaen, mai go ddieneiniad yw llyfr Wynne, ond daliodd ei dir fel arweiniad i'r maes, gydag argraffiadau ym 1702, 1774, 1812 a 1832. Ym 1786, daeth cynnig newydd ar adrodd yr hen stori yn *The History of Wales*, William Warrington. Clerigwr o Sais oedd Warrington, a rhy brin yw ein gwybodaeth amdano o hyd, er ei bod wedi cynyddu ychydig gyda chyhoeddi gohebiaethau Iolo Morganwg, llafur y Ganolfan Uwchefrydiau Cymreig a Cheltaidd, 2007. Yr oedd Warrington yn well llenor na Wynne, a chanddo well crebwyll beirniadol a dadansoddol; ac o ran pleidgarwch i'r Cymry, a chynhesrwydd tuag at ymdrech arwrol y tywysogion, ni ragorwyd arno gan lawer.

Yr oedd llyfrau Wynne a Warrington yn ddiogel yn llyfrgell bersonol William Williams, fel y dengys catalog a wnaeth ef ym 1809, a diamau iddynt fod yn ysgogiad iddo fynd ati ei hun i lunio llawlyfr bychan newydd yn crynhoi'r hen hanes, – canys dyna yw *Prydnawngwaith y Cymry*. Dechreuodd â drafft Saesneg, 'Short Memories of the Welsh Princes', a gynhwysodd gydag amrywiaeth o gofnodion hanesyddol eraill mewn llawysgrif a alwodd 'Historical Heads' neu 'Edrybod Cwtta' (Penrhyn Ychwanegol 2942 yn archifau Prifysgol Bangor); 'cronicl' neu 'adroddiad' yw ystyr 'edrybod'. Ar ddiwedd y drafft hwn rhoddodd nodyn: 'I propose translating this account into Welsh that my countrymen may see how unjustly our forefathers have been deprived of their rights.' Gwelwn fod y fersiwn derfynol Gymraeg bron ddwywaith hyd y cynnig gwreiddiol Saesneg, ac yn cytuno'n bur glos cyn belled ag yr â hwnnw. Wrth fwrw i mewn i hanes y Llyw Olaf mae'r Saesneg i'w glywed yn pallu, fel petai'r hanesydd wedi penderfynu, neu wedi ei wthio i'r casgliad, mai â llawnder Cymraeg y gellid gwneud cyfiawnder â'r uchafbwynt trasig.

Yn awr, dyma'r peth ychwanegol y rhaid brysio i'w nodi. Ym 1801 yr oedd y *Myvyrian Archaiology of Wales* wedi ymddangos, a *Brut y Tywysogion* yn gyfan ynddo. Ni restrir ef yn llyfrgell William Williams, ond does bosib na wyddai amdano, ac anodd meddwl na chafodd olwg arno cyn cwblhau ei lyfr Cymraeg, 1804. Copïwyd testun Llyfr Coch Hergest o'r Brut, ym 1781, gan fyfyriwr yn Rhydychen, Richard Davies, a dyma'r testun dilys sydd yn y *Myvyrian* (ochr yn ochr â dau destun a ddaeth trwy law 'Iorwerth ab Iorwerth Gwilym' – sef Iolo Morganwg). Ym 1790 daeth Richard Davies yn gurad i Landygái. Buan y darganfu fod ganddo ddiddordebau llenyddol yn gyffredin â stiward y Penrhyn, a bu'r ddau'n cydweithio ar gasglu a golygu cywyddau – heb sôn am gymysgu teulu yn y man. Y tebygrwydd mawr yw fod y *Prydnawngwaith* mewn nes perthynas â'r Brut nag unrhyw lyfr arall yn yr olyniaeth oddi ar waith Humphrey Llwyd.

Perthyn i'r traddodiad, neu i'r olyniaeth, y mae cynllun y *Prydnawngwaith*, gyda'i adrannau byrion ac enw tywysog uwchben pob un. Perthyn i'r traddodiad hefyd y mae'r neges, y dehongliad, yr ideoleg: ond bod William Williams yn tanlinellu'r pethau hynny yng ngrym argyhoeddiadau personol cryfion iawn, ac yn eu mynegi mewn iaith gref a lliwgar. Cyfiawn a diosgoi, testun edmygedd a balchder dros fyth i Gymro, oedd gwrthsafiad y tywysogion yn erbyn ymosodiadau Saeson a Normaniaid. Ond yn tanseilio'r cyfan yr oedd gwendid endemig, sef tuedd y Cymry i ymrannu; byddwn yn adnabod hon fel hen bregeth Gerallt Gymro, ac mae colofn ar ôl colofn o'r Brut yn pentyrru enghreifftiau gofidus ohoni. Trychineb digymysg oedd y brad yn erbyn Llywelyn a chwymp y dywysogaeth annibynnol. A bellach gellir rhoi geirda i Owain Glyndŵr am ei ymgais i'w hadfer, – gan fod y gwaith o'i ailsefydlu yntau bellach wedi ei gychwyn gan Thomas Pennant yn ei *Tours in Wales* o 1778 ymlaen. Ond, yng nghyflawnder yr amser ac yn unol â bwriad rhagluniaeth, fe droir y byrddau unwaith eto. Mae buddugoliaeth Harri Tudur ar Faes Bosworth, 1485, yn ad-dalu am y cyfan ac yn adfer braint y Cymry, neu'r gwir Frytaniaid. Hyn a wnaeth yn bosibl deyrnas a gwladwriaeth Brotestannaidd Lloegr, y corfforwyd Cymru ynddi yn y man, er bendith ddigymysg. Trwy hyn hefyd y cafodd y Cymry yr Ysgrythur yn eu hiaith, a'r holl fendithion a ddeilliodd o hynny. Undeb 1536 (er na ddaethpwyd eto i arfer y term 'y Ddeddf Uno') oedd uchafbwynt a chyflawniad hanes y Cymry, eu tynged hanesyddol a'u ffawd dda. Canmol yr undeb hwnnw oedd diben hanes.

Mae'r ideoleg hon yn treiddio i bob cornel o hanesyddiaeth Gymreig. Fe'i ceir mewn llyfrau o hanes sirol a lleol, hanes crefyddol, hanes teuluol (fel 'Hanes Teulu Gwydir', a gyfieithodd William Williams yn gyfan o waith Syr John Wynn), a gweithiau gan Gymry ar gynfas ehangach, fel *Hanes y Byd a'r Ameroedd*, Simon Thomas (1718), a'r tra chymeradwy *Hanes Wladol a Chrefyddol Prydain Fawr*, Titus Lewis (1810). Dilynwyd *Prydnawngwaith y*

Cymry yn ystod y bedwaredd ganrif ar bymtheg gan olyniaeth bellach o lyfrau hanes, Cymraeg a Saesneg, yn amrywio o ran cwmpas a maintioli o lyfrau bychain gwasg Hugh Humphreys. Caernarfon, ar destunau fel Hywel Dda, y Llyw Olaf ac Owain Tudur, hyd at y cywaith gwyddoniadurol, mil tudalen, dwy golofn, *Hanes y Brytaniaid a'r Cymry*, dan olygyddiaeth Gweirydd ap Rhys (1872-4). Gwaith nodedig yw *Hanes Cymru a Chenedl y Cymry* gan Thomas Price (Carnhuanawc) (1842). Mae'n ddiogel o fewn yr olyniaeth, ond eto ag iddo ei nodweddion ei hun. Un o'r rhain yw'r ymgais i archwilio'r hen lenyddiaeth, a gweld pa oleuni y mae honno'n ei daflu ar ddigwyddiadau'r hanes: ymgais lew a gwreiddiol, er yr amherir ar ei gwerth gan barodrwydd fwy nag unwaith i gymryd Iolo ar ei air. Mae cenedlgarwch Carnhuanawc yn wresog ac unplyg, bron o fath y byddai cenedlaetholwr modern yn ei gydnabod. Yn an-ôl-fodernaidd i'r eithaf, sonia'n aml am 'hanfodiad' y genedl Gymreig. Pan ddaw atynt, rhaid yw iddo yntau gofnodi goruchafiaeth y Tuduriaid, ac wedyn undeb Cymru a Lloegr, ond mae rhywbeth yn ei atal rhag telynegu yn eu cylch. Drwy eirio'n gynnil a dethol, fe osgôdd y cyfyng-gyngor hwnnw, neu'r croesddywediad, a fu'n fagl i gynifer o awduron y traddodiad. Ar ôl Carnhuanawc parhawyd y gwaith gan Jane Williams (Ysgafell), ei ddisgybl a'i gofiannydd, yn ei *History of Wales* (1869), llyfr a barhaodd yn safonol am genhedlaeth, a'r stori a'r neges ynddo'n gadarn. Ar droad canrif daw llyfrau hanes O.M. Edwards yn y ddwy iaith. Fel y cyntaf o'n 'haneswyr prifysgol' fe gynrychiola drobwynt yn y traddodiad, gyda dehongliadau mwy 'proffesiynol', neu 'hanesyddol' fel y dywedai rhai, er enghraifft o gymhellion y tywysogion Cymreig a hefyd gymhellion eu gwrthwynebwyr. Eto mae digon o'r hen neges foesol yn aros.

Drwy'r olyniaeth hon o lyfrau hanes, mae'r rhagdybiadau sylfaenol yn ddiwinyddol a hefyd yn dueddbennol, – hynny yw, fe welir nod a phwrpas mewn hanes. Llaw Duw sydd ar waith, fel yn ei holl ymwneud â chenedl Israel gynt. Cosb am bechod yw pob anffawd a methiant a ddaw i ran pobloedd. Gyda Phrotestanteiddio hanes Cymru a Phrydain cafwyd gogwydd newydd, pan ddoed i ddal fod holl anniogelwch, trais ac adfyd yr Oesoedd Canol yn anorfod glwm wrth y ffaith mai Pabyddol oedd yr oesoedd hynny. Yng ngeiriau anfarwol y *Prydnawngwaith*:

> Y Butain fawr Babilonaidd oedd wedi tywyllu meddyliau dynol ryw o bob gradd, ac wedi eu cwbl ddallu rhag gweled ohonynt oleuni disglaer yr Efengyl, a phob gwybodaeth iachusol arall, fel nad oedd rheswm na threfn gymwys ar ddim, ond pawb yn palfalu ar ôl torf o offeiriadau diog, rhagrithiol a choelgrefyddol: aur a wnae iawn am bob trosedd, a maddeuant a gollyngdod i'w gael am y drwg mwyaf echryslon a niweidiol.

Mae tyllau mawr yn yr ymresymiad, a chwestiynau heb eu hateb. Y cwestiwn mwyaf efallai yw hwn: os mai cosb am bechod oedd holl helbulon blin yr Oesoedd Canol, ac yn benodol i'r Cymry, colli eu hannibyniaeth, pa rinwedd yn arbennig, neu ba weithred o edifeirwch, a enillodd iddynt yn y diwedd drugaredd Duw a'r bendithion a ddilynodd o ddiwedd y bymthegfed ganrif: buddugoliaeth y Tuduriaid, undeb Cymru a Lloegr, a Phrotestaniaeth?

Mae croesddywediad sylfaenol y traddodiad yn amlycach ym *Mhrydnawngwaith y Cymry* nag yn odid un o lyfrau'r olyniaeth, a dyna sy'n ei wneud yn arbennig o ddiddorol. A'i roi yn fyr: yr oedd popeth *i fod* wedi troi allan yn iawn i'r Cymry, – ond doedden nhw ddim chwaith! Y pethau a etifeddodd ac a dderbyniodd William Williams fel hanesydd, roeddent mewn gwrthdrawiad amlwg â rhai o'r pethau a welai ef â'i lygaid ei hun. Erbyn y diwedd mae fel gŵr wedi ei ddal mewn magl, ac yn cicio a strancio'n enbyd yn ei herbyn. Ydyw, y mae gwaed Cadwaladr Fendigaid a brenhinoedd y Brytaniaid y dwthwn hwn yn llifo yng ngwythiennau Siôr y Trydydd. Do, fe drôdd y fantol o blaid y Cymry:

> Ni welwn yn ôl yr hyn a ragfynegwyd, ein bod ni y Cymry, unig weddillion yr hen Frutaniaid gynt, wedi ein corffori a'n gwneuthur yn un genedl â'r Saeson, hiliogaeth gelynion ein tadau gynt; ac i Dduw bo'r glod, mae gennym yr un hawl a breintiau â hwythau, fel na ddichon y mwyaf rhwysgfawr ohonynt wneuthur â ni y camwri lleiaf; mae gennym yr un gyfraith â hwythau yn amddiffynfa i ni; gan hynny nid oes i ni ond cnoi ein tamaid, a dal ein tafod, a gochel bod yn gynhennus er dim.

Popeth yn iawn felly? Ydyw ... ac eto nac ydyw. Fe *fyddai* popeth yn iawn, onibai am un peth. Sef y nhw. Y bobl eraill yna. A daw'r hanes i ben mewn hwrdd ar ôl hwrdd o genedlgarwch ethnig a thra gwleidyddol-anghywir!

Mae cyflawnder Cymraeg *Prydnawngwaith y Cymry* yn ennill iddo le bychan ond sicr yn olyniaeth ein clasuron rhyddiaith. Er mai catalogaidd yw ei gynllun sylfaenol, mae rhagfarnau gwresog yr awdur yn rhoi bywyd mewn aml dudalen. Ac mae ei ymgais i ymresymu, a gwneud synnwyr o sefyllfa'r Cymro, yn ein harwain unwaith eto i ystyried a cheisio deall dilema ganolog y traddodiad hanes Cymreig.

Prin fod angen dweud rhagor yma, a gall y darllenydd, os yw'n dymuno, lenwi peth ar y darlun drwy droi at bennod olaf fy llyfr *Un o Wŷr y Medra*. Cedwais hefyd y nodiadau i'r lleiafswm, heb olrhain fawr ddim ar ble cafodd William Williams ei ddefnyddiau, pa mor gywir ydyw fel hanesydd na sut y mae'n cymharu â haneswyr eraill. Cywirais ef yn unig y tro neu ddau lle mae gwir berygl camarwain y darllenydd. Gobeithio y rhydd yr hen *Brydnawngwaith* yr un diddanwch i eraill ag a roddodd i mi dros sawl blwyddyn bellach.

§

Detholwyd yma bum ysgrif o blith y llu a ysgrifennodd William Williams. Fe welir yn syth eu hamrywiaeth, ac rwyf am bwysleisio eu newydd-deb arloesol yn eu dydd. Croesawodd

William Williams yn fawr ddyfodiad y papur newydd cyntaf i Fangor, yr hen *North Wales Gazette*, a lansiwyd ym 1808; ysgrifennodd lawer iddo, Cymraeg a Saesneg, mydr a rhyddiaith, ac wedi ei farw ef daliodd ei deulu i fwydo ei waith i'r golofn farddol. Cefnogai hefyd y wasg gylchgronol Gymraeg yn ei chamau petrus cyntaf, a phetai byw (dyweder) ugain mlynedd yn ddiweddarach gellir ei ddychmygu'n cyfrannu'n helaeth iddi. Y trueni yw nad oedd mwy o lwyfannau, ar y pryd, i ysgrifau o'r math a gyhoeddir yma.

Ar wahân i hoffusrwydd y darlun, mae i 'Fy Ewythr Huw Rolant a Modryb Marsli' ei diddordeb fel enghraifft gynnar o'r duedd i ganmol y cyffredin, yr isel a'r dinod gan eu cyferbynnu â mawrion daear. Dyma rywbeth a dyfodd gyda rhamantiaeth ac a barhaodd yn bwysig mewn llenyddiaeth Gymraeg am ganrif a hanner. Tebyg mai Modryb Marsli oedd yr hen wraig o Langristiolus a ddysgodd y llythrennau i William Williams yn hogyn, a'i gychwyn ar ei yrfa lenyddol.

Mae 'Hanes Pedwar o Gymydogion' yn enghraifft dda iawn o beth a oedd yn gyffredin yn y cylchgronau Saesneg drwy gydol y ddeunawfed ganrif, ac a adwaenir gan haneswyr llên Saesneg fel 'character writing', sef darlunio'r unigolyn fel esiampl o deip neu ddosbarth – hen draddodiad 'Cymeriadau' yr awdur Groegaidd Theoffrastos, a gafodd adnewyddiad yn ysgrifau'r Ffrancwr La Bruyère ganol yr ail ganrif ar bymtheg.

Dengys ei *Observations on the Snowdon Mountains* a'i arolygon helaeth ar Siroedd Caernarfon a Môn ddawn a diddordeb William Williams fel cofnodwr llên gwerin; esiampl o hyn yw'r 'stori Dylwyth Teg' a roddir yma, rhan o ysgrif helaethach dan yr enw 'Dieithrol Ddamwain Gŵr o Fôn'. Ychwanega William Williams fod y llestr a gipiwyd o wlad hud a lledrith i'w weld 'beth amser yn ôl' (fel y mae bob amser, wrth gwrs) yn y Caerau, Llanfair-yng-Nghornwy, cartref Thomas Rowlands, perthynas iddo a disgynnydd fel yntau o'r Tylwyth Teg. (Gall William Williams hefyd hawlio'i le fel un o arloeswyr y stori ysbryd lenyddol yn

Gymraeg; gobeithir mewn cyfrol bellach o'r gyfres hon gyhoeddi, am y tro cyntaf, esiampl ganddo o'r dosbarth hwnnw.)

Yr oedd 'G' yn un o amryw ffugenwau William Williams wrth ei waith cyhoeddedig, ac mae'n eithaf diogel mai ei waith ef dan yr enw hwnnw yw 'Hynod Weledigaeth Gŵr Bonheddig o Ffrainc', a gyhoeddwyd mewn rhifyn o *Gylchgrawn Cynmraeg* Morgan John Rhys, 1793. Yr oedd y rhifyn hwn o'r cylchgrawn ganddo yn ei lyfrgell. Cyfaddasiad sydd yma, fel y nodir, o ysgrif a ymddangosodd yn y cylchgrawn radicalaidd Saesneg *The Patriot*. Ym *Mwletin* y Bwrdd Celtaidd, 1962, dangosodd Gwyn A. Williams mai cyfieithiad oedd honno, yn ei thro, o waith yr awdur Ffrengig C.F.C. de Volney, sef pennod o'i lyfr *Les Ruines, ou méditations sur les révolutions des empires,* a gyhoeddwyd ym 1791 a dod, dros dro a chyn i'r Chwyldro Ffrengig droi'n chwerw, yn aruthrol boblogaidd yn ei iaith wreiddiol a hefyd mewn cyfieithiad Saesneg a adwaenid fel 'Volney's *Ruins*'. Rhagdybia Gwyn A. Williams mai gwaith Morgan John Rhys, golygydd y *Cylchgrawn,* yw'r cyfaddasiad Cymraeg (gweler y nodyn). Yr wyf am fentro fy mhen mai gwaith William Williams ydyw. Gall y dewis o ffynhonnell ein synnu, a hefyd gogwydd yr ysgrif. Ond er mai ceidwadwr oedd William Williams yn gyffredinol, yr oedd yn ddigon eclectig ac agored ei feddwl ar nifer o bethau, ac yr oedd yn awyddus i gefnogi'r wasg Gymraeg beth bynnag ei lliw. Ac er iddo dreulio'r rhan fwyaf o'i oes yng ngwasanaeth gwŷr mawr, yr oedd ymhell o fod yn edmygydd anfeirniadol ohonynt, fel y dengys ambell un o'i gerddi.

Hawdd adnabod 'Y Misoedd' fel cynrychiolydd hen draddodiad o ddisgrifio gwaith yr hwsmon o dymor i dymor neu o fis i fis, a dwyn i mewn yr un pryd gymhariaeth â thymhorau bywyd dyn. Y Groegwr Hesiod yw tad y traddodiad hwn, a dilynwyd ei esiampl yntau gan Fersyl yn y *Georgica*. Mae 'Cydymaith i'r Hwsmon' Hugh Jones, Maesglasau, yn perthyn i'r un tylwyth, ac os cymherir y gwaith dymunol hwnnw ag ysgrif William Williams, fe welir tebygrwydd a gwahaniaeth diddorol.

Gweithiodd William Williams i mewn yr hen benillion swynol a gamenwyd 'Englynion y Misoedd' (ynghyd â'r camsyniad traddodiadol mai gwaith Aneirin oeddynt), wedi eu cael efallai o'r *Myvyrian*, ond mwy tebyg o *Gorchestion Beirdd Cymru*, Rhys Jones (1773). Cyfosododd y cyfan i greu yr hyn yr hoffwn i awgrymu ei fod yn gampwaith bychan.

Golygais yr ysgrif gyntaf mewn rhifyn o *Drafodion* Cymdeithas Hynafiaethwyr Môn, a'r ail a'r bumed mewn rhifynnau o *Llên Cymru*, gydag ychydig am eu cefndir a'u cysylltiadau. Gweler y Llyfryddiaeth.

§

Gadawodd William Williams ychydig dros gant o gerddi, a dyma ddetholiad ohonynt. Fe welir mai telynegion duwiol a moesol ydynt ymron i gyd, gyda myfyrdod aml ar dro'r tymhorau, cerddediad y blynyddoedd a rhawd ei fywyd ei hun, a chyffyrddiadau o hiwmor hefyd yn gymysg â'r difrifwch. Wrth droi atynt yn syth ar ôl golygu cerddi ei gyfoeswr (ac ymron gyfoed), Twm o'r Nant, mae'n fy nharo eto mor syml ydynt o ran iaith, mydryddiaeth a meddwl. Yr oedd William Williams yn medru'r gynghanedd ond nid arferai lawer arni, ac nid cynganeddol mo'i waith gorau. Nid ymwnâi ddim â'r mesurau carolaidd, cywrain. Troai ei law at driban a thri thrawiad, ond ei brif hoffter oedd penillion 'wyth-saith', weithiau'n bedair llinell, weithiau'n chwech, a thipyn o gyrch-odl yn rhoi cryfder. Fwy nag unwaith mae'r anogaeth foesol a'r cynghori duwiol yn dwyn i gof benillion y Ficer Prichard. Gwyddai derfynau ei allu, a chadwai oddi fewn iddynt. Gellid canfod peth efelychu ar foddau a ffasiynau barddoniaeth Saesneg lednais neu 'boleit' canol y ddeunawfed ganrif, y pethau a ddaeth yn batrymau hefyd i gerddi Saesneg – syndod o ddiniwed – Iolo Morganwg. Gobeithiaf y cytunir iddo ganu cerddi dymunol, ac ambell gerdd a fyddai, pe bai pobl yn gwybod amdani, wedi ennill ei lle yn hanes datblygiad y delyneg rydd Gymraeg. Am bethau tebyg – neu ddigon tebyg i wneud cymhariaeth yn briodol, – a phethau cystal yn yr un moddau, mae'n debyg y byddem yn troi at rai o gerddi David Davis Castell Hywel ac Edward Evans (Edward Ifan o'r Ton Coch). Pwy arall? Ni wn: ond rwy'n f'atgoffa fy hun eto y bu amser pan na wyddwn ddim am William Williams.

§

Ar sail y *Prydnawngwaith*, yr ysgrifau a'r cerddi, gall y darllenydd lunio'i grynodeb ei hun o safbwyntiau William Williams, ac os gwêl ynddynt anghysondeb, rhaid derbyn hynny. O ran crefydd, Eglwyswr 'isel' ac Arminaidd ydoedd. Ond serch ei ddychan ar yr hen ymneilltuwyr ac ar y Methodistiaid newydd fel ei gilydd, yr oedd peth o'r piwritan ynddo, ac yn dod i'r wyneb weithiau. Yn wleidyddol, ceidwadwr ydoedd fel y rhan fwyaf o Gymry ei oes; mwy, efallai, o 'hen Dori o'r ddeunawfed ganrif' na'i gyflogwr, Arglwydd Penrhyn, a fu'n Aelod Seneddol Torïaidd. Hynod iawn, gan un a fu ynglŷn â chymaint o ymgymeriadau masnachol 'Chwigaidd', yw ei rybuddion ynghylch effeithiau cymdeithasol masnach, 'Diana fawr y Saeson', a'i rhan mewn achosi rhyfeloedd. Hynod hefyd, gan Brydeiniwr fel ef a chymaint cefnogwr i'r Undeb, yw ei broffwydoliaeth ynghylch diwedd ymerodraeth Lloegr, mewn darn y barnodd rhywun ei fod un ai'n amherthnasol neu'n rhy gryf i'w argraffu yn y llyfr (t. 22 yma). Nid da ganddo filwriaeth, – gydag un eithriad fawr, sef brwydrau'r hen Gymry am eu rhyddid, fel y deallai ef. Gwrthwynebai gaethwasiaeth, gan gytuno, mae'n amlwg, i anghytuno â'i gyflogwr. Beth am y cyngor i 'ochel plasa'r mawrion', gan un a'u mynychodd gymaint, a thendio cymaint ar eu perchenogion? Ffrwyth pethau a welodd, mae'n ddiamau, a rhan o'i feddwl.

§

Wrth droi at olygu'r detholion hyn yn syth ar ôl golygu cerddi Twm o'r Nant, fy nheimlad cyntaf oedd nad oes yma'r 'trwch' sydd i iaith Twm, ac o'r herwydd nad oes cymaint o waith esbonio ar eiriau ac ymadroddion. Adlewyrchir y teimlad hwnnw yn yr ychydig nodiadau y bernais eu bod yn werth eu cael; ar y cerddi, er enghraifft, nid oes fawr mwy na rhestru'r ffynonellau a'r teitlau gwreiddiol. Eto fe dyfodd yr eirfa dan fy nwylo yn helaethach na'r disgwyliad. Y mae un rheswm am hyn, sef ei bod yn ddiddorol. Gwerth sylwi ar yr ystyron arbenigol neu wahanol sydd i eiriau cyffredin fel: anallu, anwybodol, cenhedlaeth, dychrynllyd, dychymygol, ebargofiant, gwaethygu, gwahanol, gweinidogion, priodol, rhwyd. Ychwanegais yr hyn a allwn o eirfa'r hen gerddi y mae William Williams yn eu dyfynnu; y tu hwnt i hynny, ni wirfoddolais i ddehongli dim arnynt. Nid ymyrrais ddim ag orgraff yr hen gerddi; drwy weddill y gyfrol diweddarwyd yr ychydig yr oedd ei angen ar yr orgraff, ond gan gadw rhai o sillafiadau William Williams ar enwau priod, e.e. Aneurin, Cynwy, Llandegai, Llewelyn.

Wrth ysgrifennu ei gofiant mi fentrais awgrymu bod William Williams, ym mhen ei holl ddoniau eraill, yn llenor gwerth gwybod amdano. Yn awr barned y darllenydd.

I.

Prydnawngwaith y Cymry

Rhagarawd

MAE Mr. Theophilus Evans, yn ei lyfr, a alwodd ef *Drych y Prif Oesoedd*, wedi anrhegu y gwerin Gymry â ber hanes o helyntion ein cyndadau, yr hen Frutaniaid: ond ni wnaeth ef ond prin grybwyll am yr oesoedd a ganlynodd wedi i'r Saeson feddiannu y rhan werthfawrocaf o'r ynys, a elwir heddiw Lloegr, a tharfu y gweddillion o'n hynafiaid i'r rhan fynyddig hon o'r deyrnas, a elwir Cymru; yr hon a feddianasant drwy ymdrech chwerw, er gwaethaf dichellion a chryfder Seisnig, dros o gylch chwe chant o flynyddoedd.

Ni welodd, ac ni chlywodd y werin Gymreig braidd erioed air ynghylch y tywysogion a reolasant Gymru yn y cyfrwng yma, hyd y gwn i; na pha fodd y cysylltwyd Cymru â'r rhan arall o'r deyrnas dan un reolaeth.

Mi a dybiais mai nid anaddas oedd i ryw un ffurfio swm yr hanes hon mewn byr eiriau, fel y gwelai y cyffredin Gymry pa fath amserau terfysglyd y bu ein hynafiaid byw ynddynt, dros hir oesoedd, dan eu tywysogion; ac ystyried wrth hynny y rhagorfreintiau godidog yr ydym ni heddiw yn eu mwynhau: pa heddwch a diogelwch sydd yn ein hamgylchu ddydd a nos. Yn yr amseroedd gofidus hynny, ni wyddai gŵr wrth gau ei amrantau i gysgu na fyddai ef a'i deulu oll yn gelaneddau meirwon cyn y boreu, a'i holl lafur a'i dda byd wedi eu llwyr ddifa gan dân, a hynny drwy ddwylaw ei gymydogion, ie, ond odid, ei geraint nesaf.

Y gwybodaeth o Dduw a'i ddeddfau oedd dywyll ac ansicr, crefydd Iesu Grist oedd wedi ei llygru gan ofer draddodiadau a chwedlau celwyddog Pabaidd. Cyfreithiau y wlad yn ddirym i gosbi y troseddwr: wedi gwneuthur o ddyn y mawrddrwg, megis lladd ei gymydog, neu ei golledu am ei dda, os dihangai ef i ryw gysegrle, mynwent, eglwys, neu fonachlog, byddai mewn diogel noddfa, nad allai undyn gymaint â'i waethygu am werth un o wallt ei ben; ac os yn y diwedd y rhoid rhyw farn arno, ychydig o ddirwy a fyddai yr iawn am einioes dyn! Ac am arian i'r offeiriaid y dadlwythid ef o'i holl droseddiadau, ac y câi ef sicrwydd o hawl yn nheyrnas nefoedd wedi ei holl ysgelerdra a'i ddiffeithdra.

Wrth dremio ar y pethau hyn, ni ddylem ni na chwyno na grwgnach, er y byddo i ni, ond odid, weithiau oddef rhyw driniad, yr hyn a dybiem ei fod yn orthrymder a thrais. Yr ydym oll dan amddiffynfa cyfreithiau iachus; os na chyhudda ein cydwybodau ni o ryw drosedd, nid ellir dywedyd nad ydyw ein cyflwr yn ddedwydd, wrth ei gymharu â'r oesoedd ansiriol hynny; a chan hynny, nid all neb, wrth ddwys ystyried y bendithion sy'n ein hamgylchu, ond cyfaddef nad ydyw y fantol yn llaes gyda ni, os na anogwn gynddaredd ein cyfreithiau yn ein herbyn ein hunain, drwy eu troseddu. Pa faint mwy ynte y dylai yr hwn sydd ganddo gynnes a diogel feddiant o gyfoeth cymedrol, ac iechyd, ystyrio gwerthfawrogrwydd ei ragorfreintiau? Gan hynny nid oes achos amgen i'r ddeubarth rhag offrwm eu diolchgarwch beunyddiol i awdwr pob daioni, a thaer erfyn arno am barhau ei fendithion hyn, a'n cadw rhag pob gwrthryfel ac ymryson, a chyfnewidiadau enbyd; ac fel hyn ymroi i fod yn ddeiliad ffyddlon i'r llywodraeth dan yr hon yr ydym yn byw, yr hyn a fydd yn gyfran fawr o'n hymddygiad megis aelodau o eglwys Crist.

Yr ydym yn darllen croniclau yr hen Iddewon gynt, yn yr Hen Destament, ac yn cyfrif yr hanesion hynny drwy yr holl ddamweiniau a fynegir ynddynt, megis gwyrthiau a threfniadau yn deilliaw yn union o law yr Hollalluog; a diamau eu bod felly, ond nid mwy nag yn hanesion cenhedloedd eraill. Y Cymro ystyriol a wêl gymaint o'i ragluniaethol ymyrraeth yn hanes ei gyndadau ag y mae dichon i neb weled mewn un hanes arall yn y byd. Yn wir, pan fyddwyf fi yn darllen hanes y Groegiaid, Rhufeiniaid, y Cymry, neu ryw genhedloedd eraill, yr wyf yn gweled yno gymaint o ysgrythur ag sydd yn yr Hen Destament, yr hwn a ysgrifennwyd gan ddysgedigion ac athrawon Iddewaidd, er dangos i'w cenedl yn bennaf, ac i'r byd, fod llaw goruwch anian yn trefnu eu hachosion. Ac yn ddiamau, pan ddarllenwn heddiw hanesion y dyddiau presennol mewn papurau newyddion, ni a ganfyddwn yn eglur yr un goruchwyliaeth yn gweithredu ac yn dwyn ymlaen, megis cynt, achosion i derfynu i ddibenion pwysfawr; a phob amser er rhyw ddaioni cyffredinol a neilltuol. Gan hynny ofer y dywedir i mi fod Duw yn gwneuthur mwy o wyrthiau yn yr hen oesoedd gynt ymysg cenedl yr Iddewon, neu genhedloedd eraill, nag y mae yn eu cyflawni yn yr oes bresennol: mae ei law ef heddiw mor amlwg ag yn yr oesoedd hynny, pa rai bynnag. Ac y mae yn ddiamau yn gweithio felly mewn achosion neilltuol dyn, cystal â chyffredinol. Dyweded POPE, ac anghredinwyr eraill, a fynnant yn wrthwyneb i hyn. Yr wyf i yn ysbys o hyn, gan i mi weled mor aml ei dadol law ef mor eglur, yn trefnu mor ryfedd fy namweiniau bychain fy hun.

W.W.
LLANDEGAI
Medi 13, 1804

PRYDNAWNGWAITH

y

Cymry, &c.

Byr Goffadwriaeth o'r Tywysogion y rhai a reolasant Gymru wedi i'r Saeson erlid ein hynafiaid o'r rhan werthfawrocaf o Frydain i'r rhan fynyddig yma o'r deyrnas a elwir Cymru.

WEDI i Gadwaladr, y diwethaf dan enw Brenin y Brutaniaid, ymsymud i Lydaw yn Ffrainc rhag difrod gwaedlyd y Saeson, ac rhag y pla dinistriol, yr hwn yr amser hwnnw oedd hefyd yn trallodi Prydain drosti – efe oedd Dywysog o dymer lonydd a chrefyddol; ond yn amcanu ail ddychwelyd i Frydain gyda llu o wŷr arfog i amddiffyn ei iawn feddiannau – efe, meddir, a rybuddiwyd drwy weledigaeth na chynigiai ddychwelyd i Frydain, fod llywodraeth y Brutaniaid, drwy drefn ragluniaethol, i ddiweddu; fod yn rhaid iddo fyned i Rufain, a derbyn urddau cysegredig dan ddwylaw y Pab Sergius, a chael ei osod dan drefn ac yn nifer y mynachod. Yn gytûn â'r alwad nefol yma efe a wnaeth felly, yn y flwyddyn 686, ar ôl teyrnasu ohono 26 o flwyddi; ac a fu farw yn Rhufain yn y flwyddyn 703. Efe a gladdwyd wrth y bedd yn yr hwn y dywed y Rhufeinwyr fod yr Apostol St. Petre yn gladdedig ynddo. Bedd Cadwaladr a agorwyd yn amser y Pab Grugor, yr hwn a fu farw yn y flwyddyn 1585, ei esgyrn a rhan o'i amdo ef oedd heb lygru; y brethyn a gedwir eto, ac a berchir yn fawr gan y Pabyddion. Peth rhyfedd a dieithrol, fod esgyrn a llwch cnawd y llywydd hwn i'w canfod y dydd hwn, ar ôl gorwedd yn gladdedig dros un cant ar ddeg o flynyddoedd. Dywedwyd, pan ddygid ei esgyrn eilwaith i Frydain, yr adferid y llywodraeth yn ôl i'r Cymry; mae hynny wedi digwydd eisioes, fal y mae nid yn unig ei esgyrn ond ei gnawd a'i waed mewn bywyd eto yng nghorff Siôr y Trydydd, Brenin Prydain Fawr, yn ddilynol o gorff Harri y Seithfed, yr hwn oedd ŵyr i Owain Tudur o Fôn, yr hwn oedd yn deilliaw o lwynau brenhinoedd y Brutaniaid; gan hyny, gorwedded esgyrn yr hen Gadwaladr yn y lle eu gosodwyd, ni wnânt y gymwynas leiaf i blant yr hen Gymry.

Cadwaladr a sylfaenodd ysbyty yn Rhufain i dderbyn ac i gynnal pererinion Brutanaidd a ymwelai â'r ddinas honno: a pheth sydd dra hynod a rhyfeddol, yr adeiliad hon a'r cynhaliaeth perthynol iddi, a barhaodd felly hyd amser y diwygiad gan Luther; y pryd y gosodwyd i fyny amryw ysgolion ac ysbytai, gan y *Jesuitiaid*, yn amryw ddinasoedd Ewropawl, i ddwyn i fyny ieuenctid yn y grefydd Babaidd, yn enwedig y Saeson. Yn y flwyddyn 1579 ysgol newydd a sylfaenwyd yn Rhufain, gan y Pab Grugor y 13, i gynnal a dysgu tri ugain o Saeson; yr ysbyty yma o sylfaeniad Cadwaladr, a'r tiroedd a benasid i'w gynhaliaeth, a bennwyd i gynnal yr ysgol newydd yma gan y Pab; ac mae'n debyg eu bod fyth yn perthyn i'r osodedigaeth honno. Cadwaladr a adawodd o'i ôl, yn llys ei gâr Alan Brenin Llydaw, ei fab, yr hwn oedd blentyn a elwid

IDWAL IWRCH.

Yr Alan hwnnw, Brenin Llydaw, oedd â mab ganddo wedi tyfu i fyny a elwid Ifor. Alan a fwriadodd ei anfon ef drosodd i Frydain gyda byddin luosog, ac iddo feddiannu llywodraeth Brydain ei hun, os gorfyddai ar y Saeson. Felly, wedi tirio ohonaw, efe a enillodd feddiant o Gymru, a rhan fawr o ymylau eraill o'r deyrnas. Ond fel y mae yn debygol, efe a darawyd ag ymgno meddwl am drawsfeddiannu ohonaw yr orsedd, yr hon a gyfiawn berthynai i Idwal; efe gan hynny a roddes i fyny ffrwyn y llywodraeth i Rodri Molwynog, yr hwn oedd fab i Idwal Iwrch, ac a ymneilltuodd i Rufain, ac a ddiweddodd ei ddyddiau yno'n fonach. Pa beth a ddaeth o Idwal ni wn i: yr wyf yn tueddu i gredu iddo gael ei ladd gan Ifor, neu gan ryw un o'i ddilynwyr, am y camwedd hwn ond odid y rhoddes ef ei hun i fyny i edifeirwch a phenyd: ac er llonyddu ei gydwybod ymhellach (os gwir iddo wneuthur hyn) mae'n addas tybied iddo gael gollyngdod a maddeuant am y cwbl gan y Pab.

RHODRI MOLWYNOG

Efe a ddechreuodd deyrnasu megis Tywysog ar y Cymry yn y flwyddyn 720, ac ar rannau o'r gwledydd cyffiniol. Ond Aldred, Brenin y Saeson gorllewinol, a'i gwrthsafodd. Ymladdfa fawr gan hynny a ganlynodd, a Rhodri a enillodd y maes. Y frwydr yma fu yn y flwyddyn 721, ac a'i galwyd *Gwaith Heilyn*, oddi wrth y lle yr ymladdasant ynddo.

Ar ôl hyn Rhodri a ymladdodd mewn aml frwydr, ac yn y rhan fwyaf efe a fu fuddugoliaethol. Ond y Saeson a ymgryfhasant drwy amodi ag eraill, fel y daethant yn rhy gryfion i ymladd â hwynt. Rhodri gan hynny a ymneilltuodd i fynyddoedd Cymru, ac a roddes i fyny y rhan honno o Loegr ag a oedd yn ei feddiant. Ac fel hyn y gosodwyd y sylfaen gyntaf i lywodraeth neu dywysogaeth wahanol yng Nghymru; o gylch y flwyddyn 750 y bu hyn, sef tri chan mlynedd wedi dyfodiad y Saeson gyntaf i'r deyrnas hon.

Yn amser y tywysog hwn y bu farw yr hynod awdwr Seisnig hwnnw a elwid Beda, yr hwn, oddi wrth ei ddifrifwch, a enwyd y Parchedig.

Yn yr amser yma hefyd y bu farw gŵr tra ardderchog o Gymro, a elwid Tudur, mab i un Beli, yr hwn oedd o fri mawr ym mysg y Brutaniaid.

Rhodri a deyrnasodd dros y Cymry 30 o flynyddoedd: ei lys pennaf ef oedd yng Nghaerynarfon, yr hon a enwid y pryd hynny Caer Seiont, oddi wrth enw afon ar fin yr hon yr oedd y ddinas yn sefyll.

Yr oedd ganddo ef hefyd lys yn y Penrhyn yn Llandegai: a chan ei fod ef a'i neseifiaid yn arwain bywydau cylchdeithiol, yn blaenori eu byddionedd, yn yr amseroedd terfysgus rheiny, gellir tybied fod gan bob un ohonynt gartrefau mewn amryw fannau; ond y lleoedd yr oeddynt yn ymddiried fwyaf ynddynt megis amddiffynfeydd oedd mynyddoedd Eryri, sef y mannau y ffoent pan droai y frwydr yn eu herbyn.

Rhodri a adawodd o'i ôl ddau fab, sef Cynan a gyfenwyd Tindaethwy, a Hywel.

CYNAN TINDAETHWY

Efe a ddechreuodd ei deyrnasiad yn y flwyddyn 755, ac fel y gyrasid ei dad ef i Gymru gan y Saeson, hwy a'i canlynasant yntef yma, gan amcanu ei ymlid ef ymaith o'r wlad hon hefyd; ond yn hyn hwy a siomwyd, – Cynan a roddes godwm aruthr iddynt mewn ymladdfa waedlyd yn Sir *Hereford*.

Yr ymryson hynod hwnw ynghylch yr amser i gynnal gŵyl y Pasg a ddygwyd ymlaen yn y teyrnasiad yma, rhwng y difinyddion Cymreig a Seisnig: gwraig ddysgedig yr hon a elwid Hylda a sgrifennodd ym mhlaid y Cymry, yn erbyn un Wilfrida, a mynachod coelgrefyddol eraill o Saeson.

Y Saeson a barhasant yn anrheithio yn ddibaid, er i'r Cymry roddi mynych godwm iddynt; yn y diwedd hwy a gyd-gysylltasant â'i gilydd o un fryd, megis arferol, i'w difuddio o'u gwlad a'u rhyddid, drwy un distryw cwbl hollawl; ond y Cymry a ochelasant y dyrnod marwol hwn, drwy gilio i amddiffynfeydd y mynyddoedd, megis arferol.

Offa brenin Mercia (y rhan derfynol o Loegr ar Gymru) a wnaeth yn yr amser yma ffos ddofn, a chlawdd, megis terfyn rhwng Cymru a Lloegr; rhannau ohonynt a welir eto dan enw Clawdd Offa.

Yn y flwyddyn 795, brwydr fawr a fu rhwng y Saeson a'r Cymry, yn yr hon y rhoed codwm ofnadwy i'n henafiaid; eu blaenor, yr hwn a elwid Caradog, a laddwyd: efe oedd benadur tra pharchus; mab ydoedd i un Gwyn, fab Collwyn, fab Ednowen, un o 15 llwyth Gwynedd, yr hwn oedd fab Bleddyn, fab Bledryd, tywysog Cornwal a Dyfnaint.

Yr ymladdfa yma a fu ar Forfa Rhuddlan, ac er atgofio y dinistr a'r golled, dywedir mai ar yr achos galarus hwn y cyfansoddwyd y mesur neu'r gainc gwynfanus honno a elwir hyd heddiw *Morfa Rhuddlan*.

Cadell tywysog Powys a fu farw yn y teyrnasiad yma; ac hefyd Elfod archesgob Gwynedd. Castell Deganwy a ddistrywiwyd gan fellten.

Amrafael a dyfodd rhwng y ddau frawd, Cynan y tywysog a Hywel. Hywel, yn gytunol â'r ddefod gyffredinol o gydraniad da y rhieni rhwng y plant, a enwid 'gafaeledd', a arddelwodd Ynys Fôn, megis ei gyfran: ymladdfa a ganlynodd, yn yr hon yr enillodd Hywel y fuddugoliaeth, ac felly, a feddiannodd yr ynys.

Dwy frwydr a fu wedi hynny rhyngddynt ar yr un achos: yn ddiweddaf y codymwyd byddin Hywel; ac efe ei hun a ddiengodd i Ynys Fanaw.

Yn fuan ar ôl hyn y bu farw y tywysog Cynan Tindaethwy, ac a adawodd o'i ôl ei unig ferch, a elwid Esyllt; hi a briododd i ŵr anrhydeddus a elwid Merfyn Frych, yr hwn oedd yn deilliaw o lin brenhinol Beli, brawd i frenin Prydain gynt.

Y tywysog Cynan, a gyfenwid Tindaethwy, gan ei fod, fel y meddylir, wedi cael ei eni a'i fagu yn y rhan hon honno o ynys Fôn a elwir Dindaethwy.

MERFYN FRYCH, ac ESYLLT

A ddechreuasant deyrnasu yn y flwyddyn 818. Ynys Fanaw oedd yn perthynu i Merfyn, ac efe a elwid yn frenin arni. Efe a'i rhoddodd hi i Hywel, ewythr ei wraig, dan amod iddo yntef roddi i fyny ei hawl yn ynys Môn.

Hywel a fu farw yn y flwyddyn 825, ac felly Manaw a adferwyd i Merfyn.

Egbert, brenin y Saeson gorllewinol, a fu yn drallod nid bychan i'r Cymry yn yr un amser yma; efe a dreiddiodd i Gymru cyn belled â mynyddoedd Eryri. O'r diwedd ymladdfa waedlyd a fu rhyngddynt yn Llanfaes ym Môn, yn y flwyddyn 819, yn yr hon y gwaethygwyd y Cymry.

Yr Egbert yma oedd Dywysog galluog ac uchelfryd. Efe a ddarostyngodd yr holl fân dywysogion Seisnig, ac a aeth yn ben brenin ar yr holl deyrnas, ac a ddiffoddodd yr amryw enwau ag a arferasid ar bob talaith yn wahanol, ac a alwodd y cyfan 'Eingldir', neu fel y galwn ni heddiw yr un rhan o'r ynys, 'Lloegr'; ac a alwodd y bobl 'Einglwyr'; ond nyni a barhausom i'w galw yn 'Saeson' hyd heddiw.

Y ddamwain yma a ddigwyddodd o gylch 1968 o flynyddoedd ar ôl dyfodiad Brutus neu Brydain i'r ynys yma; 383 o flynyddoedd er pan diriasai Hengist a'i Saeson; ac 149 o flwyddi ar ôl ymadawiad Cadwaladr i Rufain.

Egbert, am iddo dybio i'r Cymry ei amharchu, yn cynorthwyo y Daniaid yn ei erbyn, a warchäodd ar dref Caerlleon, neu fel y gelwir y lle heddiw, *Caer*, ac a'i cymerodd oddi ar y Cymry, ac a ddistrywiodd ddelw bres Cadwallon; ac a orchmynnodd i'r Cymry oll ymadael â'r lle, dan boen marwolaeth, cyn pen y chwe mis.

Merfyn, yn y flwyddyn 843, a ymladdodd â Berthred, brenin Mercia, ac efe a laddwyd yn yr ymryson anffodus yma; gan adael ei lywodraeth ar ei ôl i'w fab,

RHODRI, a gyfenwyd RHODRI MAWR

Fel y galwai y Cymry ef, wedi ei osod yn y llywodraeth yn y flwyddyn 843, a rannodd Gymru yn dair talaith, dan yr enwau talaith Aberffraw, Dinefwr, a Mathrafael; ac a osododd ei brif lys yn Aberffraw, ym Môn, ac yno y cartrefodd ef fynychaf.

Berthred, Brenin Mercia, a barhaodd beunydd i flino y Cymry, ar ôl ei frwydr lwyddiannus yn erbyn Merfyn: efe a ddaeth i mewn i Gymru gyda byddin nerthol, ac a aeth rhagddo cyn belled â Môn, gan wneuthur erchyll anrhaith: y Cymry a'i gwrthwynebodd ef, fel y bu raid iddo ddychwelyd adref wedi ei ofer ymgais.

Gŵr mawr hynod ac ardderchog, a elwid Cynan o Nant Nifer, a fu farw yn y teyrnasiad yma; efe oedd yn flaenor byddinol gwrol a chalonnog, gan iddo ennill llawer o frwydrau hynod yn erbyn y Saeson.

Yn y teyrnasiad hwn hefyd yr ymddangosodd yng Nghymru ddau ddysgawdwr enwog; un a gyfenwid Scotus, y llall Menevensis: y cyntaf a anwyd yn Nhyddewi, ac a ddygwyd i fyny yn y brif ysgol honno; ac er ennill mwy o ddysg efe a ymdeithiodd i Athens; ar ei ddychweliad, Aelfryd Mawr, Brenin Lloegr, a anfonodd amdano, ac a'i gosododd megis proffeswr dysgeidiaeth cyntaf yn Rhydychen, yr hon ysgol a sylfaenwyd gyntaf gan yr Aelfryd hwn. A daliwn sylw, mai Cymro a roes y cychwyn cyntaf i'r ysgol odidog ac anrhydeddus yma, yr hon heddiw sydd bennaf ar holl ysgolion y byd.

Yn 873 y Daniaid, wedi eu herlid a'u gyrru o Frydain gan Aelfryd, a wnaethant esgynfa ar Gymru, ac a diriasant yn Môn; Rhodri a ymladdodd â hwynt ddwy waith; yn gyntaf yn y lle a elwir Bengole, ac ym Mynegid, y ddau le ym Môn, ac a'u gorchfygodd.

Yn 876 y Daniaid a diriasant eilwaith yn Môn, Rhodri a'u cyfarfu, a brwydr waedlyd a fu, yn yr hon a syrthiodd Rhodri ynghyd â'i frawd, medd rhai, eraill mai ei fab Gwyriaid a syrthiodd gydag ef. Y frwydr hon a alwyd *Gwaith Diwsul* ym Môn, gan mai ar y diwrnod hwnnw yr ymladdasant.

Y Rhodri hwn a adawodd, o'i wraig Angharad, dri mab, sef Anarawd, Cadell a Merfyn: rhwng y rhai hyn y rhannodd ef Dywysogaeth Cymru; sef Gwynedd i Anarawd, Deheubarth i Gadell, a Phowys i Ferfyn. Ac fel hyn, wrth wanychu y llywodraeth, y daeth ymryson diddiben, a thywallt gwaed rhwng nifer o dywysogion gweiniaid ac anghenus, yr hyn yn ddiamau a fu'n achos i roddi mantais i'n gelynion i fathru ein hynafiaid dan eu traed, a'u caethiwo hwynt yn y diwedd.

Y tri thywysog yma, a grewyd yn y dull yma gan Rodri, a enwyd *Y Tri Thywysog Coronog*, gan y gwisgai bob un ohonynt ar ei helm, neu ei bennor, goron o aur, yr hon oedd bendalaith lydan wedi ei chyfylchu i fyny, a meini gwerthfawr wedi eu gosod ynddi, yr hon a elwid Talaith.

I bob un o'r tywysogion yma yr adeiladodd Rhodri lys brenhinol: i Dywysog Gwynedd un yn Aberffraw; i Dywysog Deheubarth yn Ninefwr; ac i Dywysog Powys ym Mathrafael. Efe yn ei ewyllys a bennodd i Dywysog Gwynedd fod yn bennaf, ac os digwyddai ymrafael fod rhwng rhyw ddau, i'r trydydd fod yn gyflafareddwr i uniawni rhyngddynt.

Pa mor anwybodus oedd ef ynghylch breuder ac anwadalwch tymer ddynol, ac o dreigladau pethau yn y byd, pan y meddyliai y safai yn ddiysgog y fath osodfa dros un oes yn ddiymrafael: ac yn wir, buan yr ymddangosodd oferwch ei amcan: oblegid, pan gyntaf y cymerasant feddiant bob un yn ei lywodraeth, Cadell a ruthrodd ar dywysogaeth Merfyn, sef tir Powys; ac ymrysonau gwaedlyd a ganlynasant o amser bwygilydd, y rhai ni ddarfuant nes o'r diwedd drawsgipio yr holl dywysogaeth a'i llyncu yn llwyr gan y Saeson.

ANARAWD

Bradfwriadau, a therfysgau oddi fewnol, o achos anghymwys raniad Rhodri o'r dywysogaeth, a wanhaodd y llywodraeth drwy ymrysonau a thrwy dywallt gwaed: ewyllys diweddaf y tad a ddiystyrwyd ac a ddirymwyd, a phob tywysog a'i tybiodd ei hun yn gwbl rydd yn ei dalaith a'i lywodraeth ei hun, heb achos iddo ymgynghori ac ufuddhau i gyngor a dedfryd arall. Ac felly yn lle cyduno i gadw draw y gelyn, a dilyn diwydrwydd a moesoldeb a chrefydd, erlid, llurgunio a distrywio ei gilydd a wnaethant dros hir oesoedd; hyn yn y diwedd a ysodd eu rheolaeth ac a ddistrywiodd eu llywodraeth, a rhagluniaeth nefol a'i pennodd hi yn olaf ar eu gelynion chwerwaf, cenhedlaeth, fel y dywed *Gildas* amdani, '*cas gan Dduw a dyn*'. A dyma ei hiliogaeth wedi ei pherchenogi, a mwynhau meddiannau ein cyndadau ers tros 1300 o flynyddoedd. Hwynt hwy, fel yr hen Israeliaid gynt, yn distrywio ac yn ymlid ymaith y saith genedl o wlad Canaan, a ddistrywiasant, ac a ymlidiasant ymaith, drwy gennad yr un Bod rhagluniaethol, y gweddill o'n hynafiaid i'r wlad fynyddig hon. Gwialen Duw oedd hon arnynt, am eu herchyll gamweddau a'u troseddiadau.

Yr Iddewon a feddianasant y wlad honno yn Asia dros o gylch 1500 mlynedd; ar derfyniad y rhai, am eu hatgas weithredoedd, hwy a ddistrywiwyd, a'r gweddill a ddeolwyd i wledydd estronol; ac byth ni ddychwelasant i'w gwlad.

[*Mae trefn achosion megis yn rhagddangos y bydd ar ryw dro derfyn ar rwysg yr Israeliaid yma ym Mhrydain; ond odid pan ddiweddo 1500 mlynedd arnynt. Nid oes, am a fedraf fi ddeall, ond ychydig o genhedloedd, er maint eu rhwysg, eu doethineb a'u dichellion, wedi arglwyddiaethu dros 1500 o flynyddoedd. Yr Iddewon, fel y crybwyllwyd o'r blaen, a feddianasant eu gwlad dros gylch 1500 mlynedd. Llywodraeth y Groegiaid a barhaodd ryw fesur dros ben hynny. Llywodraeth y Rhufeiniaid, er iddynt orchfygu o'r byd cymaint ag a wyddom amdano, ni pharhaodd yn llawn 1400 o flynyddoedd. Yr olrheinwyr enwocaf mewn amseryddiaeth a hanesion a gytunant mai o gylch mil o flynyddoedd cyn genedigaeth ein Iachawdwr y tiriodd y Cymry gyntaf i'r Ynys hon: ac os felly hwy a lywodraethasant yn agos 1700 o flwyddi; ond y Rhufeiniaid a'u meistrolasant dros 480 o flynyddoedd: eto yr oeddynt yn mwynhau danynt eu meddiannau, ac yn coleddu eu celfyddydau a'u hiaith.*

Nid yw'n perthyn i'r peth yr wyf yn ei gylch roddi mwy o esiamplau; cymaint ag sydd i ddal sylw arno, fod, i'm tyb i, yn rhy eglur nad oes dichon i reolaeth y Saeson hir barhau; maent megis yn cyd-brysuro i ben eu gyrfa; mae pob peth yn chwyddo i ormodedd, ac megis y llinyn, mwya a dynnir arno, cyntaf y tyr. Mae crefydd, y peth y dylai pob cenhedlaeth a llywodraeth ei maethu a'i dysgu i'r bobl, er eu gwneud yn ddedwydd yma ac oddi yma, yn dyfod beunydd yn fwy diystyredig a gwatworus. Eu Diana fawr, sef Masnach, sydd wedi tyfu a chwyddo yn fwy anferthol na delw fawr Nebuchodonosor gynt: pawb sydd yn ei haddoli, a phob trosedd yn cael ei gyflawni'n ddigerydd, os tybir ei fod yn ffafrio masnach. Corff ac enaid a offrymir ar allor yr eilun yma.

Pa faint o fyrddiwnau o fywydau o'n cyd-greaduriaid a offrymwyd i'r eilun melltigedig yma? Pa nifer mawr a lusgwyd o amser bwygilydd i'r Dwyreiniol a'r Gorllewinol India, ac a gollasant eu bywydau yno, heblaw y trueiniaid duon, a lurgunir i'r mannau hyn bob blwyddyn i gaethiwol lafur? Ac i ba fwriad y mae hyn oll? I gynorthwyo y rheibwyr hyn, i fynnu dwyn adref bethau a fyddai can mil o weithiau'n well bod hebddynt. A oes arnom eisiau te, siwgr, cotn, sidan a llawer iawn o bethau eraill a ddygir i ni o'r mannau brydion hyn, fal y mae'n rhaid i fyrddiwnau o'n cyd-ddynion golli eu bywydau o'r achos? Nage'n wir, gwell a fuasai i ni fod heb y pethau hyn oll, ac na buasem yn gwybod yn eu cylch.

Y clwyfau dinistriol a dieithriol ag y mae y pethau hyn yn eu dwyn i'n mysg, sy'n ein rhoddi dan yr angenrheidrwydd o geisio ffisigwriaethol gyffuriau y gwledydd hynny i'n hiacháu; gan na ffurfioddd, ac nid oedd achos i Greawdwr natur ddarparu llysiau mewn un wlad, ond y fath ag oedd addas i iacháu y cyfryw glwyfau, ag oedd berthynol a naturiol i'r wlad honno.]

Ond i ddychwelyd at fy nhestun. Dilyniad Tywysogion Cymru sy'n tarddu o Anarawd, gan mai efe oedd mab hynaf Rhodri; a'r llinell honno sydd raid ei chanlyn.

Efe a ddechreuodd ei deyrnasiad yn y flwyddyn 877. Wedi i Aelfryd Brenin Prydain orchfygu y Daniaid, a gwneuthur heddwch â hwynt: eu blaenor, yr hwn yn ddiweddar a droesai'n Gristion, a unodd gyda Brenin Mercia i flino y Cymry; ymladdfa fawr a fu rhyngddynt yn agos i Gynwy, a'r Cymry a enillasant y maes yn gyfan; a'r frwydr hon a alwasant *Dial Rhodri*.

Y Saeson y pryd hyn oedd yn meddiannu ac yn preswylio y rhan o Wynedd o Gaer i Gynwy; ond gwledydd gogleddol Lloegr oedd eto ym meddiant y Cymry; eithr yr oeddynt yn cael eu haflonyddu yn ddibaid gan y Daniaid, y Saeson, a'r Ysgotiaid, fel y gorfu ar un o'u penaethiaid, a elwid Hobert, ddyfod megis cennad i Gymru, ac ymbil ar Anarawd i genhadu iddynt gael rhyw gyfle i fyw yn eu mysg, oddi ar warthau yr anrheithwyr hynny. Anarawd a genhadodd iddynt y tiroedd oedd ym meddiant y Saeson, os medrent eu herlid ymaith; wedi diolch i'r tywysog, hwy a gyd-ymosodasant ynghylch y gwaith, – ac felly hwy a laddasant rai, a'r lleill a ffoesant, fel y cawsant yn fuan y wlad iddynt eu hunain.

Ond y tair cenedl a enwyd a roesant ail gais i ddifeddiannu y Cymry o'r parthau hyn, a brwydr gethin a ganlynodd, yr hon a ymladdwyd yn Nghymryd, yn ymyl Cynwy, ond y Cymry a enillodd y fuddugoliaeth. Ac felly trigolion siroedd Dinbych a Fflint ydynt hiliogaeth y bobl rheini a ddaeth felly o gyffiniau gogleddol Lloegr, yn terfynu ar Ysgotland, ac a sefydlasant yn y siroedd yma, y rhai a enillasant, fel y crybwyllwyd, drwy nerth arfau. Yn y frwydr hon y briwyd Tudwal, mab y tywysog Rhodri, yn ei lin, ac o'r achos hwnnw y galwyd ef Tudwal Gloff. Ei wroldeb ef a fu'r achos o ennill y fuddugoliaeth, ac am y gymwynas hynod hon, ei frodyr a'i hanrhegasant ef â meddiant o'r lle a elwid Uchel-goed Gwynedd.

Anarawd, er dangos ei ddiolchgarwch i Dduw am y fuddugoliaeth fawr hon, a roddes diroedd a meddiannau helaeth i'r Eglwysydd Colegawl, Bangor a Chelynnog. Y frwydr hon a ymladdwyd yn y flwyddyn 878.

Yn 893 y bu frwydr waedlyd rhwng Anarawd a'i frawd Cadell, a'r cyntaf a enillodd y maes, ac a anrheithiodd y gwledydd Caredigion [*sic*], ac Ystrad-gwy.

Y Daniaid yn yr un amser a wnaethant ddifrod nid bychan ar gyrrau Cymru.

Yn 897, y goddefodd yr Iwerddon golled fawr gan haid o locustiaid.

Y Daniaid, dan flaenor a elwid Igmond, a diriasant yn Môn yn y flwyddyn 900, y Cymry a'u cyfarfuant yn y lle a elwid Molerain, neu Meilion, a brwydr waedlyd a fu rhyngddynt, yn yr hon y lladdwyd y tywysog Merfyn. Oddi wrth yr ymladdfa yma y galwyd y lle, *Maes Rhos Meilion.*

Yn y flwyddyn 906 y bu farw Asser, Archesgob Tyddewi; ewythr i'r dyn hwnnw, hynod o ddysg, a soniwyd amdano o'r blaen, a gyfenwyd Menevensis, yr hwn a oedd addysgwr plant Aelfryd Brenin Lloegr; a hanes bywyd yr hwn a ysgrifennodd ef; ac a wnaed, am ei rinweddol ymddygiad, yn Esgob Shireburn, y lle a elwir yn awr Sherborn, yn Sir Dorset.

Yn 907 y bu farw Cadell, tywysog y Deheubarth, gan adael o'i ôl dri meib, sef Hywel, yr hwn a gyfenwyd Dda; yr hwn a'i dilynodd yn llywodraeth Deheubarth: a'r ddau eraill a elwid Meurig a Chludawg.

Yn y flwyddyn 913 y bu farw Anarawd, ar ôl teyrnasu ohonaw 37 o flwyddi; ac a adawodd o'i ôl ddau fab, sef Idwal Foel ac Elis.

IDWAL FOEL

A ddilynodd yn Ngwynedd, a Hywel Dda yn Neheubarth. Seren gynffonnog ofnadwy a ymddangosodd yn yr amser yma, yr hon y mae y coelgrefyddol bob amser yn tybio ei bod yn arwydd o ryw anffawd buan; a da oedd fod y fath gred ynddynt yn yr amseroedd tywyll a barbaraidd yma, i'w harswydo fel y troedient mewn rhyw fesur lwybrau rhinwedd.

Caer, yr hon a ddinistriasid gan y Daniaid, a ailadeiladwyd gan Elffleda Brenhines Mercia: merch rinweddol oedd hon, fel y dywedir amdani.

Yr haf nesaf gwŷr Dulun a diriasant, ac a anrheithiasant Fôn. Yn fuan ar ôl hyn, Cludawg, mab y tywysog Cadell, a laddwyd gan ei frawd Meurig. Elffleda Brenhines Mercia a ddaeth i Gymru gyda byddin, ac a gymerasant Frycheiniog, a'r frenhines ynghyd â 33 o'i gwŷr yn garcharorion; yr ymladdfa hon a alwodd y Cymry *Gwaith y Ddinas Newydd.*

Yn 933, Athelstan, y Sais, a ddaeth i Gymru gyda byddin, ac a gymhellodd y Cymry i dalu teyrnged flynyddol o ugain punt yn aur, a thri chant o bunnau yn arian, a daugant o bennau o wartheg.

Yn 936 Euneth, mab Cludawg, a Meurig, mab Cadell, a fuant feirw.

Yn yr un amser Athelstan, y Sais, a symudodd y Brutaniaid y rhai oedd yn byw yn Nyfnaint, neu Devonshire, i Gornwal, ac a bennodd yr afon a elwir Tamar i fod yn derfyn rhyngddynt.

Yn 940, gŵr urddasol o Gymru, a elwid Cadell, a garcharwyd ar ryw wag achos, gan y Saeson; i ddial y fath sarhad ac amarch, Idwal Foel a'i frawd Elis a gasglasant fyddinoedd, ac a ymladdasant â'r Saeson a'r Daniaid, ond hwy ill dau a laddwyd. Yr Idwal Foel yma a adawodd o'i ôl chwech o feibion, dan yr enwau Meurig, Ieuaf, Iago, Cynan, Idwal Fychan a Rhodri. A'i frawd Elis a adawodd blant, sef Cynan, a merch a elwid Trawst, mam Cynan ap Sitsyllt, Gruffudd ap Sitsyllt, a Bleddyn ap Cynfyn; y ddau ddiweddaf a fuant yn dywysogion Cymru.

HYWEL DDA

Yr hwn a fuasai dros swrn o amser yn dywysog yn Neheubarth a Phowys; y lle yr ymddygodd ei hun yn bwyllog ac yn gyfiawn yn y llywodraeth, efe, ar farwolaeth Idwal Foel, yn y flwyddyn 940, a etholwyd yn frenin Cymru oll, ond ymhell cyn hyn ef a gyfenwid yn ben arglwydd Cymru. Meibion Idwal Foel a rwgnachasant oblegid y derchafiad hwn i Hywel, ond ni sonnir fod dim ymgyrch yn yr achos, yr hyn sy'n arwyddo ei fod o fri ac o barch mawr gan y bobl.

Y gwaith cyntaf a gymerodd Hywel mewn llaw, pan ddaeth yn dywysog ar Ddeheubarth a Phowys a Gwynedd, oedd diwygio a ffurfio cyfreithiau iachus i wasanaeth y wlad, y rhai a fuant mewn grym yn Nghymru, hyd nes dilewyd hwynt gan Edward y Cyntaf, a gosod ei gyfreithiau Seisnig ei hun yn eu lle. Y cyfreithiau hyn sydd hyd heddiw i'w gweled yn Gymraeg a Lladin.

I'r bwriad i ffurfio y cyfreithiau hyn, efe a wysiodd yr esgobion a'r prif eglwyswyr, o'r nifer 140, i ymddangos ger ei fron yn ei lys a elwid y Tŷ Gwyn ar Daf; ac yno y trigasant drwy'r Grawys, mewn gweddïau ac ymprydiau. Wedi hyn efe a etholodd allan o'r nifer 12 o'r henuriaid mwyaf cyfarwydd a phwyllus; ac efe a chwanegodd at eu nifer un Blegored, gŵr anghymharol mewn dysg, ac iawn hyddysg yn y cyfreithiau a'r defodau. Y rhai hyn, ynghyd ag ef ei hun, a ffurfiasant ddeddf-lyfr, o'r hwn y gorchmynnodd efe ei hun ysgrifennu tri chopi, un i'w wasanaeth ef ei hun, un arall i'w osod yn Aberffraw; a'r trydydd yn Ninefwr. Wedi hyn efe a bennodd Lambert, Archesgob Tyddewi,

Mordaf, Esgob Bangor, a Chebur, Esgob Llanelwy, a 13 eraill o'r rhai dysgedicaf yng Nghymru, i'w ganlyn ef i Rufain, lle y cymeradwywyd ac a cadarnhawyd y cyfreithiau hynny gan y Pab, yr hwn a enwyd *Leo* y Chweched, yn y flwyddyn 926.

Efe hefyd a ffurfiodd ddefod gyfreithiol o ddwyn ymlaen achwynion a holiadau, ac hefyd rhoddi mewn grym drefnus y cyfreithiau hynny mewn llysoedd, yn y dull canlynol.

Yn uchaf yr eisteddai, ar fainc y frawdle, y tywysog yn bresennol, ag hynafgwyr ar bob llaw iddo, a rhydd-ddeiliaid ar bob ochr, y rhai, oblegid hyn, a alwyd 'uchelwyr', gan eu bod ar eisteddleoedd uchel. Islaw y tywysog yr eisteddai y prif ynad, a'r offeiriad ar ei law ddeau: a'r ail ynad cyffredin y wlad y perthynai yr ymryson ar ei aswy.

Wedi fel hyn eistedd o'r llys: yr achwynwr, y rhyswr, y rhingyll a'r dadleuwr, a safai ar y tu aswy i'r llys; a'r amddiffynnydd ar y tu deau; ac yn ddiweddaf y safai y tystion, yn y pen isaf i'r llys. Wedi cymeryd llwon y tystion, a llawn ddadlau yr achos yn y llys agored: wedi rhybydd gan y rhingyll, y prif ynad, yr offeiriad, a'r ynad gwladol, a ymneilltuant eu hunain dros ennyd, i ymgynghori ar yr achos, ac a ddygant i mewn eu barn, a'r tywysog a roddai y ddedfryd, neu'r farn ddiweddaf.

Os byddai yr achos yn anamlwg a dyrys, fal na chaid allan farn gyfiawn, y ddau ryswr a ddiweddai yr ymryson drwy ymladdfa.

Yn 944, y Saeson a ddaethant i mewn i Gymru gyda byddin gadarn, ac a anrheithiasant Ystrad Clwyd, ac a ddychwelasant adref.

Yn 948 Hywel Dda a fu farw, a galar mawr ar ei ôl. Efe a adawodd o'i ôl blant, sef Owain, Rhun, Rhodri ac Edwyn, rhwng y rhai hyn a meibion Idwal Foel y tyfodd rhyfeloedd a therfysgoedd, oblegid y llywodraeth. Dau o feibion Hywel Dda a laddwyd, mewn brwydr yn agos i Lanrwst, yn 952, gan feibion Idwal Foel: tybir i Hywel Dda gael ei ddewis yn llywiawdwr Cymru ym mebyd meibion ei ewythr Anarawd; ond pa fodd bynnag efe a enwid 'Brenin Cymru Oll'.

IEUAF ac IAGO, meibion IDWAL FOEL

Wedi marwolaeth Hywel Dda, Ieuaf ac Iago a arddelwasant lywodraeth Cymru oll, gan eu bod yn deilliaw o'r gainc hynaf; ac yn ddilynol hwy a aethant i Ddeheubarth gyda byddin arswydus, a brwydr a fu ar fynyddoedd Carno, 950, ac Owain ap Hywel Dda a orchfygwyd:

ond efe a'i frodyr yn ystyried mai oferedd oedd sefyll ar ymddiffynfa yn unig, hwy a aethant i mewn i Wynedd gyda byddin nerthol; a brwydr greulon a ymladdwyd wrth Lanrwst, a llawer a laddwyd o bob tu; ymysg eraill y syrthiodd Anarawd, mab Gwyriaid, ac Edwyn, mab Hywel Dda: a'r fuddugoliaeth a enillwyd gan Ieuaf ac Iago; a thywysogion Deheubarth a ffoeasant yn ôl i Aberteifi.

Yn 958 y bu haf tra gwresog, a phla erchyll a ganlynodd.

Ieuaf ac Iago a reolasant Gymru gyda rhwysg fawr a gormesol.

O gylch yr amser yma Aloic, brenin Gwerddonaidd, a diriodd yn Môn, ac a losgodd Gaergybi, ac a anrheithiodd wlad Llŷn.

Yn 965 Edgar, brenin Lloegr, a wnaeth ruthr ar Gymru, oblegid ataliad y deyrnged oddi wrth frenin yr Aberffraw; ond heddwch a bennwyd, dan amod i'r tywysog dalu yn flynyddol, megis cydnabod, 300 o bennau bleiddiaid; gan fod y bwystfilod hynny yn aml iawn ac yn dra niweidiol, a thrwy hyn yr holl hiliogaeth a laddwyd yn gyfan mewn llai na thair blynedd, fel na welwyd un byth mwyach yn Mhrydain.

Yn 967 y Gwyddelod a diriasant drachefn ym Môn, ac a laddasant fab i Idwal Foel a elwid Rhodri, ac a ddistrywiasant Aberffraw.

Byddin o'r Daniaid a diriasant ym Môn yn fuan ar ôl hyn, ac a ysbeiliasant briordy Penmon.

Ieuaf a garcharwyd gan ei frawd Iago; ac Iago yn fuan a ddifeddiannwyd gan Hywel mab Ieuaf, ac efe a gymerodd y llywodraeth i'w ddwylaw ei hun.

HYWEL ap IEUAF

Iago a geisiodd gymorth gan Edgar, brenin Lloegr, i adferu iddo ei dywysogaeth o ddwylaw Hywel, felly Edgar a ddaeth gyda byddin hyd ym Mangor; a Hywel, yn lle ei wrthsefyll, a'i derbyniodd yn groesawus, ac a ymfoddlonodd i'w ewythr Iago gael cydran ag ef yn y llywodraeth.

Wedi hyn Edgar a sylfaenodd eglwys newydd ym Mangor, ar y tu deau o'r eglwys esgobol, yr hon a gysegrodd ef i Fair Wyryf, ac a gadarnhaodd hen freintiau yr esgobaeth, ac a bennodd roddion a thiroedd arni. Yr wyf yn credu mai darn o'r adeilad yma ydyw hwnnw a arferir heddiw (1804) yn ystabl ynglŷn yn y pen dwyreiniol i'r tŷ a elwir y *Crown* yn nhref Fangor.

Er hyn, Hywel a ddigiodd yn greulon wrth gynorthwywyr ac

anogwyr ei ewythr Iago, efe gan hynny a'u herlidiodd yn fyddinog hyd Gelynnog Fawr, a Llŷn, ac yn ddiweddaf efe a ddaliodd ac a garcharodd Iago: ond pa fodd bynnag, efe a adawodd iddo fwynhau ei gyfran yn y dywysogaeth hyd angau.

Byddin o Ddaniaid, ym mhlaid Custennyn Ddu, mab Iago, a diriasant ym Môn; Hywel a ymladdodd â hwynt ac a'u gorchfygodd yn y lle a elwid Hirbarth, ac a laddodd Custennyn Ddu.

Yn y flwyddyn 984 y lladdwyd Hywel mewn brwydr yn erbyn y Saeson; a'r tywysog nesaf a fu

CADWALLON ap IEUAF,

Brawd y diweddaf, er nad oedd ganddynt hawl i'r llywodraeth; ac wrth ystyried hynny, er mwyn cadarnhau ei drawsfeddiant, efe a dybiodd mai addas oedd dienyddu y gwir aerod, ei gefndyr, enwau y rhai oedd Ionafal ac Idwal; a'r cyntaf a laddwyd felly; ond Idwal a ragwybu ei fwriad, ac a ddihangodd: ond hyn a fu'n achos ar fyr i Gadwallon yntef golli ei fywyd, ac i dynnu dinistr ar dŷ ei dad: oblegid, ymhen o gylch blwyddyn ar ôl hyn, Meredydd, mab i Owain tywysog Deheubarth, a ddaeth i Wynedd gyda llu nerthol, ac a laddodd Gadwallon a'i frawd Meurig, yr unig olion o dŷ Ieuaf, ac a feddiannodd yr holl dywysogaeth.

Efe a ddinistriodd y Penrhyn yn Llandegai yn yr ymgyrch yma; mae hynny yn arwydd fod y tŷ hwn yn un o lysoedd y tywysog: hyn a fu yn 986.

MEREDYDD ap OWAIN

Ar ôl hyn a gymerodd arno lywodraeth Cymru. Ond yn fuan ar ôl hyn, Godfryd, mab Harold, a aeth i mewn i Ynys Fôn, ac a gymerodd Llywarch, brawd Meredydd, gyda 2,000 o wŷr yn garcharorion, ac yn greulon a dynnodd lygaid Llywarch; arfer tra aml yn yr oesoedd barbaraidd hyn. Meredydd a drawyd â dychryn, ac a ffodd i Aberteifi. Ac fel hyn a adawodd Wynedd yn agored ac yn noeth i'r Daniaid, y rhai yn fuan a aeth i mewn i Fôn, ac a'i hanrheithiasant oll. Y trigolion a osodasant i fyny Idwal, mab Meurig, a grybwyllwyd amdano uchod, yr hwn oedd wir aer Gwynedd.

IDWAL ap MEURIG

A ddechreuodd deyrnasu yng Ngwynedd yn 993. Efe a erlidiodd ymaith y Daniaid yn llwyr o'r wlad. Ond Meredydd a lwyr fwriadodd ddial yr anfri o'i ddifuddiad o lywodraeth Gwynedd: efe gan hynny a gasglodd fyddin luosog; ac Idwal a'i cyfarfu ef yn Llangwm, ac mewn brwydr deg efe a'i gorchfygodd ef. Rhai a ddywedant mai Hengwm yn Ardudwy oedd y lle y cyfarfuant, ac nad Llangwm; gan fod yno i'w gweled, fedd-gerrig, carneddau, colofnau, megis arwyddion sicr o ymladdfa, y rhai a enwir 'Carneddau Hengwm'.

Braidd y darfu hyn, ond dyma Swân, mab Harold, yn esgyn ar Wynedd, ac Idwal yn ymwroli i'w wrthsefyll; efe a laddwyd yn yr ymgais, gan adael o'i ôl un mab, a elwid Iago. Y tywysog Meredydd o Ddeheubarth a fu farw yn fuan ar ôl hyn, ac a adawodd unig ferch a elwid Angharad, yr hon a briodwyd yn gyntaf â Llewelyn ap Sitsyllt, ac wedi hynny â Chonfyn Hirdref. Plant a fu ganddi o'r ddau ŵr, y rhai a barasant gynyrfiadau mawrion i'r dywysogaeth.

AEDAN ap BLEGORED

Mabandod Iago, mab Idwal, a'i hanghyfaddasodd i lywodraeth; Cynan, mab Hywel, ac Aedan ap Blegored, a fwriadasant am y llywodraeth, ond gan na fedrasant gytuno pa un fyddai y dyn, hwy a gyd-syniasant i ymladd ill dau ar faes, a'r gorchfygwr i fod yn dywysog; ac yn yr ymrysonfa Cynan a laddwyd, felly Aedan a gyhoeddwyd yn dywysog Gwynedd, yn y flwyddyn 1015. Ond pwy oedd yr Aedan hwn, a pha hawl oedd ganddo i'r dywysogaeth, nid oes neb neb a ŵyr. Ond pa fodd bynnag, efe a lywodraethodd yn lled heddychol dros 12 mlynedd: pan ddaeth Llewelyn ap Sitsyllt gyda byddin i'w ddifeddiannu ef, a brwydr dost a ganlynodd, yn yr hon y lladdwyd Aedan a'i bedwar mab; a Llewelyn a gymerodd yn ei law lywodraeth holl Gymru: heb ystyried Iago mab Idwal, yr hwn oedd yr iawn aer. Ei hawl o'r dywysogaeth oedd, ei fod yn tarddu o Trawst, merch Elis mab Anarawd, ac o dywysogaeth Deheubarth oblegid iddo briodi Angharad, unig ferch ac etifeddes Meredydd ap Owain, tywysog Deheubarth.

LLEWELYN ap SITSYLLT

A deyrnasodd gyda'r fath bwyll a chymedrolder a chymhwyster, fel y bu i'r wlad mewn ychydig amser amlygu y fath ffyniant a llwyddiant, ac fel y bu llawnder a boddlondeb ym mhob goror yn amlwg. Iago, y gwir aer, nid ynganodd air ynghylch ei hawl dros swrn mawr o amser, gan obeithio y digwyddai rhyw amser mwy addas iddo i arddelwi ei wir briodolaeth: pawb oedd yn bresennol yn esmwyth a boddlon dan lywodraeth dyner Llewelyn ap Sitsyllt. Ond un Arthafael, gŵr o fonedd galluog, a wrthryfelodd yn ei erbyn, ac ymladd a fu, ac efe a gwympodd drwy law Llewelyn. Hawlwr arall o Ysgotland, yr hwn a gymerodd arno yr enw Rhun, a dywedyd mai mab ydoedd i Meredydd tywysog Deheubarth, a gasglodd wŷr ac a ffurfiodd fyddin; Llewelyn a'i cyfarfu ef ac a'i gorchfygodd, ac a'i hymlidiodd ef mor gyfagos nes iddo ei oddiweddyd a'i ladd. Ond yn y flwyddyn 1021, Hywel a Meredydd, meibion Edwyn, a fradwriasant yn ei erbyn, ac a'i lladdasant; efe a adawodd o'i ôl unig fab, a elwid Gruffudd, yr hwn a ddaeth ymhen amser wedyn yn dywysog Cymru. Y tywysog hawddgar, doeth a gwrol yma, a adeiladodd gastell Rhuddlan, y lle y preswyliai yn fynychaf, a'i fab ar ei ôl a'i gwnaeth yn breswylfa iddo.

IAGO ap EDWAL,

Y gwir aer, a gyhoeddwyd yn dywysog, ond Hywel a Meredydd, llofruddion y tywysog diweddaf, a ddechreuasant fod yn derfysgus am ran yn y llywodraeth, ond yr oedd y wlad wedi oeri yn eu herbyn am eu gweithred ysgeler yn lladd Llewelyn ap Sitsyllt, gan hynny ni allasant ond ychydig yn erbyn Iago, a Rhydderch tywysog Deheubarth yr amser hwn. Hwy gan hynny a hudasant drosodd y Gwyddeliaid-Ysgotiaid yn erbyn Rhydderch, drwy gynhorthwy y rhai y gorchfygasant ef, ac a'i lladdasant. Ond yn 1033, meibion Cynan ap Sitsyllt a lwyr fwriadasant ddial ar y ddau drawsfeddianwyr, ac hwy yn fuan a gawsant y cyfleusterau, ac a laddasant Meredydd. Yn 1037 Gruffudd ap Llewelyn ap Sitsyllt a gasglodd ynghyd fyddin luosog, er amcanu difeddiannau Iago, a brwydr a ganlynodd, yn yr hon y gorchfygwyd ef ac a'i lladdwyd; gan adael o'i ôl fab a enwid Cynan o'i wraig a elwid Afandred, merch Gweir mab Pyll.

GRUFFUDD AP LLEWELYN

A gyfarchwyd gyda bloddest yn dywysog Gwynedd; efe a'i hymddygodd ei hun yn bwyllus a chymwys, fel ei dad; efe a erlidiodd ymaith y Saeson a'r Daniaid yn llwyr o'r wlad ac a aeth i mewn i Ddeheubarth, ac a'i darostyngodd iddo ei hun: Hywel ap Edwyn, y tywysog, a ffodd; ond ymhen ennyd efe a ail-ymwrolodd, ac a ddygodd fyddin gref ac a gyfarfu â Gruffudd yn Mhencader, a brwydr filain a fu rhyngddynt, Hywel a orchfygwyd, a'i wraig ef, yr hon a ddygasai gydag ef i faes y frwydr, gan dybied y byddai fuddugoliaethol, a gymerwyd gan Gruffudd, ac efe a'i cadwodd hi iddo ei hun yn ordderch wraig.

1041, Hywel a wnaeth ei drydydd ymgyrch am adferiad o Ddeheubarth, ac a erlidiodd ymaith amryw ddieithriaid a gartrefasai yno, ac yn y diwedd a ddaeth i frwydr benodol yn erbyn Gruffudd, lle y lladdwyd ef.

Wedi hyn dau eraill a hawlasant reolaeth Deheubarth, sef Rhydderch a Rhys, meibion Rhydderch ap Iestyn. Hwy a gynullasant fyddin ac a ymladdasant yn erbyn Gruffudd, ac ymryson gwaedlyd a fu rhyngddynt yr hwn a barhaodd nes i dywyllch y nos eu gwahanu, a phob un a aeth ymaith a adawsid yn fyw, yn flin iawn.

Ar ôl hyn Gruffudd a fwynhaodd heddwch dros ddwy flynedd, y pryd y lladdwyd 140 o'i wŷr gwrolaf, yn fradwrus, gan fonedd Ystrad Tywi; y lle hwn a ddistrywiwyd gan Gruffudd wedi hyn, a holl ardaloedd Dyfed, er dial am y gyflafan yma.

Mwynhaodd Cymru heddwch ar ôl hyn hyd y flwyddyn 1054, pan y gwnaeth Rhydderch ap Iestyn ymdrech arall i ennill meddiant o Ddeheubarth; ond mewn brwydr yn erbyn Gruffudd efe a laddwyd.

Edward, brenin Lloegr, a ddigiodd wrth Gruffudd am iddo gynnwys yn ei lywodraeth fradychwyr, ac er dial arno efe a frysiodd anfon byddin i Wynedd, ac ar ei ddyfodiad i Ruddlan efe a losgodd lys y tywysog yno, ac a ddistrywiodd ei lynges, yr hon oedd yn y porthladd: ar ôl hyn efe a ddychwelodd yn ei ôl i Loegr.

Yn 1056, Gruffudd a ymgysylltodd â Rhodri, mab Harold, brenin Denmarc, i wneuthur rhuthrfa ar Loegr, ac a wnaethant lawer o ddifrod, ac a ddychwelasant adref yn llwythog o ysbail.

Y Saeson, i ddialu am hyn, a ddaethant i Ddeheubarth, ac a ddifrodasant bob peth o'u blaen, Gruffudd a frysiodd ymbarotoi i'w cyfarfod; ond Harold, blaenor y fyddin Seisnig, a gyflogodd rai o gyfeillion Gruffudd i'w ladd ef; a'r weithred waedlyd hon a gyflawnasant arno, ac a ddygasant ei ben i Harold. Ar ôl hyn, Harold, yn ôl gorchymyn y Brenin Edward, a bennodd Meredydd, mab Owain ap Edwyn, yn dywysog Deheubarth. A Gwynedd a bennodd ef ar Fleddyn a Rhiwallon, meibion Cynfyn, brodyr o du mam i'r Tywysog Gruffudd.

Gruffudd ap Llewelyn a reolodd 34 o flwyddi; efe oedd ddyn tra rhinweddol, doeth, a dewrwych. Efe a adawodd o'i ôl un ferch a elwid Nest, yn briodol â Thrahaern ap Caradog, yr hwn wedi hyn a fu'n dywysog Gwynedd.

BLEDDYN a RHIWALLON

A gydreolasant, heb ond ychydig o aflonyddwch gan elynion. William, Duc o Normandi, yr hwn a elwir William y Concwerwr, a oresgynnodd Loegr yr amser yma. Yn 1067, y tywysogion a dderbyniasant newyddion, fod gwrthryfel wedi ei ddarparu yn eu herbyn, gan Meredydd ac Ithel, meibion y diweddar Gruffudd ap Llewelyn, y rhai oedd yn honni hawl o'r Dywysogaeth: Bleddyn a Rhiwallon a'u cyfarfu hwynt yn y lle a elwir Mechain, ac a ymladdasant dros nifer o oriau; o un tu y tywysog Rhiwallon a gwympodd; o'r tu arall Ithel a laddwyd; a Meredydd a roes y maes ac a ffodd i'r mynyddoedd, lle y bu farw ef o newyn, ac anghenrheidiau eraill, gan adael Bleddyn yn unig dywysog Gwynedd a Phowys.

BLEDDYN AP CYNFYN

A reolodd ei hun, heb ond ychydig o aflonyddwch, dros ryw hyd. Ond yn 1073 efe, yn gywilyddus, a laddwyd gan Rys ap Owain ap Edwyn, a bonedd Ystrad Tywi, wedi iddo deyrnasu 13 o flynyddoedd. Tywysog ydoedd ef yn feddiannol o lawer o rinweddau, yn dilyn cyfiawnder ac uniondeb; hefyd hael ac ardderchog, oblegid yr oedd ef yn cael ei gyfrif yn gyfoethog iawn, fel y tystia y llinellau canlynol:

Bleddyn ap Cynfyn, bob cwys,
Ei hun bioedd hen Bowys.

Efe a fuasai'n briod bedair gwaith, ac a gadd blant oddi wrth bob gwraig; oddi wrth y gyntaf Meredydd; oddi wrth yr ail, Llywarch a Chadwgan; Madog a Ririd oddi wrth y drydedd; ac Iorwerth oddi wrth y ddiweddaf.

TRAHAERN AP CARADOG,

Yr hwn oedd gefnder i Bleddyn ap Cynfyn, ac yn ddyn o awdurdod a rhwysg mawr yn y wlad, efe o unfryd a etholwyd yn dywysog Gwynedd; a Rhys ap Owain, ynghyd â Rhydderch ap Caradog, a lywodraethasant Ddeheubarth.

Gruffudd ap Cynan ap Iago ap Idwal, yr hwn oedd y gwir aer, a dybiodd mai hwn oedd yr amser addas iddo i roddi ymgais i adennill y peth a wir berthynai iddo. Efe a ffoesai i'r Iwerddon, ac yno efe a gasglodd gynhorthwy, ac a hwyliodd am Gymru, ac a diriodd ym Môn, ac a'i darostyngodd hi. Wedi hyn efe a aeth rhagddo tuag Arfon. Mynegwyd hyn i Drahaern, efe a gasglodd ei fyddinoedd ynghyd, ac yn y lle a elwid Bron yr Erw yr ymladdasant, a Gruffudd a orchfygwyd, ac efe a ffodd yn ôl i Fôn.

Trahaern wrth ddeall nad oedd tywysog Deheubarth ond egwan, efe a roddes gais o'i ddifuddio o'i gyfran, a'i chysylltu â Gwynedd. Ymladdfa gan hynny a ganlynodd rhwng y ddau dywysog yn y lle a elwid Pwllgwtic. A Rhys tywysog Deheubarth a orchfygwyd, ac yn ei ddihangfa, efe a'i frawd a syrthiasant i ddwylaw Caradog ap Gruffudd, yr hwn a'u rhoes hwynt ill dau i farwolaeth. Ond er hyn Rhys ap Tewdwr ap Einion ap Owain ap Hywel Dda, a arddelwodd y llywodraeth, ac felly Trahaern, wedi ei holl ymffrost efe a siomwyd.

Gruffudd ap Cynan a ddechreuodd eilwaith wneuthur cynnwrf ym Môn, ac wedi derbyn cymorth gan dywysog Deheubarth, hwy a gyd-ymosodasant yn erbyn Trahaern, a brwydr dra ofnadwy a gwaedlyd a fu rhyngddynt ar fynyddoedd Carno, yn yr hon y syrthiodd Trahaern ynghyd â'i holl geraint. A Gruffudd ap Cynan a gymerodd feddiant o Wynedd, a Rhys ap Tewdwr o Ddeheubarth. Gwir a chyfiawn aerod i'r ddau barth.

GRUFFUDD AP CYNAN

Yr iawn feddiant, yr hwn yn awr a adferwyd yn Gruffudd ap Cynan, a barhaodd hyd na lwyr ddiffoddwyd hawl y Cymry i'r llywodraeth gan Edward y Cyntaf, brenin y Saeson, yn gorchfygu y tywysog Llewelyn ap Gruffudd.

William y Concwerwr, brenin Lloegr, a roddodd amryw arglwyddiaethau yng Nghymru i'w gymdeithion, y rhai a'u canlynasant o Normandi; sef Powys a Cheredigion a roddes ef i Iarll Arundel; Tegeingl a Rhyfoniac, ynghyd â'r holl dir ar fin y môr o Gaer hyd Gynwy, i Huw Lupus, Iarll Caer; a llawer o arglwyddiaethau eraill a roddes ef i amryw o'i ganlynwyr. Gruffudd ap Cynan, a Chadwgan ap Bleddyn, a aethant i mewn i Aberteifi, ac a laddasant nifer mawr o'r Normaniaid gormesol yma: ac mewn rhuthr arall, wedi hyn, hwy a wnaethant ddinistr mawr yn eu mysg ac a'u hysbeiliasant; ond William yr Ail, yr hwn a gyfenwid Ruffws, er mwyn dialu ar y Cymry, oblegid na oddefasant yn ddiddig y gormeisiau hyn, a ddaeth i mewn i Gymru gyda byddin alluog; ond y Cymry a giliasant i'w creigiau amddiffynnol, ac i'w coedydd, ac felly William a siomwyd yn ei ymgais, fel y gorfu arno ddychwelyd i Loegr dan warthrudd. Wedi hyn y Cymry a erlidiasant ymaith y Saeson a'r Normaniaid o'r tiroedd a roesid fel hyn yn anghyfiawn iddynt gan frenin Lloegr. Ond y dieithriaid, wedi profi o felyster y tir, a ddychwelasant gyda byddinoedd cedyrn, gan gwbl fwriadu ailfeddiannu eu trigfannau drwy nerth arfau; ond y Cymry a gyd-fwriadasant na ymroent i gael eu gorthrymu fel hyn yn anghyfiawn mwyach, a'u cyfarfuant yn hyf, yn y lle a elwid Celli Tarfawg, ac a wnaethant lanastr erchyll arnynt, a'r rhai dihangol a ffoesant. Wedi hyn trydydd ymgais a wnaed, ond y Cymry a ddaeth arnynt yn ddisymwth, ac a laddasant lawer, ac a wasgarasant y lleill. Llawer o'u prif swyddogion a gwympasant yn yr ymgyrch yma. Ac fel hyn y Cymry a ailadferwyd i'w meddiannau.

Ond yn 1095 William Ruffws a wnaeth esgynfa arall ar Gymru gyda llu mawr; y tywysogion a ganfuant eu bod yn rhy weiniaid i'w wrthwynebu, hwy a giliasant i'w hamddiffynfeydd yn y coedydd a'r creigiau, ac felly y siomasant William yn ei amcanol ddinistr.

Efe er hynny a ddaeth rhagddo drwy'r dalaith hyd ym Môn, ac yno efe a adeiladodd gastell Aberlleiniog, yr hwn sydd i'w weled eto; y tywysogion Cymreig a'i canlynasant yno, gan ddisgwyl cynhorthwy o'r Iwerddon, ond y Gwyddelod a'u siomasant; ond y peth oedd waeth, canfyddwyd fod Owain ap Edwyn, tad gwraig y tywysog Gruffudd ap Cynan, oblegid rhyw soriant neilltuol, yn achos pennaf o wahodd y dieithriaid hyn i'r wlad. Pan ganfu y tywysogion y peth hyn, hwy a gymerasant longau ac a fordwyasant yn neilltuol i'r Iwerddon, a'r Saeson a wnaethant lanastr echrydus ar y trigolion, heb arbed na hen nac ieuanc, gwryw na benyw. Wedi hyn y dychwelasant adref i Loegr, gan adael y bradwr Owain ap Edwyn i reoli megis tywysog.

Ond yn y gwanwyn 1098, Gruffudd ap Cynan a Chadwgan ap Bleddyn a ddychwelasant ac a wnaethant heddwch â'r Normaniaid, ac a ailfeddianasant eu tywysogaethau dan amryw ataliadau gormesol, a Gruffudd ap Cynan a gartrefodd yn ei lys yn Aberffraw. Yn y flwyddyn hon William Ruffws a laddwyd gan saeth a ollyngasai un Walter Tyrrel at garw.

Yn 1103 y bu farw y bradwr Owain ap Edwyn.

Yn 1103 y dyfeisiwyd ac y dysgwyd gweddwdod neu unigoliaeth eglwyswyr, gan Anselm Archesgob Caergaint. Ni buasai yr arfer erioed o'r blaen yng Nghymru; yr oedd yn rhydd hyd yn hyn i bob eglwyswr briodi.

Yn 1105 rhan fawr o'r wlad a elwir Fflanders a orchuddiwyd gan lifeiriant, cymaint o'r trigolion ag a ddiangasant gyda'u bywydau, a ddaethant drosodd i Frydain, gan ddeisyf gan y brenin (Harri y Cyntaf) genhadu iddynt fyw mewn rhyw barth o'i deyrnas; y brenin yn dra elusengar a bennodd yr hyn nad oedd yn eiddo iddo, sef rhan o Ddeheubarth a elwid gwlad Ros yn Nyfed, ac yn y lle hwnw y mae eu hepil hwy hyd y dydd hwn, yn wahanol oddi wrth drigolion eraill y wlad.

Yn 1111 Huw, Iarll Caer, a wnaeth achwyniad at frenin Lloegr, fod Gruffudd ap Cynan yn gwneuthur llawer o anrhaith ar ei wlad ef. Y brenin yn dra llidiog a dyngodd y mynnai ef ddistrywio yr holl hiliogaeth Gymreig, a phobli y wlad â thrigolion newydd; i wneuthur ei air yn dda efe a ffurfiodd fyddin ofnadwy ac a'i rhannodd yn dair rhan, ac a deithiodd tua Chymru. Yr oedd Gruffudd ap Cynan yn gweled nad oedd dichon iddo wrthsefyll y fath dorf arfog, efe a'i holl ddeiliaid, ynghyd â'u holl dda, a ymsymudasant i'r mynyddoedd: rhai o'r Saeson a anturiasant eu canlyn yno, ond y Cymry a droisant arnynt ac a laddasant lawer, ac a archollasant eraill yn y cyfyngfannau. Ond y tywysog Gruffudd, wrth weled rhai o'i ben bonedd yn ufuddhau i'r gelyn, a dybiodd mai mwy cymwys oedd cynnig amodau heddwch, gan addo i'r brenin swm mawr o arian, yr hyn a'i dihuddodd ef, ac felly heddwch a wnaed wedi'r holl gynnwrf.

Yr holl ddamweiniau a'r digwyddiadau y rhai a ddaethant o gylch drwy deyrnasiad Gruffudd ap Cynan ydynt ry luosog i'w talfyrru, llofruddiaeth, trais, ymryson, ac aneirif ddrygau, rhy faith i'w henwi, a arferwyd yn ddi-gosb ymysg y Cymry eu hunain, fel y mae'n gywilyddus ac yn alarus craffu arnynt. Y Butain fawr Babilonaidd oedd wedi tywyllu meddyliau dynol ryw o bob gradd, ac wedi eu cwbl ddallu rhag gweled ohonynt oleuni disglaer yr Efengyl, a phob gwybodaeth iachusol arall, fel nad oedd rheswm na threfn gymwys ar ddim, ond pawb yn palfalu ar ôl torf o offeiriadau diog, rhagrithiol a choelgrefyddol: aur a wnae iawn am bob trosedd, a maddeuant a gollyngdod i'w gael am y drwg mwyaf echryslon a niweidiol.

Yn niwedd y flwyddyn 1136 y bu farw Gruffudd ap Cynan, wedi teyrnasu ohonaw ddwy ar bymtheg a deugain o flynyddoedd. Tywysog doeth, pwyllus, a gwrolwych oedd ef, haeddedigol o well amseroedd. Efe a drefnodd amryw gyfreithiau iachusol; ymysg pethau angenrheidiol eraill, efe a wnaeth ddiwygiad ymysg y clerwyr a'r cerddorion, achos cwbl angenrheidiol, gan fod y fath haid o'r gwibiaid diles hyny wedi ymledu dros y wlad, yn crwydro o dŷ bwygilydd, ac yn bwyta yr holl ymborth, ac heb wneuthur dim tuag at y cynhaliaeth cyffredin, gyda segura a bolera, ffrwythau y fath ymddygiadau yw meddwdod a godineb.

Gruffudd ap Cynan a wnaeth gyfraith i orchymyn gwneuthur ymofyniadau ymysg y segurwyr yma, a chenhadu yn unig y doeth a'r dysgedig i ddilyn y broffes hon, a gorchymyn i'r lleill oll, dan eu perygl, ymosod ynghylch rhyw orchwyl buddiol ac addas i'w galwad.

Efe a adawodd o'i ôl blant o'i wraig, Angharad merch Owain ap Edwyn, tri o feibion, sef Owain, Cadwaladr a Chadwallon, a phump a ferched, Margaret, Susannah, Ranallt, Agnes a Gwenllian. Ac oddi wrth ordderch-wraig, efe a gadd Iago, Ascain, ac Edwal, Abad Penmon, a dwy ferch, Dolling ac Elen, y diweddaf a briododd Hwfa ap Ithel Felyn o Iâl.

Gruffudd ap Cynan sy'n gorwedd yn gladdedig ar y tu deau i'r allor yn yr Eglwys Esgobol, Bangor.

OWAIN GWYNEDD,

Mab hynaf Gruffudd ap Cynan a fu'n dywysog Cymru ar ôl ei dad, efe ar ei ddyfodiad a wnaeth brysur ymweliad â Deheubarth, efe a ddistrywiodd Ystrad Meurig, a thref Gaerfyrddin, ond nis gwyddir am ba achos.

Yn 1138, Cynrig, un o feibion Owain Gwynedd, a wnaeth yn rhyw fodd sarhad i ŵr tra ardderchog a elwid Madog ap Meredydd ap Bleddyn ap Cynfyn, am yr hyn gwŷr Madog a'i lladdasant ef.

Yn 1142 ymrafael a ddigwyddodd rhwng Anarawd, mab i Gruffudd ap Rhys tywysog Deheubarth, a'i dad-yng-nghyfraith, Cadwaladr brawd Owen Gwynedd, ac mewn ymrafael rhyngddynt Anarawd a laddwyd: hyn a fu yn achos o ryfel rhyngddynt; Owain a aeth i mewn i Ddeheubarth ac a wnaeth ddifrod mawr: Cadwaladr a ffodd i'r Iwerddon, ac a gyflogodd nifer mawr o Wyddelod, ac Ysgotiaid, ac a diriodd yn Aber Menai yn Môn. Ond pa fodd bynnag, pan gyfarfu y ddwy fyddin, heddwch a wnaed rhwng y ddau frawd. Pan ddeallodd y Gwyddelod hyn, hwy a gadwasant Gadwaladr yn eu gafael nes y telid iddynt eu cyflogau; Cadwaladr, er mwyn cael ei ryddid, a roddodd iddynt ddwy fil o ddefaid, heblaw gwobrwyon eraill: pan gyntaf y clybu y tywysog Owain hyn, efe a syrthiodd ar y Gwyddelod, ac a laddodd nifer mawr ohonynt, ac a ddygodd oddi arnynt yn ôl yr anrhaith a'r gwystlon, fel ag y bu yn dda ganddynt rwyfo ymaith â chrwyn cyfa.

Yn 1148 Owain Gwynedd a adeiladodd gastell yn Iâl, a elwid Castell y Rhodwydd. Ei frawd Cadwaladr a adeiladodd un arall yn Llanrhystyd. Hefyd Madog, mab i Meredydd ap Bleddyn, a sylfaenodd gastell yn Nghroesoswallt.

Yn 1149 ymrafael a gododd rhwng Rondel, Iarll Caer, a'r tywysog Owain Gwynedd; a'r ddau a ymbarotoesant i ryfel. Owain a flaenorodd ei fyddin cyn belled â Chwnsyllt: ond yr Iarll a ddeallodd fod y Cymry yn rhy gryfion iddo, hwy a droesant yn ôl ar ffo; y Cymry a'u hymlidiodd hwynt, ac a laddasant lawer ohonynt, ac eraill a ddaliasant.

Yn 1151 Owain Gwynedd a dynnodd lygaid, ac a ddisbaddodd Cunedda, mab ei frawd Cadwallon, rhag a fyddai iddo arddelwi hawl o etifeddiaeth ei dad, neu genhedlu plant. Tynnu llygaid a disbaddu oedd gosb gyffredin yn yr amseroedd barbaraidd a llawn terfysglyd hyn.

Yn y flwyddyn hon y gwnaed Sieffrai o Fynwy yn Esgob Llanelwy; y gŵr hwn a elwid Gruffudd ap Arthur, efe a gyfieithiodd o'r Gymraeg i'r Lladin, yr hanes a elwid Brut y Brenhinoedd, casglfa o chwedlau ofer, wedi eu cyfaddasu i amserau coelgrefyddol, ond wedi eu sylfaenu ar lawr gwirioneddol fel y meddylir.

Yn 1156 y Brenin Harri o Loegr a ddaeth ar Gymru gyda byddin, yn mhlaid Cadwaladr, brawd y tywysog, yr hwn a fwriasid allan o'i feddiannau, am ryw achosion na wyddir heddiw yn eu cylch. Y brenin a wersyllodd ei lu ar Forfa Caer. Owain a'i gwynebodd, ac a laddodd rai o'i brif swyddogion, y rhai oedd yn cyfarchwylio ei sefyllfa, yn y lle a elwid Coed Eulo, ac a barhaodd ei ruthrgyrch gan wneuthur difrod nid bychan ymysg lluoedd y brenin. Y brenin wrth ganfod y fath annisgwyliadwy ruthr a chilgwthiad, a symudodd rhagddo, gan amcanu amgylchu y fyddin Gymreig; ond y tywysog Owain a'i cadarnhaodd ei hun mewn lle a alwyd ar yr achos yma Cil Owain. Y brenin a ddaeth i Ruddlan, a bu yn agos i golli ei fywyd, mewn rhuthr a wnaethai y Cymry arno yn y symudfa yma. Owain a symudodd o'i fangre, ac a wersyllodd ar uchelfan Bryn y Pin, yng ngolwg Rhuddlan, ar y tu deau. Ond diwedd yr ymryson yma a fu heddwch rhwng y ddwy genedl, heb effeithio dim, gydag ysgarmeisio ar ymddiffynfa.

Yn 1158 bu farw Madog ap Meredydd, tywysog Powys, yn Winchester, ac a gladdwyd ym Meifod. Dyn crefyddol a da gan bawb oedd hwn.

Yn 1164 Owain Gwynedd a anfonodd ei fab Dafydd i erlid y Saeson o Sir Fflint: efe a lwyddodd yn ei ymgais, ac a ddygodd ymaith bobl ac anifeiliaid i Ddyffryn Clwyd.

Brenin Lloegr a ffurfiodd lu mawr ac a ddaeth hyd yn Nghroesoswallt: tywysogion Cymru a gydunasant i'w wrthsefyll, ac a wersyllasant yn Nghorwen: y brenin yn ofni cael ei ddyrysu yn y coed, ac yn ffyrdd culion y mynyddoedd, efe a drigodd yn ei sefyllfa, ac a anfonodd gyfran o'i wŷr i dorri i lawr y coedydd, ac i glirio ffyrdd llydain; ond y Cymry a syrthiasant arnynt, ac a wnaethant laddfa fawr arnynt. Milwr Cymreig a anelodd saeth at gorff y brenin, ond un Hubert a ganfu ei amcan ac a neidiodd rhwng y Brenin ac ef, ond y saeth a'i trywanodd ef; felly efe a gollodd ei fywyd wrth achub bywyd ei frenin. Harri y brenin yn gweled na fedrai wneuthur dim, efe a ddychwelodd yn ôl i Loegr: ond yn gyntaf efe a dynnodd lygaid y gwystlon yn ei law, y rhai oeddynt Rhys a Chadwallon, meibion Owain tywysog Gwynedd, a Chynrig a Meredydd, meibion Rhys tywysog Deheubarth.

Yn 1166, tywysogion Gwynedd a Deheubarth a aethant gyda byddin o Bowys yn erbyn Owain Cyfeiliog, tywysog y dalaith honno, ac a'i herlidiasant o'i dywysogaeth: ond efe yn fuan wedi hynny a ddychwelodd gyda lluoedd o Normaniaid a Saeson, ac a ailenillodd ei feddiannau.

Yn 1169, Owain Gwynedd a fu farw, wedi llywodraethu ohonaw 32 o flwyddi. Efe oedd wrolwych, a ffynnol, a phwyllus yn ei holl amcanion. Yr oedd ganddo nifer mawr o blant oddi wrth amryw wragedd; ei fab hynaf oedd Iorwerth Drwyndwn, a enwid felly oddi wrth anaf ar ei drwyn; ac oblegid hyn y gwrthodwyd ef rhag teyrnasu, a'i fab Dafydd a'i dilynodd. Yr oedd ganddo fab a elwid Cadwallon, yr hwn oedd Abad Enlli. Beddrod Owain Gwynedd sydd i'w weled yn Eglwys Bangor.

DAFYDD ap OWAIN

Iorwerth Drwyndwn a lyswyd, fel y mynegwyd, oblegid yr anaf ar ei drwyn. Ymryson a dyfodd rhwng ei frodyr am yr orsedd, a brwydr a ganlynodd rhwng Hywel a Dafydd, ac yn yr ymladdfa Hywel a laddwyd, a Dafydd a gyfarchwyd yn Dywysog Gwynedd.

Madawg, mab arall i Owain Gwynedd, yn rhagweled y trallodion a'r ymryson a fyddai rhwng ei frodyr a'u pleidiau, a amcanodd gymeryd ei dynghedfan ar led, yn hytrach nag aros gartref yn dyst o'r cynnwrf a'r galanastra rhwng ei frodyr a'i geraint, er mwynhau llywodraeth fechan dlawd, fynyddig. Efe yn forwr, a baratôdd nifer bach o longau, ac efe a amododd â nifer o bobl i gymeryd eu hantur a'u damwain gydag ef; ac felly efe a droes allan, ac a hwyliodd i ganlyn yr haul tua'r gorllewin, gan adael yr Iwerddon ar y tu gogledd; ac felly efe o'r diwedd a diriodd mewn gwlad ddieithr yr hon a dybir oedd rhyw barth o'r America; ar ôl hyn efe a ddychwelodd yn ôl i Gymru, ac a anogodd eraill o'i gydwladwyr i'w ganlyn, ac a hwyliodd ymaith gyda'r ail nifer yma o'i ganlynwyr, ac byth mwyach ni chlybuwyd yn ei gylch. Tybir iddo dirio yn y rhan hono o'r America a elwir Florida. Yr oedd ganddo yn ei antur ddiweddaf ddeg o longau yn ei ganlyn.

Amryw chwedlau a daenwyd yn ddiweddar ynghylch y Madawg hwn, y rhai gan mwyaf, sy'n sawru yn debyg i chwedlau disail. Ond pa fodd bynnag maent yn dwyn prawf lled gryf, fod y fath fordwyaeth wedi digwydd.

Yn 1176, yr Arglwydd Rhys o Ddeheubarth a wnaeth wledd fawr yn ngwyliau y Nadolig, yn ei lys yn Aberteifi, yr hon a barodd ef ei chyhoeddi drwy holl Frydain, yr Iwerddon, a'r ynysoedd perthynol. Nifer fawr o bob cyrion a gyfarfuasant, ac a gawsant dderbyniad parchus: ac er mwyn ychwanegu y diddanwch, holl feirdd Cymru a wahoddwyd, ac a'u cyfleodd hwynt yn ei neuadd, lle yr atebasant y naill y llall, mewn rhimynnau cynganeddol: mewn medruswydd prydyddol, Beirdd Gwynedd a fwynhasant y fuddugoliaeth; a gweision y tywysog ei hun oedd orau mewn peroriaeth a datganiad.

Yn 1179 y cafwyd ac yr agorwyd beddrod y clodfawr Frenin Arthur, drwy orchymyn y Brenin Harri yr Ail, yn Ynys Afallon, ym Monachlog Glastonbury. Efe a'i wraig Gwenhwyfer a osodasid mewn cafn o bren ysgaw mawr 15 troedfedd yn y ddaear. Esgyrn y brenin oeddynt fwy na thaldra dynol, a throstynt y gosodasid llech-faen mawr, ac arno groes o blwm, a'r geiriau Lladin hyn arni:

Hic jacet Sepulus, inclytus Rex
Arthurus in Insula Avalonia.

Yn 1187, y clodfawr Gerald o Gymru a ganlynodd Baldwin, Archesgob Caergaint, i bregethu y Groes yn Nghymru, a llawer o bobl a hudwyd i ganlyn yr antur goelgrefyddol honno i erlid yr anghredinwyr, fel y gelwid hwynt, allan o Gaersalem.

Yn 1195, Llewelyn ap Iorwerth, mab Iorwerth Drwyndwn, a ddaeth i oed, efe a arddelwodd ei iawn hawl o'r llywodraeth; y pendefigion a'r bonedd a gyfaddefasant ei gyfiawn hawl, ac efe yn ganlynol a gymerodd feddiant ynddi, wedi i Dafydd ap Owain ei mwynhau dros 24 o flwyddi. Y cyfnewid yma a ddaeth o gylch heb dywallt defnyn o waed. Felly Dafydd ap Owain a ymneilltuodd i fyw fel pendefig cyffredin arall.

LLEWELYN AP IORWERTH

Ap Owain Gwynedd, – efe a anwyd, fel y tybir, yn nghastell Dolwyddelen, gan mai yno y buasai ei dad Iorwerth Drwyndwn yn byw yn hir.

Yn 1195 pla ofnadwy a fu yn distrywio dros holl Frydain a Ffrainc. Rhys, tywysog Deheubarth, a fu farw yn y flwyddyn yma: a'i ferch Gwenllian, a briodasid â'r enwog Ednyfed Fychan.

Yn y flwyddyn hon hefyd y bu farw yr ardderchog Owain Cyfeiliog, tywysog Powys, yr hwn oedd fardd godidog, fel y mae ei waith ef eto i'w weled. Efe a adawodd o'i ôl i'w ddilyn yn y llywodraeth ei fab Gwenwynwyn, oddi wrth yr hwn y galwyd, ac y gelwir, y rhan honno o'r dywysogaeth, Powys Wenwynwyn, i'w dosbarthu oddi wrth y rhan arall a elwir Powys Fadog.

Yn 1200 yr adeiladwyd y Tŷ Gwyn; y mynachdy cyntaf yn Nghymru, ar ôl distrywio Bangor-is-y-coed.

Yn 1201 Llewelyn ap Iorwerth a ddeolodd o'i diriogaeth ei gâr Meredydd, mab Cynan ap Owain Gwynedd, am fradwriaeth, ac a atafaelodd ei diroedd, y rhai oeddynt yn nghantrefydd Llŷn ac Eifionydd.

Yn 1202, y tywysog a arddelwodd ufudd-dod gan benaethiaid Cymru, megis tywysog yn tarddu o'r llinell hynaf, yn ôl y drefn a wnaethai Rodri Mawr yn ei ewyllys. Gwenwynwyn a safodd yn wrthnysig ar y cyntaf, ond yn ddiweddaf efe a ufuddhaodd yn gyfeillgar.

Yn 1209, Iarll Caer a atgyweiriodd gastell Deganwy, yr hwn a ddinistriasid gan Lewelyn ap Iorwerth yn ddiweddar.

Yn 1210, y Brenin Ioan o Loegr a ffromodd wrth y Cymry, efe gan hynny a ddaeth i mewn i'r wlad gyda llu mawr. Y tywysog Llewelyn a orchymynnodd i'w holl ddeiliaid am ymsymud gyda'u holl anifeiliaid a'u da o'r doldir i fynyddoedd Eryri. Ac Ioan a ddaeth cyn belled â chastell Deganwy, lle y cartrefodd ef dros ryw hyd i adlonni ei wŷr; ond pob plaid grwydraidd oddi wrth y brif fyddin a ddistrywiwyd gan y Cymry o'u llochesau, a'r holl ymborth a dorrwyd ymaith, fal y daeth newyn tost, a bu orfod iddynt fwyta eu meirch rhyfel, ac yn ddiweddaf dychwelyd yn ôl i Loegr heb effeithio dim. Ond ym mis Awst nesaf efe a ddaeth eilchwyl i Gymru, ac a anfonodd wahanlu o'i fyddin i losgi Bangor, a hwy a gymerasant Rotpert, neu Robpert, yr esgob, yn garcharor, ac a'i dygasant i'r fyddin Seisnig, ond efe a ryddhawyd drwy roddi anrheg o ddau gant o weilch i'r brenin. Ond odid fod yn hoff gan yr esgob hely a saethu.

Ond Llewelyn yn dal sylw fod holl Loegr a rhan fawr o Gymru yn ei erbyn, efe a anfonodd ei dywysoges, yr hon oedd ferch i'r Brenin Ioan o Loegr, yn gennad at ei thad i ddeisyf heddwch, yr hyn a amodwyd iddi, a thalu, megis dirwy i'r Brenin, ugain mil o anifeiliaid corniog, a deugain o feirch, a chydnabod ei dywysogaeth megis cynffon berthynol i goron Loegr.

Llewelyn yn canfod yr aflonyddwch a'r trallod gwastadol gan y

Saeson, efe a wysiodd ei wŷr mawr o'i flaen, ac a gynigiodd iddynt, os safant yn bur ac unfryd, a bod yn gynorthwyon iddo yn ei ymgais, yr ymegnïa ef am ymwared iddo ei hun a hwythau o orthrymder, rhwysg a choegfalch draha y Saeson, a bod yn bobl ryddion neu farw. Hwy o un fryd a dyngasant ffyddlondeb iddo; ac felly, hwy a gyd-ymosodasant ynghylch y gwaith, ac a gymerasant yr holl gestyll a feddianasid gan y Saeson, ond Rhuddlan a Deganwy; ac o achos yr ymrafael rhwng Ioan a'i ddeiliaid, ac yn enwedig rhyngddo a'r Pab, Llewelyn a ymbiliodd â'i sancteiddrwydd am gael rhyddhad o'i lw o ufudd-dod i'r Brenin, yr hyn a genhadwyd iddo: felly, efe ynghyd â thywysogion Deheubarth a Phowys, unwaith eto a ryddhawyd oddi tan yr iau Seisnig, ac yn ddiweddaf hwy a gymerasant y cestyll Rhuddlan a Deganwy.

Yn 1228 y tywysog Llewelyn a gadd ymrysonfa arall â'r Saeson, ar y blaendiroedd, neu'r cyffiniau rhwng Lloegr a Chymru, ac efe a fu fuddugoliaethol, ac yn ganlynol heddwch buddiol i'r Cymry a wnaed rhyngddynt.

Mewn amrafael arall, wedi hyn, y Cymry a gawsant y llaw uchaf, ac a gymerasant amryw o'u penaethiaid yn garcharorion, ymysg y rhai yr oedd un William Bruce, i'r hwn y cenhadodd y tywysog ei ryddle yn ei lys, yn ddigarchar, ond efe a lygrodd ei dywysoges, a Llewelyn meddir a'u daliodd hwynt yn y weithred o odineb, am yr hyn efe yn ddioed a orchymynnodd ei grogi. Dihiryn digrif, un o deulu'r tywysog; ond odid ei ddigrifwas neu ei ffŵl (fel y cynhaliai gwŷr mawr bob amser un o'r cyneddfau yma yn eu teulu i beri difyrrwch iddynt), ar ôl y weithred hon, yr hyn mae'n debyg na wyddai hi, efe a'i cyfarchodd fal hyn,

Dicin docyn gwraig Llewelyn,
Beth a roi di am weled Gwilym?

Hi a atebodd,

Cymru, a Lloegr, a Llewelyn
A rown i gyd am weled Gwilym.

Ar ôl hyn efe a'i hebryngodd hi i ffenestr ac yno a ddangosodd iddi ei gordderchwr ynghrog wrth gangen o goeden.

Braidd y medr un goelio yr hanes yma, gan i'r tywysog Llewelyn ar ei marwolaeth orchymyn adeiladu mynachlog yn Llanfaes, yr hon a adwaenir dan enw y *Ffriars* heddiw, ac a osododd yno nifer o fynachod traednoeth, i weddïo'n wastadol am esmwythdra i'w henaid: braidd y gellir tybio y gwnaethai ef hynny os halogasai hi ei wely.

Yn 1232 Llewelyn a wnaeth esgynfa ar Loegr, am ryw gamymddygiad gan y Saeson, ac a wnaeth yno fawr ddifrod a distryw, ac a ddychwelodd adref gydag anrhaith werthfawr o ddynion ac anifeiliaid.

Y Brenin Harri, ar ôl hyn, a ddaeth i Gymru gyda thorf alluog; ac efe a gyfarfu â'r Cymry yn y lle a elwir Grosment, a brwydr a ganlynodd, a'r Cymry a orfuant. Y Saeson a gollasant 500 o feirch, a nifer tra mawr o wŷr traed.

Yn 1234 y bu ffrwgwd rhwng y Cymry a'r Saeson, a'r Cymry a orchfygasant y tro hwn. Yn ôl hyn y Brenin Harri a anfonodd Edmund Archesgob Caergaint, a dau esgob arall, gydag amodau heddwch, a chytunwyd arnynt yn ôl cynghorion y tywysog.

Yn 1237 y bu farw tywysoges Llewelyn, merch ydoedd i'r diweddar frenin Ioan, fel y crybwyllwyd o'r blaen.

Yn 1240 y bu farw y tywysog Llewelyn ap Iorwerth, wedi iddo deyrnasu 56 o flwyddi, efe ryw swrn o amser cyn marw a darawsid â llewyg o'r parlys. Efe a adawodd o'i ôl un mab a enwid Dafydd, yr hwn a'i dilynodd ef yn y llywodraeth: a merch a elwid Gwladus, yr hon a briododd Sais a elwid Syr Ralph Mortimer; yr oedd ganddo hefyd fab ordderch a elwid Gruffydd, yr hwn a gadwodd ei frawd Dafydd yn garcharor tra y bu byw, yng nghastell Cricieth, gan ei fod o natur danbaid echrydus.

Llewelyn a gladdwyd yn anrhydeddus ym monachlog Cynwy. Yr oedd ef yn dywysog dewrwych a phwyllus yn ei holl ymddygiad, yn gynhaliwr godidog i'w genedl a'i gydwladwyr; ac o aflwydd a phla i'r Saeson. Am y cymwynasau a wnaethai i Gymru, efe a alwyd Llewelyn Fawr.

Wedi darostwng a bwrw ymaith y mynachdai gan Harri yr Wythfed, ei arch ef, yr hon sydd garreg wedi ei chafnio, a symudwyd o Gynwy, ac a'i gosodwyd yn eglwys Llanrwst, lle y gwelir hi heddiw (1804).

DAFYDD AP LLEWELYN

A ganlynodd ei dad yn y llywodraeth, ond ar ei ddyfodfa, Esgob Bangor, yr hwn oedd ddyn croes, tanbaid, a'i ceryddodd yn llym am garcharu ohono ei frawd Gruffydd, ac a fygythiodd ei ysgymuno o'r achos, oni roddai iddo ei ryddid; ond Dafydd yn gwybod am natur derfysgus ei frawd, gan hynny ni wrandawai ar ddymuniad yr esgob, ac felly efe a ysgymunwyd. Yr esgob wedi hyn a aeth i Rufain ac a gafodd gan y Pab gadarnhau yr ysgymundod.

Brenin Lloegr yn cymeryd mantais ar hyn, a gynullodd fyddin gan amcanu rhyddhau Gruffydd er gwaethaf ei frawd, a'i osod ar yr orsedd, gan ei fod wedi gwneuthur i'r brenin addewidion gwerthfawr am ei gynhorthwy. Dafydd, yn gweled ei bendefigion yn oeri ac yn cydfwriadu yn ei erbyn ym mhlaid Gruffydd, a gydsyniodd â dymuniad y brenin. Gruffydd yn fuan ar ôl hyn a symudwyd o gastell Cricieth i Dŵr Llundain, ac yno, wrth ymgeisio dianc o'i ddalfa yn y nos, a syrthiodd i lawr o le uchel, ac a rwygodd ei fol, ac felly efe a fu farw yn ddiswta.

Yn 1243, y Brenin Harri a wnaeth eto ymgyrch i flino y Cymry, heb un rhith o achos cyfiawn; efe a ddaeth gyda byddin i Gymru, gan amcanu gosod ei fab ei hun yn dywysog Cymru. Dafydd a ymbaratôdd i'w gyfarfod ef, ac a'i dygn flinodd dros ennyd fawr yng Nghynwy, nes i newyn ei yrru ymaith i Loegr mewn cyflwr llibyn a thrallodus.

Ym Mawrth 1246 y tywysog Dafydd a fu farw yn ei lys yn Aber, ac a gladdwyd yng Nghynwy. Ni adawodd ef na mab na merch o'i ôl. Ymddengys mai dyn tyner tangnefeddus o dymer oedd ef, ond ni thalai y fath ansawdd i dywysog yn y fath amserau barbaraidd ag yr oedd ef yn byw ynddynt.

LLEWELYN AP GRUFFYDD

Wedi marwolaeth Dafydd ap Llewelyn, tywysogaeth Cymru a berthynodd yn gyfreithlon i'w chwaer ef, Gwladus, yr hon fel y soniwyd uchod a briodasai Sais, sef Syr Ralph Mortimer; ond y Cymry a gydfwriadasant na châi Sais deyrnasu arnynt; hwy gan hynny a ddewisasant Llewelyn ac Owain Goch, meibion Gruffydd, ordderch fab Llewelyn ap Iorwerth, yr hwn a gollasai ei fywyd drwy godwm yn y Tŵr Gwyn yn Llundain.

Yn y tywysogion yma y darfu llywodraeth y Cymry yn llwyr ym Mhrydain, wedi ymdrechu ohonynt â'r Saeson am eu cyfiawn feddiannau o gylch 730 o flynyddoedd.

Gan fod damweiniau yr amgylchiad mawr a diweddaf hwn yn

helaethlawn a maith, addas yw cwtogi yr hanes cyn fyrredd ag y gweddo i'r peth a amcenais yn ysgrifennu yr hanes byr rhagflaenol.

Owain Goch oedd yn Llundain yn garcharor, ond pan glybu ef fod ei frawd wedi ei gyhoeddi yn dywysog, efe a gafodd oedfa ac a ddihangodd i Gymru.

Llewelyn oedd yn byw yn Maes Mynnen, yn agos i Gaerwys, ac yn perchenogi, ar ôl ei dad, amryw gantrefau yn swyddi Fflint a Dinbych.

Yr oedd y Cymry y pryd yma dan warrog orthrymus y Saeson, fel nad oedd ganddynt nac ysbryd na moddion i fasnachu nac i hwsmonaethu eu tiroedd, fel mae hen awdwr yn eu mysg yn cwyno o'r achos. 'Telyn yr Eglwyswr,' medd ef, 'a newidiwyd i dristwch a galar, gogoniant eu hen bendefigion beilchion a ddiflannodd ymaith'.

Yn y cyflwr anghysurus hwn, nid oedd ond heddychu â'r gelyn yn ei gynigion ei hun, – sef rhoi i fyny yr holl wlad o Gynwy i Gaer, a dal ar draed fil o wŷr, ynghyd â 24 o feirch a'u harfogi oll pan welai brenin Lloegr yn dda alw amdanynt i'w wasanaeth ei hun. Ac os un o'r bonedd a ynganai air grwgnachus ar esgus yn y byd, holl feddiannau y cyfryw un a ddirwyid i'r brenin. A'r holl ran o'r dywysogaeth yn llaw y tywysog, i'w ddal megis tyddyn dan goron Loegr.

Ond er eu bod fel hyn yn griddfan dan gaethiwed, eto ysbryd cythreulig amrafaelgar oedd yn effro fyth yn eu mysg. Owain oedd hŷn na Llewelyn, gan hynny efe a genfigennodd na ddewisasid ef yn dywysog dros y cyfan: efe gan hynny, yn 1254, a ymfyddinodd yn erbyn ei frawd, a brwydr a ganlynodd, ac Owain ynghyd â'i frawd ieuaf, Dafydd, a gollodd y maes; ac hwy a ddaliwyd, ac a garcharwyd dros hir amser yng nghastell Dolbadarn wrth Lanberis.

Y bonedd, yn dal galarus sylw ar y mawr ormes yr oeddynt dano, a ddaethant ynghyd o unfryd at eu tywysog, ac a'i cyngorasant i wneuthur un ymgais eto am eu rhyddid; eu bod hwy yn llwyr fwriadu ei gynorthwyo gyda'u holl allu, a gwerthu eu bywydau cyn ddryted ag y gallent, ym mhlaid eu gwlad a'u cenedl. Felly hwy a arfogasant yn ddiymaros, ac a enillasant yn ôl Feirionydd, a'r holl Berfeddwlad oddi ar y Saeson, hefyd Aberteifi, ac ardaloedd Gwerthrynion, a rhan fawr o Bowys a enillasant. Harri y Brenin wedi iddo glywed hyn, a yrrodd fyddin gadarn i Gaerfyrddin, llu Llewelyn a'i gorchfygodd ef yn Ninefwr, gan ladd dwy fil o'i wŷr, ac a ddifrodasant Benfro, ac amryw gestyll ym meddiant y Saeson. Teyrnged ormesol a osodasid ar y Cymry am yr holl dir o Gynwy i Gaer, ac un Syr Sieffrei de Langley a benasid i gasglu yr arian hynny oddi ar y trigolion, yr hyn a gyflawnodd ef gyda'r gerwindeb, anghydwybod, a'r anhrugarogrwydd mwyaf. A'r tywysog Edward, mab y Brenin, i'r hwn y rhoddasai ei dad y cyllid yma, a anturiodd ddwyn i mewn y cyfreithiau Seisnig, i reoli gwlad, yr hon oedd, neu a ddylasai fod, yn rhydd dan ei chyfreithiau ei hun a'i thywysog.

Y pethau hyn a llawer o'r fath a symbylodd y Cymry oll i gyduno â'u tywysog allan o law, fel y casglodd ef yn fuan lu mawr iawn, sef o gylch tri ugain mil o wŷr traed, a phum cant o feirch: felly efe a ddinistriodd y cwbl o'i flaen hyd byrth Caer, ac ni allai llu'r brenin ddim yn ei erbyn; ie, er iddo gael cynhorthwy tywysog Powys, sef Gruffydd ap Madog, yr hwn oedd yn byw yng nghastell Dinas Brân. Dyna'r diawl a oedd yn rheoli yng nghalonnau y Cymry, ym mhob ymrafael byddai rhyw chwynoglyn diffaith o'r genedl yn cymorth y gelyn. Ond Llewelyn a ddistrywiodd holl feddiannau y bradychwr yma.

Harri y Brenin yn rhagweled na byddai ddichon iddo orthrechu y fath fyddinoedd, efe a yrrodd genadwri i'r Iwerddon am lu o Wyddelod, a gorchymyn iddynt dirio ym Môn, fel y byddai anghenraid i Lewelyn gilio i ymladd yno, ac felly gwanhau ei gadernid ei hun. Harri a ddaeth ei hun, gyda llu mawr, ar yr unfed ar ddeg o Awst, i Gaer, ac a orchymynnodd i'r rhan orllewinol o'r deyrnas ymgasglu i Fristo, ac felly o ddau, a'r Gwyddelod o'r trydydd parth, a gyd-ymosodasant ar y Cymry: ond Llewelyn a frysiodd oddi wrth Gaer ac a ddaeth yn union i Eryri, gan ddistrywio yr holl bontydd, ac aredig y gweirdiroedd, ac a symudodd yr holl drigolion a'u da i'r mynyddoedd, i fannau na feiddiai Harri eu canlyn: efe hefyd a yrrodd lu o wŷr arfog i ynys Fôn, y rhai a ddistrywiasant yr holl Wyddelod a diriasant yno.

Ar ôl hyn y gaeaf a nesaodd, fel y gorfu ar Harri ddychwelyd yn ôl i Loegr.

Llewelyn fel hyn yn fuddugoliaethol, ond yn gweled ei wlad wedi ei thlodi gan y rhyfel, efe a gynigiodd ymheddychu â'r brenin, ond efe ni chytunai heb iddo gael i'w ddwylaw adferiad o'r hyn oll a gymerasai oddi arno: felly y byddinoedd a safasant dan arfau drwy y gaeaf.

Harri a roes ymgais arall yn 1257, a'r holl orchest a wnaeth oedd llosgi yr ŷd a'r ymborth, a throi ei wyneb tuag adref. Ond er hyn yr oedd y Cymry wedi cymeryd ysbail werthfawr oddi ar eu gelynion, fel yr oedd ddigon i ddiwallu pawb, ac heb eisiau ar neb. Llewelyn, er cefnogi disgwyliad ei ddilynwyr, a areithiodd wrthynt y geiriau canlynol:

'Cyn belled â hyn i'n cynorthwywyd gan Arglwydd Dduw y lluoedd, oblegid yr ymddengys i bawb am y manteision a enillasom nad i'n nerth ein hunain y mae i ni gyfrif hynny, ond i gymwynasgarwch Duw, yr hwn a all mor hawdd achub drwy ychydig â llawer. Pa fodd y gallem ni, rai gweiniaid, tlodion ac anfedrus mewn rhyfel, i'n cystadlu â'r Saeson, feiddio ymryson â'r fath nerthoedd, os na byddai i Dduw achlesu ein hymgais? Ei lygaid ef a welodd ein trallodion, nid yn unig am y sarhadau a ddioddefasom gan Sieffrai de Langley, ond y rhai hefyd a fwriwyd arnom gan offerynnau creulon eraill oddi wrth Harri a'i fab Edward. O'r munudyn hwn mae yr hyn oll a feddwn mewn perygl, os syrthiwn i law y gelyn nid oes i ni ddisgwyl trugaredd. Gadewch i ni gan hynny sefyll yn ddiysgog gyda'n gilydd. Ein hundeb yn unig a'n gwna yn anorchfygol. Chwi a welwch ym mha fodd y mae brenin Lloegr yn trin ei ddeiliaid ei hun, pa fodd y mae yn cymeryd gafael ar eu meddiannau, yn tlodi eu teuluoedd, ac yn gofidio eu meddyliau. A arbed ef gan hynny nyni, wedi i ni ei gyffroi mor fynych, â'r amcaniadau, a'r dialau yr ydym eto yn eu ffurfio ac yn eu darparu yn ei erbyn? Na wna yn ddiau, ond efe a ddilea ein henw oddi tan wyneb y nefoedd. Onid ydyw ynte'n well i ni ar unwaith farw a myned at Dduw, na byw dros amser wrth ewyllys gormeswr anwadal, ac yn y diwedd oddef rhyw farwolaeth warthus a bennir arnom gan elyn llidiog gwatwarus?'

Wedi bywhau drwy yr ymadrodd yma, y Cymry a flinasant flaendiroedd Lloegr gyda gwastadol ruthrau, tân, y cleddyf ac anrhaith, fel y bu y wlad yn un olygfa ddinistriol.

Er bod llwyddiant hyd yn hyn wedi dilyn eu harfau, ac ysbryd haelionus wedi tarddu ynddynt, eto yr oedd golygiadau pethau yn rhagarwyddo trallodion ac eisiau; gan fod y rhyfel wedi ysgubo y wlad o'i ffrwythau a'i chnydiau; Llewelyn gan hynny a gynigiodd heddwch. A chan fod Lloegr oll dan yr un fath gyflwr, oblegid fod ymrafael rhwng y brenin a'i ddeiliaid, a gwrthryfel yn debyg o dorri allan, gan hynny cynghrair a wnaed rhyngddynt dros flwyddyn.

Ond yn yr ysbaid yma o lonyddwch, y cythraul oedd yn anorffwysol; ond efe a chwythodd ei ysbryd cynhennus i galon un Meredydd ap Rhys, penadur enwog yn Neheubarth: yng ngwrthwyneb i'w addewid a'i lw i'w dywysog a'i wlad, efe a wrthgiliodd, ac a drodd ym mhlaid y Saeson. Amodau o hir heddwch er hynny a gynigiwyd gan y Saeson; a'r tywysog Edward, mab y Brenin, a anfonodd un Patric de Canton, ynghyd â'r bradwr Meredydd ap Rhys, i fod o blaid y brenin yn yr achos yma. Llewelyn tywysog Cymru yntef, a bennodd ei frawd Dafydd, ynghyd ag eraill, i fod o du'r Cymry. Patric a Meredydd, er dial ar y Cymry, a ddygasant yn ddirgel nifer o wŷr arfog i fod yn barod wrth amnaid i syrthio ar ddirprwywyr Llewelyn; ac felly bu; hwy a ddaethant arnynt yn ddisymwth ac a'u lladdasant gan mwyaf mewn gwaed oer; ond y tywysog Dafydd, ac ychydig eraill o'r penaethiaid, a ddiangasant o'u dwylaw. Ond Dafydd yn ddiymaros a gasglodd bobl y wlad, ac a ddychwelodd ar Patric a'i ddilynwyr, ac a'u torrodd yn chwilfriw. Ond er bod gwŷr Llewelyn fel hyn wedi cyflawni ar y rhai hyn y peth a gyfiawn haeddasant, eto Harri a ddigiodd yn aruthr.

Tywysog Cymru, er maint gwg y Brenin, wrth ystyried gwendid ei wlad i gynnal rhyfel, a anturiodd eto am heddwch, ac a gynigiodd i Harri bedair mil o farciau, pob un yn driswllt ar ddeg a phedair ceiniog, yr hyn yn ôl ein harian ni heddiw a gyrraedd i £2,666.13.4 – 300 i'r Tywysog Edward, a 200 i'r Frenhines; pa mor gaeth a chyfyng yr oedd damweiniau yr amseroedd yn pwyso arno, fel yr ystyriai ef a'i fonedd nad oedd dim a'u gwaredai ond hyn. Ie, hwy a roesant gais ymhellach; Esgob Bangor a anfonwyd at Harri i gynnig iddo am gael heddwch, un fil ar bymtheg o bwysau arian; ac iddynt yn y cytundeb ryddid i fwynhau eu hen ddefodau a'u cyfreithiau, a chael eu gwrando yn eu hachosion cwynfanol yng Nghaer. Ond Harri ni wrandawai ar ddim, ond rhoi arfau ynghadw dros un flwyddyn.

Oni ddylai pob Cymro a garo ei genedl a'i ryddid waedu yn ei feddwl wrth dremio ar y cyfyngder y bu ein hynafiaid ynddo y tro hwn, ac amryw droion eraill, yn ceisio amddiffyn eu hiawn, eu cyfreithiau a'u rhyddid rhag y gormesiaid y Saeson, y rhai na adawsant un garreg heb ei throi a rwystrai eu hawyddfryd a'u dichellion i feistrioli y cyfan o'r deyrnas; pa un bynnag ai trwy wenieithus hudoliaeth, budr wobrwyaeth, er anogaeth i'r naill gyfodi yn erbyn y llall, neu trwy wgus fygythiadau.

Ar derfyniad y flwyddyn o heddwch, y brenin a wysiodd y gwledydd i gydsynio â'i fwriad i ryfela, ac i geryddu y Cymry, ac i gyduno ag ef yn yr ymdrech honno, ac i'r diben hynny, taranau yr Eglwys a gyfeiriwyd at ben Llewelyn. Efe a ysgymunwyd ac a felltithiwyd drwy yr holl eglwysi; a chyhoeddwyd i'r byd, mai dyn gwahanol a melltigedig oedd, wedi ei wrthod gan Dduw, ac mai dyletswydd pob Cristion, os mynnai'r nef i'w enaid, oedd ei erlid a'i ladd. Dyma ddibenion melltigedig ysgymundod yr Eglwys yn yr oesoedd annedwydd hynny.

Byddin nerthol a ddarparwyd yn erbyn Llewelyn, ond gan fod y gaeaf yn nesáu, Iarll Leicester, yr hwn oedd flaenor y gad, a oedodd amser, ac a fu y tro hwn yn offeryn i ddwyn y brenin i wrando ar amodau heddwch, yr hwn a gytunwyd arno yn fuan wedi hyn; a'r tywysog a ddychwelodd o Frycheiniog i'w lys yn Aber yn swydd Arfon.

Ar ôl gwyliau y Nadolig, yn y flwyddyn 1263, Llewelyn, am ryw gamwri gan y Saeson ar y blaendiroedd, a ruthrodd arnynt gyda 30 o filoedd o wŷr traed, a 300 o feirch, ac a wnaeth ddifrod mawr, ond ei frawd-yng-nghyfraith, Syr Roger Mortimer, a'i gwrthsafodd, ac a laddodd lawer o'i wŷr; er hynny Llewelyn a fu fuddugoliaethol.

Harri oedd yn Ffrainc yr amser hwn, ond wedi dychwelyd efe a gyflogodd nifer fawr o ddieithriaid, gan na fedrai hyderu yn ei ben-capteiniaid ei hun; efo a anfonodd ei fab Edward gyda byddin arswydus yn erbyn y Cymry; Llewelyn a giliodd i gilfachau Eryri, fel na allodd Edward wneuthur dim. Ac efe a alwyd yn fuan ar ôl hyn adref at ei dad.

Yn yr amser yma, yr amrafael yn Lloegr rhwng y brenin a'i ddeiliaid a gynyddodd fel y cododd gwrthryfel, a blaenoriaid y lluoedd a unasant â Llewelyn yn erbyn eu brenin; ond efe a bennodd y tywysog Edward ei fab i wynebu'r ymffrwst: ond heddwch buan a wnaed; a thywysog Cymru a gynhwyswyd yn yr amodau.

Wedi y pethau hyn, Dafydd brawd Llewelyn a ffromodd ar ryw achos yn erbyn ei frawd, efe a unodd â'r Saeson i wrthwynebu y Cymry a'u cynghreiriaid: yn agos i Gaer brwydr waedlyd a fu rhwng y ddwyblaid, a Dafydd ynghyd â'i gymdeithion a gollodd y maes: y tywysog Edward, wrth ymladd ym mhlaid ei dad, a amgylchodd fyddin Iarll Leicester, a hwnnw yn ei gyfyngder a'i bwriodd ei hun i ddwylaw Llewelyn; a chan fod yr Iarll yma yn ymladd yn erbyn ei Frenin, ym mhlaid y bobl y rhai oedd mewn gwrthryfel â'u llywydd, Llywelyn a amododd ag ef, am gael adferu iddo holl feddiannau a breiniau ei hynafiaid; felly yn enw y brenin a'r llywodraeth, y pethau hyn a adferwyd iddo, ac amryw arglwyddiaethau a chestyll ar y cyffiniau a chwanegwyd atynt; ac i gryfhau yr amodau hyn, Iarll Leicester a gynigiodd iddo ei ferch yn briod, a'r cynnig a fu gymeradwy gan Lewelyn.

Harri wedi darostwng ei wrthwynebwyr, efe a drodd ei arfau yn gyfan yn erbyn y Cymry, ac a ddaeth gyda mawr lu i'r Mwythig; Llewelyn wrth ganfod ei anallu i'w wrthsefyll, efe gan hynny, er mwyn dihuddo cynddaredd y brenin, a ufuddhaodd. Yn ganlynol amodau heddwch a luniwyd, i diroedd pob parth ar y cyffiniau a mannau eraill gael eu hadferu, ac i Lewelyn feddiannu tywysogaeth Cymru fel cynt, dan wriogaeth i frenin Lloegr; ond y brenin a gadwodd ddosbarth o dywysogaeth Deuheubarth iddo ei hun, ac i Lewelyn gyda hynny dalu iddo bum mil ar hugain o farciau; ac felly heddwch a wnaed yn y flwyddyn 1267.

Yn y flwyddyn nesaf y bu farw Harri y Trydydd, brenin Lloegr, wedi teyrnasu ohono 56 o flwyddi: efe a deyrnasodd fwyaf o'r holl frenhinoedd. Ei fab Edward oedd y pryd hyn yn Jerusalem yn ymladd yn erbyn yr anffyddloniaid.

Galwyd ar Lewelyn i roi llw o ufudd-dod i'r brenin newydd; ond efe a nacaodd. A phan gyntaf y dychwelodd Edward, efe a ffromodd yn erchyll wrth Lewelyn, ac a lwyr fwriadodd yn ei feddwl ddwyn dial am ei ben, yr hyn er galar i'r Cymry, a gyflawnodd ef yn gwbl mewn amser, fel y dangosir ymhellach.

Erbyn dydd y coroniad, brenin Ysgotland, a phendefigion y Deyrnas, ynghyd â Llewelyn, tywysog Cymru, a wysiwyd i'r cyfarfod mawr, i dalu ufudd-dod i'r brenin megis eu goruchaf: ond Llewelyn yn gweled yr enbydrwydd oedd iddo ymddangos mewn gwlad estronol, yng nghanol ei elynion, efe a lysodd ymddangos: yr oedd ef y pryd hwn am briodi y bendefiges a soniwyd amdani, sef merch Iarll Leicester. Y brenin, gan hynny, a alwodd arno i ddyfod i'r Mwythig i gyflawni ei ufudd-dod, ond y tywysog fyth a safodd draw. Yr ail flwyddyn, sef 1275, galwyd arno i Lundain i'r un perwyl, ond efe eto a roes yr un fath o esgusion rhag ymddangos. Ar ôl hyn y brenin a ddaeth i Gaer, ac a wysiodd Lewelyn ar yr un amcan, ond efe a anfonodd yr un ateb.

Llewelyn yn craffu ar gyfrwystra a dichellion Edward, a bod tymestl yn casglu yn ei erbyn, a brysurodd i briodi y bendefiges a ddyweddiasid iddo, gan ei bod yn gares agos i frenin Lloegr, efe gan hynny a alwodd amdani o Ffrainc, lle yr oedd hi y pryd hynny.

Yn foreuol yn y flwyddyn 1276 y ferch ieuanc, ynghyd â'i brawd yr hwn oedd eglwyswr, a hwyliodd am Gymru i briodi Llewelyn, ond yn agos i ben Cornwal, hi a gymerwyd, gan longau y Brenin, yn garcharores i'r brenhinol lys yn Llundain, a'i brawd hefyd a garcharwyd. Wedi y weithred goeg-fudr ddifrïol hon, Edward a wysiodd Lewelyn i ddyfod yn ebrwydd ac ymgrymu iddo, megis ei benllywydd, ond yr oedd y tywysog erbyn hyn â'i ddeiliaid dan arfau, am ymddial yr ymddygiad isel-frwnt hwn; ac wedi eisoes ddistrywio y cyffiniau, a gwneuthur cryn lanastra ar derfynau Lloegr, gan fod ei galon ef wedi ei dwfn friwo oblegid caethiwo o fab y fall ei anwylaf Elin, dyna ei henw hi, yr hon oedd yn ymdeithio tua'i fynwes.

I ateb i wysiad y Brenin, efe a gynigiodd ddyfod o'i flaen a gwneuthur y gostyngiad yr oedd ef yn ei geisio, yn Nhrefaldwyn neu yn y Mwythig, ond cael sicrwydd o'i ddiogelwch drwy wystlon; a than amod parhad o'r heddwch a wnaethai ef â Harri ei dad, a rhoddi i fyny iddo ei ddarparedig wraig, a'i gosgorddd, y rhai a garcharasid yng ngwrthwyneb i ffyddlondeb cenhedloedd, a threfn pobloedd. Nid oedd y rhain ond deisyfiadau cymesurol a rhesymol; ond pan eu gosodwyd hwynt o flaen y senedd, a'r brenin yn bresennol, eu calonnau Seisnigaidd a lanwyd oll o ddigofaint; a hwy o un fryd a gyhoeddasant ryfel yn erbyn y Cymry druain, a galw eu tywysog yn fradwr, pan yr oedd ef yn byw ar ei wir feddiannau ei hun, ac yn gyfiawn aer i goron Lloegr, yr hon oedd eu brenin budr hwy yn ei gwisgo yn anghyfiawn. Taranau yr eglwys hefyd a gymhellwyd yn ei erbyn, ynghyd â gorchymyn y senedd sarrug-falch, Archesgob Caergaint a'i ysgymunodd ef, a'i lywodraeth ef a roed tan waharddiad ceryddol yr eglwys. Llewelyn hefyd ynghyd â'r amodau uchod a gynigiodd swm mawr o arian am adferu iddo ei ddarparwraig: ond y brenin a fynnai iddo roddi i fyny yr holl diroedd a'r cestyll a feddianasai'r Saeson gynt drwy drais, ac iddo ei hun fwynhau is-reolaeth gwta, dim gwell na chaethwas o iselradd, ond yn unig y gwag a'r difudd enw o dywysog. Er maint dymuniad Llewelyn i gael ei wraig i'w feddiant, eto y ddyletswydd yr oedd ef dani i'w wlad a barodd iddo wrthod y cynigion gyda diystyrwch.

Edward a ymaratôdd i ryfel yn foreu yn y gwanwyn; ac er dwyn ymlaen ei amcan yn hawdd, efe a ddechreuodd gyda'r hen arfer ddichellgar Seisnig o lygru ufudd-dod penaethiaid Cymru, yn erbyn eu tywysog a'u gwlad; gan addo iddynt feddiannau annibynnol, a rhoddion gwerthfawr. Hyn a fennodd ar Rys ap Meredydd, arglwydd Dinefwr, yr hwn oedd o rwysg mawr; a thrwy ei allu a'i awdurdod ef, efe a hudodd holl benaethiaid y Deheubarth i sefyll ym mhlaid Edward.

Yn fuan ar ôl y Pasg, Edward a ymadawodd â Llundain, gan gwbl fwriadu na ddychwelai nes darostwng Cymru i'w ewyllys ei hun; ac yn yr un amcan â'r siwrnai yma yr oedd Rhagluniaeth wedi pennu rhoi llwyr derfyn ar reolaeth y Cymry ym Mhrydain, oblegid eu balchder, y puteindra a'r tywallt gwaed a wnaed yn eu mysg dros oesoedd lawer; efe gan hynny a osododd y genedl ffyrnig ddidrugaredd yma i fod yn ddrain yn eu hystlysau, a'u difuddio o'u holl feddiannau. Felly Edward a ddarparodd longau ar y tu môr, i amgylchu Cymru, a byddinoedd cedyrn ar y tir, ac a ddaeth ei hun yn bresennol i Ruddlan a Fflint, ac a gadarnhaodd y cestyll hynny, ac a agorodd ffyrdd hyd Eryri. Y Cymry, fel arferol, a ffoasant i'r mynyddoedd, ond yn amhwyllus a diystyriaeth, oblegid ni ddarparasant luniaeth cymesur i'w cynnal yn eu creigiau; y Saeson a oresgynasant yr holl wastadedd a'r dyffrynnoedd, ac a ddistrywiasant bob peth o'u blaen. Fel hyn, y Cymry wedi eu hamgylchu â pheryglon, nid oedd dim i'w wneuthur ond erfyn am drugaredd y Saeson! Am drugaredd pobl gignoeth, yng nghalonnau y rhai ni buasai hi erioed, ac ni bydd hi byth. Edward a gynigiodd i Lewelyn ei drugaredd, ond iddo roddi i fyny bob hawl heblaw yr enw o dywysog, a chael ynys Môn yn unig dan ei reolaeth, a thalu am honno yn gydnabod fil o farciau, neu £716.13.4, digon o ardreth arni yr amser hwnnw, ac i'r enw Tywysog Cymru ddarfod gyda'i einioes.

Nid oedd dim i'w wneuthur gan hynny ond ymostwng i'r amodau gormesol yma. Felly Edward a ddychwelodd adref gyda mawr lawenydd a gorfoledd; a Llewelyn, y Nadolig canlynol, a ymddangosodd o flaen y llys brenhinol, ac a dyngodd ufudd-dod i'r Brenin Seisnig yng ngŵydd y preladiaid a holl oreuon Lloegr! Penaethiaid Cymru a ganlynasant eu tywysog yno; a hwy oll a letyasant yn y pentrefydd oddi amgylch, allan o ddinas Llundain, gan fod y bobl oll, yn hen ac ieuanc, yn eu cymeryd yn wawd ac yn ddirmyg, fel na feiddiasant ddangos eu trwynau; chwedl y bardd:

Dengys llu â bys lle bwyf.

Felly hwythau, i ba le bynnag yr aent, y bobl oll a'u dangosent i'w gilydd, gan eu diystyru megis haid o fedlemiaid, a hynny, drwy gydsyniad eu gormesdeyrn trahaus, ynghyd â'i fonedd coegfalch.

Dyma ffrwyth eu balchder, eu sarugrwydd, a'u hymrysonau gwaedlyd, wedi syrthio ar eu pennau, fel y gellid dywedyd amdanynt fel y dywedodd Moses wrth yr Iddewon gwargaled gynt: 'A byddi yn syndod, yn ddihareb, ac yn watworgerdd ymhlith yr holl bobloedd y rhai yr arwain yr Arglwydd di atynt!'

Y Cymry, er eu bod wedi eu darostwng, a than grafangau gelyn sarrug, eto yr oedd eu calonnau'n fyw i'r sarhad a'r dirmyg yr oeddynt dano, hwy gan hynny yn gyfrinachol a gydfwriadasant, os byth y caent eu traed yn rhyddion, werthu eu bywydau yn ddigon drud yn hytrach nag ymostwng i'r fath driniaeth waradwyddus gan blant y fall, hiliogaeth ysbeilwyr barbaraidd, amharchus yn y radd uchaf.

Wedi i'r Cymry ddychwelyd adref, a brenin y Saeson yn Glastonbury, dan esgus cymeryd arno chwilio am esgyrn y Brenin Arthur, y rhai a ddywedwyd iddo eu cael: ond y mae'n debyg ddigon nad oedd hyn ond dyfais fonachaidd, gan fod chwedlau ymysg pobl y wlad fod Arthur eto'n fyw, a'i fod, drwy drefn ragluniaethol, i fod yn flaenor ac yn waredwr iddynt o ddwylaw y Saeson, ac fel na byddai i neb ryfygu blaenori y Cymry dan yr enw hwnnw, efe a aeth i Glastonbury, y lle y tybiwyd fod y Brenin hwnnw yn gladdedig, a dau ysgerbwd o esgyrn dynol a godwyd i fyny, y rhai a ddywedai y monachod oeddynt esgyrn Arthur a'i wraig Gwenhwyfer; yr esgyrn hyn a ddangoswyd i'r bobl i ddangos yn hollol fod y brenin hwnnw wedi marw a llygru.

Ond pa fodd bynnag, ef a wysiodd y tywysog Llewelyn i ddyfod o'i flaen yn y lle hwn, i ddangos ei ail ufudd-dod (mor ddiorffwys ydyw'r Saeson fyth hyd heddiw), ond efe a luniodd ryw esgus rhag dyfod y tro hwn. Ond y brenin a'r frenhines a symudodd oddi yno i Worcester, ac a wysiodd Lewelyn, yn guchiog iawn, i ymddangos o'i flaen, dan ei berygl, a'i fod wedi darparu gwledd i'w groesawu, ac i'w anrhegu â'i wraig, os ufuddhau a wnae ef; cariad a drechodd ei dueddiadau a'i amcanion, ac ar ei dyfodiad yno, y golygiad oedd yn gyfryw, na fedrai llygaid a fyddai deimladwy wrth weled pethau anrhesymol ond troi draw gyda diystyrwch, – Tywysog Cymru yn penlinio o flaen gormesdeyrn coegfalch, anhaeddawl o'r parch lleiaf; ac yn erfyn ei nawdd a'i gymod! Ac am ba beth? Am iddo wneuthur ymgais fywiog, addas, ganmoladwy a chyfreithlon, ym mhlaid ei wlad a'i genedl, rhag caethiwed a gormes haid o garn-lladron. Tywysog o lin brenhinol ers oesoedd anghyfrifadwy yn penlinio o flaen mawredd trawsfeddiannol! Poed i enw y fath un gael ei ddileu byth o'r nifer ddynol.

Wedi gorffen yr ystum amharchus ac anghysurus hwn, y brenin a roes i fyny y wyryf ieuanc, ynghyd â rhandiroedd ei thad, yr hwn oedd wedi marw; a'r briodas a gyflawnwyd yng ngŵydd y brenin a'r frenhines, a holl fonedd y llys; a gwledd fawr a ganlynodd ar gost y brenin.

Er bod Llewelyn fel hyn wedi mwynhau cymaint cysur, a meddiannu ei wraig o grafangau Edward, eto ei galon ef a'r Cymry oedd mewn cyflwr gofidus, – wrth ganfod eu bod yn ddarostyngedig i dymer a thriniaeth anwadal a phenchwiban gormeswr anystywallt: a damwain anghysurus arall a syrthiodd ar Lewelyn i chwanegu ei dristwch, ei annwyl a'i hawddgar dywysoges a fu farw ar enedigaeth plentyn: a chan ei bod yn gares agos i'r brenin, hyn a ddatododd bob cyfundeb a phob rhwymiad carennydd: a'r bonedd, fel y crybwyllwyd o'r blaen, wedi goddef enllib ac amarch yn Lloegr, ac wedi cydsynio i ymddial os siawns byth a ddigwyddai i fwynhau hynny; yn ganlynol, hwy a anadlasant yr ysbryd yma o fesur ychydig yng nghalonnau y bobl; a hawdd oedd gwneuthur hynny, gan fod y Saeson wedi pennu a gosod siryddion ac ustusiaid Seisnig i reoli ac i farnu y bobl, a phob dedfryd anghyfiawn yn cael ei dwyn ymlaen yn ddigerydd; a chyfreithiau caethiwol y Saeson oedd yn unig mewn grym: a phob defod a chyfraith Gymreig wedi eu llwyr ddiddymu; a chan y swyddwyr hyn awdurdod i wysio y tywysog ei hun o flaen eu brawdleoedd, ac i ymddangos tan ei berygl.

Yn yr amser annedwydd yma, yr oedd y tywysog Dafydd, brawd Llewelyn, yn Lloegr yn fawr ei barch, ym myddin y brenin, gan ei fod wedi ymrafaelio â'i frawd, fel y mynegwyd o'r blaen, ac wedi ymlynu â'r Saeson yn erbyn ei wlad a'i genedl. Bonedd Cymru a ddeisyfasant arno'n daer am gymodi â'i frawd, a dychwelyd adref, ac estyn ei law, gyda phob amcan ac egni, i ddarostwng y gelyn, a rhoddi un ymgais am ymwared o dan ormes a chaethiwed; Dafydd a gydsyniodd â'u bwriad, ac a ymneilltuodd yn ddirgel o Loegr, ac a ddaeth i dir Cymru yn ddiogel.

Felly yn 1282 hwy a gydfwriadasant ymarfogi, a'r tywysog Dafydd a wnaeth y rhuthr cyntaf, ar nos Sul y Blodau, yr hon oedd dywyll a drycinog, ar gastell Penarlâg, ac a laddodd y llywydd, yr hwn oedd un o'r ustusiaid a osodasai y brenin yng Nghymru: castellau Fflint a Rhuddlan a gymerwyd hefyd: a'r gwrolwaith yma oedd yr arwydd cyntaf o'r gwrthgiliad: y Cymry oll ar air a ddaethant ynghyd o bob goror, drwy Wynedd a Deheubarth, gan ladd y Saeson a distrywio eu trigfannau yn ddiarbed. Pan glybu y brenin, ni a allwn dybied iddo ffyrnigo yn greulon, fel y gellir dywedyd amdano fel am Nebuchodonosor: 'Yna y llanwyd Edward o lidiowgrwydd, a gwedd ei wyneb ef a newidiodd', ac a lwyr fwriadodd ddifa yr holl genedl Gymreig cyn gweinio ei gleddyf. Felly, efe a wnaeth barotoad ofnadwy, drwy wysio Ysgotland a'r Iwerddon i gyd-uno yn yr achos, a danfon byddinoedd yn ebrwydd. Ac a orchymynnodd i'r ddau archesgob ysgymuno tywysogion Cymru a'u lluoedd; ac felly, tua diwedd Ebrill, efe yn guchiog a ymosododd allan gyda'i fawr luoedd, ac a ddaeth yn ddiatreg i Gaer, ac oddi yno i Gymru, ac a gymerodd yn ôl y cestyll oddi ar y Cymry, ac a roddes yr holl warchluoedd i fin y cleddyf.

Y tywysogion, yn canfod eu hunain yn rhy egwan i wrthsefyll y fath nerthoedd, a giliasant yn lled araf tuag Eryri, gan ddistrywio, pan welid cyfle, y gwahanluoedd ar wasgar o'r Saeson, a nifer o'u harglwyddi a'u penaethiaid a laddwyd, ynghyd â llawer o filwyr cyffredin, fel y gorfu ar Edward gilio i gastell y Wyddgrug i'w ymddiffyn ei hun rhag dioddef mwy o golledion.

Tua diwedd y cynhaeaf, Edward a ymwthiodd cyn belled â Rhuddlan; ac Archesgob Caergaint a yrrodd lythyr tawel at Lewelyn, i'w rybuddio ef i roi ei arfau i lawr, ac ufuddhau yn ddioed i'r brenin; mae'r llythyr yma, yr hwn sydd eto i'w weled, yn llawn o weniaith rhagrithiol, a dygn fygythiadau arswydus. Y cyfryw araith oedd arf enbydus yr eglwyswyr yn yr oesoedd tywyll ac annedwydd hynny.

Yn ateb i hwn, Llewelyn a ysgrifennodd, o Aber-Garthgelyn, lythyr yr hwn oedd yn cynnwys ymadroddion pwyllus a synhwyrol, yn gosod allan y mawr gamwri a'r gormes a dderbyniasant gan y Saeson, o dro bwygilydd, a'u bod hwy yn barod i ddyfod i gytundeb rhesymol a pharhaus, yn ôl trefn a rheolau cenhedloedd, gan eu bod yn eu tybied eu hunain yn genedl rydd, megis eraill: ac nad oedd achos i frenin Lloegr, na neb arall, anturio eu darostwng ond megis y cyfryw.

Ond yr ateb a roddwyd i hyn drwy ddwylaw yr archesgob oedd dywyll a dichellgar, yn amcanu denu'r tywysogion i rwyd, gan gynnig cytundeb a heddwch iddynt, ond iddynt ddyfod yn bresennol i'r fyddin Seisnig i sefydlu a sicrhau yr amodau. Ond hwy a welsant, drwy'r daenfa fêl, y gwenwyn oedd dani, ac a'i gochelasant; ac a yrasant ateb i'r Brenin yn y geiriau hyn, dan enw y tywysog:

> 'Megis yr oedd ef yn ei ystyried ei hun yn warcheidwad i ddiogelwch ei bobl, ei gydwybod ef yn unig a gyfarwyddai ei ufudd-dod, ac ni ymroddai ef i un cydsyniad a drawswyrai oddi wrth urddas ei sefyllfa.'

Balchder Edward a friwyd gan y geiriau yma, fal y bu iddo gwbl fwriadu na chynigiai ef mwyach un amod arall i'r Cymry, ond llwyr a chyfan ufudd-dod Llewelyn a'i bobl, – drwy ei roddi ei hun i fyny yn llaw y brenin, a'i ddadwisgo ei hun o bob hawl a thitl megis tywysog, a rhoddi ei holl feddiannau i fyny i'r barwniaid Seisnig, a gadael ei wlad, a byw ymysg ei elynion yn Lloegr. Ac i'r tywysog Dafydd fyned i ryfeloedd Jerusalem, ac na ddychwelai byth yn ôl. Ac yn niffyg na chytunai â hyn, efe a fygythiodd ddistrywio yr holl genedl Gymreig, ac na adawid dyn yn fyw. Tywysog Cymru ynghyd â'i holl fonedd a wrthodasant y fath gynigion salw ac ynfyd gyda'r dirmyg a'r diystyrwch a haeddent.

Edward ar hyn, ar ddydd Calangaeaf, a symudodd ei fyddinoedd o Ruddlan tua Chynwy, ac a yrrodd orchymyn buan i'w longau dirio ar ynys Fôn, a chymeryd meddiant ynddi: ac yn ganlynol felly y gwnaethant, a'r byddinoedd a ddaethant rhagddynt hyd ym Menai tu ag Arfon, fel y byddai iddynt esgyn y wlad ar un parth, a'r Brenin ar y parth arall, a chan nad oedd na chychod nag ysgraffau i ddwyn y lluoedd drosodd o Fôn i Arfon, hwy a gyd-fwriadasant adeiladu pont o goed, o gylch 40 llath o led, dros yr afon, a hwy a benasant y fan i fod ar Foel-y-don. Y Cymry ar dir Arfon yn canfod hyn, a lechasant yn y bryniau coediog uwch ben yr afon, a phan oedd y bont yn llawn o bobl a meirch, hwy a ruthrasant o'u llochesydd arnynt o un fryd, ac a wnaethant ddifrod ofnadwy ar y Saeson, gan ladd o gylch mil o'r milwyr, heblaw nifer mawr o'r blaenoriaid, a llawer hefyd a foddwyd yn yr afon, gan fod y meirch yn prancio ac yn llamu dros y bont i'r dwfr.

Y newydd yma a frawychodd Edward yn fawr, fel y gorfu arno ddychwelyd yn ôl i Ruddlan; ac anfon gorchymyn i bob sirydd yn Lloegr i godi gwŷr yn ddioed, a'u gyrru iddo, gan ei fod yn cwbl fwriadu na ddychwelai nes goresgyn a dinistrio y Cymry oll. Efe hefyd a orchymynnodd i'r holl eglwyswyr fod yn gynorthwyol yn hyn, drwy annog y bobl, ac i ysgymuno y rhai cyndyn. Y Cymry hwythau oeddynt yn cadw ar y mynyddoedd ac yn golygu y dinistr a wnaethant ym Moel-y-don ar eu gelynion megis gwyrth nefolaidd. Llewelyn a adawodd greigiau Arfon dan gyfarwyddyd ei frawd Dafydd, ac a aeth ei hun rhagddo i Ddeheubarth, i gefnogi Rhys ap Maelgwn, a Gruffydd ap Meredydd, blaenoriaid ei fyddinoedd yn y parthau hynny, gan eu bod wedi goddef maethgen gan y Saeson, yn y parth hwnnw. Pan wybu Edward hyn, efe a yrrodd nifer o'i flaenoriaid gyda byddin i Gaerfyrddin, yn gymorth i'r lleill o'i ryfelwyr yn y gwledydd hynny. Llewelyn a aeth rhagddo yn ei ymdaith nes cyrhaeddyd ohono gantref Buallt, ac a osododd ran o'i fyddin i gadw pont a elwid Pont Orewyn, rhag dyfod o'r Saeson tros yr afon; efe ei hun, yn ddiarfog gyda'i was a aeth i goedwig mewn glyn, lle yr addawsai Arglwyddi Buallt ei gyfarfod i ymgynghori ar yr achos; ond yn lle ei gyfarfod, hwy a gyfarwyddasant y Saeson i ryd yr afon, lle y daethant drwodd, ac a amgylchasant y goedwig lle yr oedd y tywysog ynddi, ac un o'r marchogion a elwid Adam de Francton, yn gyrru ymysg y coed, a gyfarfu â dyn, a deall mai Cymro oedd ef; efe a'i trawodd drwy ei gorff â'i waywffon! Ac ymaith ag ef: ond wrth ddychwelyd, ar ôl gwneuthur rhuthr ar y bryn lle yr oedd y fyddin wedi sefydlu, efe a ddisgynnodd i ysbeilio'r dyn a laddasai: yr oedd eto chwythiad yn y tywysog; ond pan wybu y milwr mai tywysog Cymru oedd, efe yn orfoleddus a dorrodd ymaith ei ben ef, ac a'i gyrrodd yn anrheg i'r brenin, yr hwn oedd yn awr ym Mynachlog Cynwy. Hyn a ddigwyddodd ar ddydd Gwener yr 11 dydd o Ragfyr 1282.

Fel hyn y syrthiodd Llewelyn ap Gruffydd, a chyd ag ef y syrthiodd rheolaeth y Cymry ym Mhrydain, ac y daethant yn gaethweision dan y Saeson, wedi ymdrechu ohonynt i ochel hynny 730 o flynyddoedd. Efe a adawodd o'i ôl un ferch, ar enedigaeth yr hon y buasai ei mam farw. Y gormesdeyrn Edward a'i cauodd drwy ei holl oes mewn mynachlog, gan ei gwneuthur yn fynaches rhag a fyddai iddi briodi a chael plant, ac felly beri achos newydd i aflonyddu ei rwysg ef, ei falchder, a'i awydd.

Corff Llewelyn a adawyd ar y ddaear dros rai dyddiau, gan ei fod, na bo'nd ei grybwyll, dan ysgymundod yr archesgob! A chan hynny ni chenhadid ei gladdu, yn enwedig mewn tir cysegredig, heb ollyngdod gan yr archesgob. Ond o'r diwedd efe a gladdwyd yn y fan y cwympodd, a'r lle a elwir hyd heddiw Cwm Llewelyn, oblegid efe a ymguddiasai mewn glyn cul, o gylch tair milltir i'r gogledd o bentref Buallt: ym mhen rhyw swrn o flynyddoedd wedi hyn yr adeiladwyd tŷ yn y fan, yr hwn a enwir Cefn y Bedd.

Yr oedd galar mawr drwy holl Gymru oblegid y digwyddiad echrydus yma; y fath nad ellir ei adrodd yn well nag yn ngeiriau y Bardd Gruffudd ab yr Ynad Coch:

> Llef galar a glywir yn mhob man, megis gynt yng Nghamlan; ffrydiau dylifol o ddagrau a red dros bob grudd. Arglwydd haelionus Cymru a gwympodd. – O, Llewelyn! Dy golli di yw colli pob peth. – Wrth feddwl amdanat ti, fy ngwaed sy'n fferru, fy ysbrydoedd sy'n darfod, a'm cnawd a ysir. – Wele fel y mae coed y fforest yn rhuthro'n ffrochwyllt yn erbyn ei gilydd! – Fel y mae yr eigion yn dylifo y ddaear! Fel y mae yr haul yn cilio o'i lwybr! Fel y neidia y planedau o'u cylchoedd! Dywedwch chwi farwolion difeddwl, onid ydyw y pethau hyn yn rhagddangos dadmeriad natur? A dadmered, – bydded i'r nef ddaionus brysuro y mawr-ddwys derfyniad, – bydded terfyniad buan i anfeddyginiaethol loes ein hysbrydoedd: gan nad oes yn awr le i'r hwn y gallwn

> ni, drueiniad, ddianc, na man y gallwn yn ddiogel drigo ynddo; nac un cyngor caredigol, na chilfach ddihangol, nac un ffordd trwy yr hon y gallwn ddianc rhag ein tynged annedwydd!

Pan gyntaf yr anrhegwyd Edward â phen y tywysog, efe a orchymynnodd ei anfon i Lundain, fel y byddai i'w ddeiliaid barbaraidd orfoleddu yn y golygiad echrydus! Gosodwyd cylch o arian o'i gwmpas, a phlethdorch o eiddew ar y corun; a gosodwyd ef ar bawl hir o haearn yn mhen y tŵr uchaf yn y Tŵr Gwyn. Yr oedd rhyw ddewin wedi mynegi ychydig cyn hyn i Lewelyn y coronid ef yn ngŵydd miloedd yn nghanol Llundain; a'r ddarogan hon a fywiogodd ysbrydoedd y Cymry, gan dybied y coronid eu tywysog yn frenin Prydain oll, ac felly yr adferid y rheolaeth i'r Cymry.

Yr oedd y Cymry er erioed yn dra chwannog i roi coel i ddaroganau ofer, ac y mae hynny heb lwyr ddiflannu o'n mysg hyd y dydd hwn: llawer o ddrwg a wnaeth hyn o amser bwygilydd i'r genhedlaeth, wrth hyderu ar ofer ddychmygion. Paham y mae yn rhaid i ddyn ymofyn am beth a ddaw, pan y mae yn eglur na chenhadwyd y fath ddatguddiad i ddyn? Pan oedd yr Iddewon gynt yn genedl wladychol, anghenraid oedd fod yn eu mysg ddaroganwyr, fel y rhagwybyddent am ryw ddinistr a fyddai am syrthio arnynt, fel y gochelent hynny, gan fod Duw wedi eu dewis hwynt o holl dylwythau y ddaear; gan mai ohonynt hwy yr oedd Crist i ddeilliaw yn ôl y cnawd: ond wedi cyflawni y diben mawr hwnnw; – ie, yn wir rai cantoedd o flynyddoedd cyn hynny, ysbryd proffwydoliaeth a ddistawodd, gan nad oedd yn rhaid wrthi mwyach: ac nid oedd dim sicrwydd fod y fath beth mewn un parth o'r byd wedi hyn, gan un math o genhedlaeth, heblaw twyllodrus hudoliaeth.

Ni a ddarllenwn fod y fath ddaroganau mewn cymeriad mawr ym mysg ein hynafiaid, er pan y mae gennym hanes yn eu cylch, a'u bod wedi parhau hyd o gylch amser Harri y Seithfed; yr amser hwnnw y dechreuasant ddiflannu; yr achosion o'r daroganau a ymddengys yn eglur wrth ddal sylw ar yr amserau pryd y cyhoeddwyd gyntaf y daroganau a gyfarfyddwn â hwynt mewn hanesion.

Y byd, er amser anghoffadwy, oedd yn bleidiau, yn enwedig yn yr ynys hon, Prydain; ac felly, yr oedd yn dra enbyd i ddyn draethu allan ei feddwl, heb dynnu aflwydd am ei ben ei hun oddi wrth un o'r ddwyblaid; gan hynny, os mynnai ef i'r byd dybied ei fod yn gall a synhwyrol, ac yn enwedig yn ddoeth, fel yr oedd yn anghenraid i brif gynghorwyr y llywodraeth ymddangos felly, er dangos eu medrusrwydd a'u dyfn wybodaeth i'r werinos: hwy gan hynny a lefarasant mewn iaith ddychmygol, broffwydol, megis yn nodi pethau i ddyfod drwy ddangosiadau o ddamweiniau goruwch natur, – megis yn mhroffwydoliaethau Myrddin, neu y rhai a bennir arno, gan Sieffrai ap Arthur. Medd ef mewn un man: 'Gwae'r ddraig goch, ei deoliad sy'n prysuro; ei llochesydd a feddiennir gan y ddraig wen: y mynyddoedd gan hynny a wastateir fel y dyffrynnoedd; ac afonydd y dyffrynnoedd a red yn waed. Yn y diwedd y gorthrymus a orchfyga, oblegid Baedd o Gernyw a rydd gynhorthwy, ac a fathra eu gyddfau tan ei draed.'

Nid yw'r geiriau hyn ond dychmygol oll, i gadw'r bobl mewn tywyllwch fel y tybient fod yn y blaenoriaid a'r penaethiaid hyn ysbryd proffwydol, ac nad oedd dim yn anwybodol iddynt; fel yr ufuddhaent, gyda gostyngedig fraw, i bob peth a orchymynnent.

Yr oedd Myrddin, wrth drefn pethau, yn canfod yn eglur mai'r Saeson a orthrechai, gan fod y brenin Brutanaidd wedi trawsfeddiannu yr orsedd, ac wedi ymroi i bleserau annuwiol: a'r lleill yn rhyfelwyr caledion, bywiog, a dichellgar, fel y mae eu hiliogaeth hyd y dydd hwn; ac felly yn ennill y maes. Mae efe gan hynny, yn lle enwi y ddwyblaid mewn geriau eglur, yn galw y Saeson yn ddraig wen, a'r Cymry yn ddraig goch; a'r Baedd o Gernyw oedd Uthr Pendragon, yr hwn yr amser hwnnw oedd mewn arfau am ddiswyddo Gwrtheyrn, ac erlid ymaith y Saeson. Ac er bod Gwrtheyrn wedi ei gadarnhau ei hun ym mynyddoedd Eryri; mae efe yn ysbysu iddynt y darostyngid y cadernid yma. Ac felly y bu, a Gwrtheyrn a orfu arno ddianc i gadarnle yn Neheubarth; a'r gelynion a'i canlynasant, ac a'i goddiweddasant yno, ac a'i lladdasant.

Ac yn yr un modd, tra y parhaodd yr ymdrech waedlyd rhwng teulu Iorc a Lancaster; ni a welwn y beirdd Cymreig yn cyfansoddi barddoniaeth dan enw cywyddau brut, megis Rhys Goch o Eryri, Robin Ddu, ac amryw eraill, ac megis yn rhagbroffwydo, yn ôl eu dychymyg hwy, yr hyn oedd ar ddyfod yn y wlad a'r gymydogaeth lle yr oeddynt yn drigiannol, fel na ddeallid o ba blaid yr oeddynt. A'r brudiau yma, a ddygir hyd y dydd heddiw megis prawf am bethau sy'n digwydd yn y parth a sonnir amdano.

Ond pan unwyd y ddwy blaid yn nghorff Harri y Seithfed, yr holl ymrysonau a beidiasant, a'r proffwydoliaethau a ddistawasant, oblegid y Saeson oll a ymfoddlonasant i'r cyfnewid; a'r Cymry a fu'n foddlon yn wir, gan fod gwaed eu hen dywysogion yn ngwythenni Harri y Seithfed, oblegid ei fod yn orwyr i Owain Tudur, o Benmynydd ym Môn.

Wedi cwympo Llewelyn drwy fradychiad gwŷr Buallt, Edward a wnaeth ei symudfa o Gynwy i gyrrau Arfon: a'i fyddinoedd yn Môn a ail-adeiladasai y bont ar Foel-y-don; gan fod calonnau y Cymry wedi brawychu fel na wyddent pa beth i fyned yn ei gylch: a'r ddwy fyddin Seisnig a gauasant ar Eryri: ond y tywysog Dafydd a gadarnhaodd bob amddiffynfa yn y mynyddoedd, gan edrych arno ei hun bellach megis tywysog Cymru. Efe gan hyny a wysiodd benaethiaid y Cymry i'w gyfarfod ef yn Ninbych, er maint yr enbydrwydd, i ymgynghori ar yr achos pwysfawr: ond yn y cyfamser, y Saeson a bwysasant ar gastell Dolbadarn, yr hwn oedd yr amddiffynfa gadarnaf yn mylchau y mynyddoedd gan y Cymry: ond yr oedd y bobl wedi llwyr ddigalonni, fel na fedrasant wrthsefyll yr ymgyrch, felly y Saeson a enillasant y lle. Pob caer arall a roed i fyny yn ddiatreg, a'r Cymry a ffoesant o bob cyfeirfa, gan ymguddio yn yr ogofau a chilfachau y creigiau. Edward yn bersonol a flaenorodd ei fyddin i ddyffrynnoedd y mynyddoedd, ac a ddistrywiodd bob dyn a gyfarfyddai ag ef yn ddidrugaredd, fel y cwympodd y dwthwn hwnw dair mil o bobl mewn gwaed oer. Y tywysog Dafydd a ffodd i ymguddfa, ac felly y bu ef rai misoedd o'r naill wâl i'r llall, fel ysgyfarnog o flaen bytheiaid, mewn newyn ac annwyd, ond yn y diwedd ei gyfeillion ei hun, sef Einion ap Ifor, a Gronw ap Dafydd, ynghyd â'u meibion, a'i bradychodd i ddwylaw y brenin, ac a ddaethant arno yn y nos, ar yr unfed ar hugain o Fehefin, yn ei ymguddfa mewn cors, islaw y mynydd a elwir Bere, uwchben Abergwyngregyn, ac a'i daliasant ef a'i wraig, dau fab, a saith o ferched, ac a'u dygasant yn garcharorion i gastell Rhuddlan, lle yr oedd y Brenin yr amser hwnnw.

Pan gymerwyd fel hyn y tywysog Dafydd, caed yn ei feddiant ef y peth a eilw y Pabyddion crair, neu creirwy, a enwid Croesynych; yr hwn oedd ddarn o hen bren, a gredid mai darn o'r groes ar yr hon y dioddefodd Crist oedd, wedi ei wisgo a'i addurno yn gywraint mewn aur ac arian, a meini gwerthfawr. Y relyw hwn oedd gostfawr a pharchedig gan dywysogion Cymru ers oesoedd: hwn, ynghyd â phethau gwerthfawr eraill, a ddygwyd megis ysbail i'r brenin. Ni chaniatawyd i Ddafydd gymaint â gweled y brenin, ond efe a gauwyd mewn carchar cyfyng yng nghastell Rhuddlan: ac yn fuan wedi hynny efe a anfonwyd mewn cadwynau yn rhwym i'r Mwythig: ac yno y dygwyd ef o flaen gorsedd y farn, ar yr hon yr oedd yn eistedd, ynghyd â'r prif ynad, y brenin ei hun; ac un ar ddeg o ieirll, gyda chant o farwniaid, megis rheithwyr; a'r farn a roed arno gan y llys *hynaws* hwn, oedd ei lusgo gan geffylau i'r lle dihenydd, a'i grogi; ei galon a'i ymysgaroedd i'w llosgi, ei ben i'w dorri ymaith: a chwarteru ei aelodau a'u hanfon i bedair dinas, sef Iorc, Bristol, Winchester, a thref Northampton; a chwarter neu aelod, i bob un, i'w osod i fyny ar bawl; ei ben a anfonwyd i Lundain. Bu ymrafael chwerw rhwng Iorc a Winchester am yr ysgwyddog ddeheu, ond yr anrhydedd o'i chael a ganiatawyd i Winchester. Dyma drugaredd Seisnig! Ai gwir nad ydyw eu hepil heddiw â dim mwy teimlad yn y Gorllewinol a'r Dwyreiniol India?

Dyma weithian y llesg lewyrch, a ddisgwyliwyd i gynyddu ar ôl cwympo o Lewelyn, wedi llwyr ddiffodd, a diben hollawl ar lywodraeth y Brutaniaid wedi ei effeithio, drwy ordinhad rhagluniaethol, yn niwedd yr haf yn y flwyddyn 1283, wedi llywodraethu ohonynt, fel y tybir, 2280 o flynyddoedd, sef o gylch 1450 ar Frydain oll, a 830 o flwyddi yn ymladd â'r Saeson. Yr hen ddihareb sydd wir. 'Hwyra dial, dial Duw,' a phan ddêl, 'llwyra dial, dial Duw.' Rhag i'r cyfryw ddisgyn arnom, gwared ni Arglwydd daionus.

Annuwioldeb yn ddiau a fu y gwir achos o'u holl drallodion a'u haflwyddiant o amser bwygilydd drwy gydol yr oesoedd: ond er maint ac er cethined eu ceryddon, drwy ddwylaw eu gelynion, heintiau, newyn, ac ymrysonau yn eu mysg eu hunain, ni ddiwygid y fuchedd yn y radd leiaf; ac yn wir un achos mawr, ie y pennaf a barai i hynny fod, oedd coel grefydd felltigedig y Pab; ar ôl gwneuthur y drwg mwyaf, ychydig benyd ffurfiol, ynghyd â swm o arian a ddileai y weithred echryslonaf. A ffrwyth yr ymddygiad hagr hon a fu, i Dduw ddwyn ymaith y llywodraeth, a phob awdurdod, yn llwyr o'u meddiant. Efe a wnaeth â hwynt fel â'r Israeliaid gynt, y rhai a gludwyd ymaith o'u gwlad, a rhoddi eu meddiannau gwerthfawrocaf i estroniaid; eto gweddill a gadwyd, sef llwyth Juda, mewn cornel fechan fynyddig dros oesoedd ar ôl hynny. Ond o achos parhau o'r llwyth hwnw yn gwneuthur yr hyn oedd ddrwg yng ngolwg yr Arglwydd, efe a wnaeth lwyr ddiben ar eu llywodraeth, ac a'u gwasgarodd drwy'r byd llydan. Felly y Cymry, y rhan werthfawrocaf a hyfrytaf o'u teyrnas a roddwyd i'w gelynion hwythau: rhai ohonynt, yn enwedig y werin bobl, a drigasant yn eu mysg megis caethion, ac mewn amser a gymysgasant â hwynt, ac a aeth yn un bobl: a'r gweddill dihangol, megys llwyth Juda, a ffoesant i fynyddoedd Cymru, ac yno eu cynhaliwyd yn genedl neilltuol dros o gylch 500 o flynyddoedd, megis (a llefaru mewn dull dynol) i edrych a edifarhaent hwy, a throedio llwybrau rhinwedd: ond hwynt hwy a barhausant yn dilyn llwybrau annuwioldeb: ac yn wir, pa ffrwyth a ddisgwylid ohonynt? Gan yn ôl geiriau y proffwyd, yr oeddynt nid yn unig yn bobl lwythog o anwiredd, ond yn had y rhai drygionus; gan hynny Duw, wedi hir oddef, a'u rhoes hwynt i fyny yn gyfan i ddwylaw eu gelynion. Ac ni a welwn yr un ragluniaethol law wedi cynnal gweddill o'r genhedlaeth hyd y dydd hwn, ac wedi gosod y pethau a wnaed gan ein tadau megis drychau ysgrythurol o'n blaen, fel y tremiom arnynt gyda braw, ac fel y credom fod anwiredd yn tywys i ddistryw, ac mai cyflog pechod yw marwolaeth: a'r holl derfysgoedd dychrynadwy yn eu mysg drwy gydol yr oesoedd sy'n gwirio y geiriau, 'nid oes heddwch i'r annuwiol medd fy Nuw!'

Wedi i Edward fel hyn ddarostwng y Cymry, ei ysbryd ef a larieiddiodd ryw ychydig, efe a ataliodd rhag dinistrio yr holl genedl, fel yr amcanasai, ond efe a dywalltodd ei ddigofaint ar y beirdd, gan orchymyn crogi holl broffeswyr y gelfyddyd honno, gan eu bod, drwy eu barddoniaeth, yn anogaeth ac achlysur i fywioli ac ysbrydoli y Cymry yn erbyn y Saeson: a'r erledigaeth yma a barhaodd mewn grym yn erbyn y beirdd dros ysbaid can mlynedd wedi hyn, fel na feiddiai un ei broffesu ei hun yn fardd, nac agor ei big i ganu dan enbydrwydd mawr.

Efe, er brawychu y Cymry ymhellach, a adeiladodd gestyll Caernarfon, Cynwy, a chastell yn Llanfaes yn Môn, yr hwn a alwodd ef Beaumares. Ac yn Rhuddlan efe a luniodd gyfreithiau i reoli y Cymry, y rhai a fuant mewn grym hyd amser Harri yr Wythfed. Ef a ddygodd i mewn ddefodau Seisnig ac a'u cymhellodd ar y Cymry. Efe a rannodd Wynedd yn siroedd, ac a bennodd siryddion a swyddogion eraill i'w rheoli. Efe a adeiladodd fonachlog ym Maenan, ac a symudodd fonachlog Cynwy yno, ac a gadarnhaodd Gynwy yn sefyllfa filwraidd, fel y gwelwn weddill o'r adeiladau yno heddiw. Efe a amcanodd symud esgobty Llanelwy i Ruddlan, gan mai yno yr oedd pen tref y sir yr amser hwnnw, ond y Pab ni roe ei gennad i hynny.

Y cyfnewidiadau a'r gosodedigaethau hyn, ac amryw eraill o'u bath, oedd yr egwyddorion a ffurfiasai Edward i reoli y Cymry. Ond calonnau y bobl, yn enwedig y goreuon, oeddynt megis â phigau dur ynddynt, wrth weled dieithriaid, a'r rhai hynny yn elynion marwol iddynt, yn gosod arnynt gyfreithiau, ac yn asio y Dywysogaeth megis cynffon wrth gorff llywodraeth Lloegr: yr oeddynt yn eu hystyried eu hunain yn gwbl megis caethweision; fel yn ddiamau yr oeddynt.

Yr oedd Edward o dymer falch uchelfryd; er hyn yr oedd ef yn ddoeth a rhesymol yn ei drefniadau i'r rhai a fyddai dan ei balfau: efe gan hynny, wrth ond odid ddal sylw ar ansawdd a chyflwr presennol y Cymry, ac yn deall mai anfoddlon oeddynt, a ofynnodd iddynt pa fath lywodraeth a ddewisent, ac a'u boddlonai? Wedi ymgynghori ohonynt â'i gilydd; hwy a'i hatebasant, na fedrant hwy oddef cael eu meistroli, eu gwawdio, a'u diystyru gan isel swyddogion dieithrol; eu bod yn dymuno cael eu llywodraethu dan ryw bennaeth o'u cydwladwyr, a bennai ef ei hun, neu drigo ohonaw ef yn bersonol yn eu mysg, Yn ebrwydd y tarawodd yn ei ben gofio fod ei frenhines yn feichiog; ac heb roi dim ateb yn bresennol, efe a anfonodd gennad fuan ati, a gorchymyn iddi ddyfod i Gymru yn ddioed. Ac er ei bod yn nyfnder y gaeaf, a hithau yn y cyflwr tyner hwnnw, hi a farchogodd yn ddirgel ar gefn ceffyl o Lundain hyd yn Nghaernarfon; a'r brenin a'i lletyodd yn y castell newydd yno; ac ychydig o ddyddiau cyn ei thymp o esgor, efe a yrrodd orchymyn at benaethiaid Cymru, i ystyried yn ddifrifol eu cyflyrau presennol, fel y rhoddent iddo ateb eglur pan wysiai ef hwynt ger ei fron. Yn y cyfamser y frenhines a esgorodd ar fab, yn ddirgel, ar y 25 o Ebrill; efe yn ebrwydd a alwodd y bonedd o'i flaen, ac a areithiodd wrthynt, ei fod ef wedi dwys ystyried eu deisyfiadau, a'i fod o'r diwedd wedi penodi dyn i lywodraethu arnynt, ag oedd o'r fath gyneddfau nad allent ond bod yn gymeradwy ganddynt; ei fod ef yn ddiniwaid yn ei fuchedd a'i ymarweddiad, ei fod ef wedi ei eni yn Nghymru, ac na fedrai ef siarad gair o Saesonaeg. Hwythau a'i hatebasant, nad oedd ganddynt hwy ddim gwrthwyneb yn erbyn y fath un i fod yn dywysog arnynt: yn ebrwydd efe a enwodd ei fab ei hun yn Dywysog Cymru: ac, medd rhai, iddo ddarparu geiriau Cymraeg a dywedyd, *Dyma eich dyn*, ac mai oddi wrth hynny y gosodwyd yr arwyddair yn mhais arfau Tywysog Cymru, yr hwn a arferir hyd heddiw, ICH DIEN, neu *eich dyn*. Ond pa fodd bynnag, yr ysbysiad yma a synnodd y Cymry yn aruthr, wrth ystyried y modd yr oeddynt wedi eu rhwydo. Ond nid oedd dim i'w wneuthur gydag ymroi i'r warrog, gan obeithio y gorau y byddai y tywysog ieuanc yn ffafriol iddynt, gan ei fod wedi ei eni yn eu gwlad.

Wedi i Edward fel hyn, drwy ddichellion a thrwy nerth arfau, orchfygu a gwastatáu achosion y Cymry, efe a gyhoeddodd gyfarfod, a gwledd gyffredinol i fod yn Nefyn; y dref bennaf yn Arfon yr amser hwnnw; ac efe a bennodd gyflawni y difyrrwch a elwid Campau Marchog Milwraidd, yn y rhai yr amlygid pob ymarfer rhyfelgar, ar draed ac ar farch: llawer o ddieithriaid, o Loegr a gwledydd pellennig, a gyfarfuasant yno. Ac Edward a'u croesawodd oll, gyda chostus wledd frenhinol, dros nifer o ddyddiau. Wedi hynny efe a aeth i Ddeheubarth, i sefydlu achosion yno: ac ym Mristol y cadwodd ef y Nadolig: ac oddi yno, efe ar yr ail ddydd o Ionawr 1284, a yrrodd ysgrifen gymodawl, trwy yr hon y rhyddhaodd efe Ruddlan, Cynwy, Caernarfon, a threfydd eraill, rhag talu toll, neu deyrnged frenhinol, o hynny allan. Wedi hyn efe a ddychwelodd i Lundain yn orfoleddus a rhwysgfawr, wedi bod yng Nghymru yn agos i dair blynedd. Efe a farchogodd gyda mawredd ac ardderchawgrwydd drwy heolydd y ddinas, ynghyd ag Archesgob Caergaint, a'r holl esgobion eraill, ei raglawiaid, yn eu gwisgoedd eglwysig, a'r brenin ei hun a ddygodd yn gyhoedd yn ei law y crair a soniwyd amdano o'r blaen, yr hwn a gawsid yn meddiant y tywysog Dafydd pan ddaliwyd ef, sef rhan neu ddarn o'r Groes ar yr hon y dioddefodd Crist, ac a'i gosododd gyda mawr barch cyhoedd ar yr allor fawr ym Mynachlog Westminster.

Edward, ynghylch canol y flwyddyn 1286, a aeth trosodd i Ffrainc, gan ei fod yn arddelwi hawl i ran o'r deyrnas honno, ac a fu yno dair blynedd. Yn ei absenoldeb, Rhys ap Meredydd, pendefig yn Neheubarth, a wrthryfelodd, gan fod gormes y Saeson yn rhy anoddefol: efe a droesai gynt yn erbyn ei wlad gyda y Saeson. Distryw mawr a wnaed ar bobl a dinasoedd yn y gwrthryfel hwn. Ond o'r diwedd yn 1290, efe mewn brwydr waedlyd a ddaliwyd, ac a ddienyddwyd yn Iorc.

Wedi hyn, a'r brenin yn ffyrnig yn erbyn y Cymry, o achos y cynnwrf a wnaethant, efe a drethodd y wlad yn dost, ac a bennodd un Roger de Pulston i godi y dreth, ac i atafaelu ar y rhai na thalent. Hyn a ail-enynnodd y tân gwrthryfel; Deheubarth a bennodd flaenor arnynt a elwid Morgan, a'r Gwyneddigion a ddewisasant un Madog i'w blaenori, yr hwn oedd ordderch-fab o'r tywysog Llewelyn. Efe a ddaeth i dref Gaernarfon ar ddydd ffair yno, i'r hon yr ymgasglodd nifer mawr o Saeson, gan eu bod megis locustiaid wedi darn lenwi y wlad, ac yn benaethiaid ynddi; Madog a'i wŷr a ddaliasant Pulston yn ei dŷ, yr hwn a adeiladasai y brenin iddo yn yr un amser â'r Castell, ac a elwir hyd heddiw Plas Pilstwn, ac a'i crogasant, ac a laddasant yr holl Saeson a ymgynullasai yno, ac a gymerasant y castell, ac a feddianasant ynys Fôn yn fuan wedi hyn. Hwy hefyd a enillasant gastell Dinbych oddi ar flaenor y brenin mewn brwydr waedlyd. Ond Deheubarth a orchfygwyd gan y Saeson; eithr Morgan eu blaenor a gafodd gan y brenin, yr hwn ydoedd y pryd hwnw yn Neheubarth, adferiad o'i feddiannau, y rhai oedd ym meddiant y Saeson megis rhoddion gan y Brenin. Edward a ddaeth oddi yno i Gynwy; ond y Cymry a ddaethant i lawr o'r mynyddoedd ac a'i cauasant yn y castell, fel na fedrai ef symud oddi yno, gan fod byddinoedd y Cymry o un tu iddo, a llifddwr mawr yn yr afon o'r tu allan, fel na fedrid ei chroesi; newyn gan hynny a ganlynodd: ond yr afon a dreiodd yn sydyn, fel y gallodd ei fyddinoedd ei chroesi o'r tu arall, i roddi iddo ymwared: y Cymry yn gweled hyn a ffoesant i'r mynyddoedd; ac Edward a gadwodd y Nadolig yn Nghynwy yn ddidrwblaeth.

Mynegwyd i flaenor byddin y Saeson fod nifer mawr o'r Cymry wedi ymgasglu mewn dyffryn; efe a ddaeth arnynt yn ddisymwth yn y nos ac a'u hamgylchodd, a brwydr waedlyd yn y boreu a ganlynodd, a'r Cymry a ddistrywiwyd â lladdfa echrydus. Edward a aeth oddi yno i Fôn, ac a'i darostyngodd, ac a ddialodd ar y rhai a laddasant Pulston; a dyma'r amser yr adeiladodd ef gastell Llanfaes. Wedi hyn efe a ddychwelodd adref i Loegr. Madog a ddihangodd, ond efe ym mhen ennyd a ddaliwyd ac a ddygwyd i Lundain, lle y bu ef yn garcharor drwy ei holl oes.

Wedi yr anffawd yma, holl benaethiaid y Cymry a roesant i lawr eu harfau, ac a ufuddhasant i'r Saeson: ac Edward, er mwyn dangos iddynt ei dynerwch, a roddes iddynt eu rhyddid, ac a adferodd eu meddiannau mewn rhan fawr i'r nifer mwyaf ohonynt; ond tan ddwrd, os cynigient wrthryfel mwyach ei fod ef wedi cwbl fwriadu distrywio yr holl genedl, ac na adawai un yng ngweddill. Ond rhan fwyaf o'r pendefigion mwyaf godidog ac ardderchog, y rhai oedd ganddynt y rhwysg mwyaf ym mysg y bobl, ac yn debyg o wneuthur cynnwrf, a ataliodd ef yn garcharorion mewn amryw gestyll yn Lloegr dros rai blynyddoedd, nes terfynu o'r rhyfel rhyngddo a Sgotland. Y nifer mwyaf o'r penaethiaid hyn a gadwyd yn Nhŵr Llundain; ac i'w difyrru eu hunain dan y caethiwed yma, hwy a ddeisyfasant gael eu llyfrau a'u hysgrifeniadau, y rhai mwyaf oedd yn cynnwys hanesion eu gwlad a'u cenedl, ac amryw goffadwriaethau a chofrestrau gwerthfawr eraill ar amryw destunau. A phan adferwyd i'r cyfryw o'r bonedd hyn ag oeddynt fywion eu rhyddid, a dychwelyd i'w gwlad, iddynt adael yr holl ysgrifeniadau hyn o'u hôl yn y Tŵr Gwyn: ac ym mhen hir o amser wedi'n, pan oedd un *Sgolan* yn geidwad, neu o'r hyn lleiaf, yn rhyw swyddog awdurdodol yn y Tŵr, ac iddo ganfod y fath bentwr o lyfrau a phapurau, mewn iaith ddieithr, annealladwy; iddo orchymyn rhoddi tân ynddynt. Ac felly y dinistrwyd holl hanesion a dysgeidiaeth y Cymry ar unwaith; a dyma yr achos fod y fath brinder ac amherffeithrwydd yn ein hanesion o'n cyndadau, a'u dysgeidiaeth. Ond braidd y medraf fi gredu nad oes ym mysg papurau y Tŵr Gwyn rai o'r ysgrifeniadau yma i'w gweled eto, pe chwilid yn fanwl amdanynt.

Tra y rheolodd Edward y Cyntaf ar ôl y ffrwgwd yma, ni wnaeth y Cymry ond ychydig o gynnwrf dros swrn o amser. Ond gan fod awdurdod y Saeson mor fawr yng Nghymru, a'r gormes mor gethin ac annioddefol, gan fod y Brenin wedi nid yn unig roddi iddynt feddiannau helaeth, a'r tiroedd gorau drwy y gwledydd, ond rhoddi yn eu dwylaw swyddau awdurdodol mewn barn cyfraith, fel nad oedd i'r Cymro ddisgwyl am gyfiawnder na thrugaredd yn ei gŵyn a'i orthrymder, fel nad oedd mwyach yn neb na gwrolder na gallu i wrthod ei gam, ond dihoeni dan drallod a gormes, a gweled alltudion yn mwynhau eu cyfiawn feddiannau o flaen eu llygaid, ac yn sugno y mêl a gadael y cibau yn unig iddynt hwythau, ac heb feiddio dywedyd gair grwgnachol yn erbyn y fath fudr anghyfiawnder, – byd caeth a chwith oedd hwn i'r rhai ag a oedd ganddynt wir hawl i'r holl deyrnas a'r llywodraeth; yn cael eu sathru dan draed, a goddef dirmyg a gwawd gan bob dihiryn estronawl digydwybod a gwaedlyd.

O'r diwedd Syr Gruffydd Llwyd, arglwydd Tregarnedd yn Môn, a Dinorwig yn Arfon, a anturiodd wneuthur un ymgais eto am ymwared o'r caethiwed hwn. Y gŵr hwn oedd farchog ac a wnaethid felly gan Edward, oblegid dwyn ohono yn gyntaf y newydd i'r brenin fod y frenhines wedi esgor ar fab yn Nghaernarfon. Efe oedd fab i Rys ap Gruffydd ap Ednyfed Fychan: yr oedd ef yn byw yn nghastell Dinorwig, yn Llanddyniolen, ac ar amserau yn Nhregarnedd ym Môn.

Efe, meddaf, a gasglodd ynghyd lu mawr o Gymry, ac a'u harfogodd, ac a ddistrywiodd y Saeson gormesaidd drwy holl Wynedd, ac a gymerodd o'u gafael yr holl gestyll a berchenogasant. Ond nid oedd hyn ond megis llewyrchiad cannwyll cyn llwyr ddiffodd. Byddin Seisnig a'i gwrthsafodd, a brwydr dost a ymladdwyd; a'r Cymry a orchfygwyd: a Syr Gruffydd a gymerwyd yn garcharor. Ni chrybwyllir gan un hanesydd beth a ddaeth ohonaw wedi hynny. Hyn a fu yn 1322. Y bardd Gwilym Ddu o Arfon a ganodd ar yr achos fel hyn.

NEUD cyn nechreu Mai mau anrhydedd,
Neud aeth ysgwaeth a maeth a medd,
Neud cynhebyg, ddig, ddygn addrossedd drist,
Er pan ddelid Crist, weddw athrist wedd!

Neud cur a lafur im' wylofedd,
Neud cerydd Dofydd, nad rhydd rhuddgledd.
Neud cof sy ynof, ys anwedd ei faint,
Neud cywala haint, hynt diryfedd.
Neud caeth i'm dilyd llid llaweredd,
Neud caith Beirdd cyfiaith am eu cyfedd.
Neud caethiwed ced, nad rhydd cydwedd Nudd,
Cadrwalch RUFFUDD, brudd, breiddin Tachwedd,
Neud cwyn Beirdd trylwyn, meddw ancwyn medd,
Neud cawdd im' anwedd, menestr canwledd,
Neud carchar anwar enwiredd Eingl-dud,
Aerddraig *Llan Rhystud* funud fonedd.
Neud dim dyhudd budd, bum arygledd,
Neud nam dilyd llid, lliaws blynedd.
Neud nam dawr Duw mawr, maranedd Nef glyw,
Neud nad rhydd llyw, llew *Trefgarnedd,*
Neud trwm o'i eisiau dau digyfedd.
Neu'r wyr Beirdd canwlad, nad rhad rheufedd,
Neud ef arwydd gwir, neud oferedd gwyr,
Wrth weled f'eryr yn ei fowredd;
Neud truan im' gwân gwayw lledfrydedd,
Neud trwydded galed i'm amgeledd.
Neud trymfyd *Gwynedd*, gwander dyedd braw:
    Neud hwy eu treisiaw am eu trosedd
Neud trahir gohir babir gledd,
Oedd trablwng echwng ACHEL ddewredd.
Neud trai cwbl o'r Mai, mawredd allwynin,
Neud Mis Mehefin weddw orllin wedd.
Neud Mis Mehefin mau hefyd gystudd,
Neud nam rhydd GRUFFUDD wayw rhudd yn rhyd
Neum rhywan i'm gwân gwayw eryd engiriawl,
Neud am Ddraig urddawl didawl i'm dyd.
Neum erwyr o'm gwyr o'm gweryd Crist Nêr,
Neud arfer ofer, Beirdd nifer byd.
Neud arwydd nam llwydd lledfryd i'm calon,
Neud eres nad tonn honn ar ei hyd.
Mau ynnof mowrgof am ergyd gofal,
Am attal arial UREN yngryd.

Mal cofain cywrain CYWRYD fardd Dynawd,
Meu i'm Dreig priawd gwawd ni bo gwyd.
Mau gwawdgan AFAN ufuddfryd ffrwythlawn,
O gof GADWALLAWN brenhinddawn bryd.
Ni wn waith gwaywdwn, gwawd ddihewyd clod,
A thi heb ddyfod pa dda bod byd?
Neud wyr pawb yn llwyr, lleyrfryd gynnal
Nad hylithr aur mâl mal oddiwrthyd.
Nid oes nerth madferth ym myd, o'th eisiau,
Gwleddau na byrddau na Beirdd ynghlyd.
Nid oes lys ysbys, esbys neud dibeirch,
Nad oes meirch na seirch na serch hyfryd.
Nad oes wedd na moes, masw ynyd yw'n gwlad,
Nad oes mâd eithr gwad a gwyd,
Neud gwagedd trosedd, traws gadernyd Môn,
Neud gweigion *Arfon* is *Reon* ryd.
Neud gwann *Wynedd* fann ydd ergyd cur,
Neud gwael am fodur eglur oglyd.
Neud blwyddyn i ddyn ddiofryd a gar,
Neud blaengar carchar, grym aerbar gryd.

GWILYM DDU O ARFON, a'i cant
yn y flwyddyn 1322.

Ar ôl yr ysgarmes annedwydd yma, ni feiddiodd y Cymry guwchio yn erbyn y Saeson, ond ymroi i ddioddef pob dirmyg ac enllib ag a allai elyn ysgeler ddychymyg yn eu herbyn; a'r byd yma a barhaodd dros o gylch ysbaid 80 mlynedd. Ond yn amser Rhisiart yr Ail, a Harri y Pedwerydd, brenhinoedd Lloegr, yr oedd yn byw un Owain Gruffydd Fychan, yn tarddu o lin Gruffydd ap Madog, Arglwydd Brymffield; efe yn gyffredin a enwid Owain Glyndwr, gan fod ei blas a'i breswylfod pennaf yn Nglyn Dyfrdwy, rhwng Corwen a Llangollen: mae'r olion o'i lys a'i barciau i'w gweled eto. Efe a ddygasid i fyny yn gyfreithiwr dysgedig; ac oblegid ei gyneddfau boneddigaidd a godidog, efe oedd mewn cymeriad mawr gyda'r Brenin Rhisiart Lloegr. Ac wedi i'r brenin hwnnw gael ei garcharu gan ei ddeiliaid gwrthryfelgar yn nghastell tref Fflint, Owain a fu yn gysurus gydymaith iddo yn ei gaethiwed.

Digwyddodd i ymrafael dyfu rhwng yr Owain hwn ac un Reginald

Grey, Arglwydd Seisnig, yr hwn oedd yn byw mewn rhwysg mawr yng nghastell Rhuthun, oblegid ardal o dir rhydd, neu gyffredin, yr hwn oedd yn sefyll rhwng arglwyddiaeth y gŵr hwn ac arglwyddiaeth Glyn Dyfrdwy; yr ymrafael a chwyddodd, fel y gorfu ar Owain osod ei gŵyn o flaen y *Parliament*; ond ei erfyniad ef a ddiystyrwyd; ie, er i Esgob Llanelwy rybuddio yr Arglwyddi, nad dienbyd oedd iddynt gyffroi y Cymry, rhag ofn a fyddai iddynt wneuthur cynnwrf a gwrthryfela; a rhai ohonynt a'i atebasant; '*Nad oeddynt hwy yn arswydo digio y fath ddihiriaid traednoeth â'r Cymry*'. Ond o dwrw hi aeth yn daro. Owain wrth ystyried sarugrwydd, coegni a gwawd y Saeson, a gasglodd ynghyd ei gyfneseifiaid a'i gyfeillion, ac a wynebodd yr Arglwydd Grey a'i Saeson yn y maes, ac a'u gorchfygodd hwynt mewn ymladdfa lem, ac a gymerodd Grey yn garcharor, ac a ysbeiliodd ei holl feddiannau, y rhai a berchenogasai ef yn anghyfiawn, megis rhoddion gan frenin Lloegr, yr hyn ni pherthynasant iddo. Y Cymry, wrth weled y ffyniant yma yn erbyn y Saeson, a ddechreuasant gyhoeddi yn eu mysg broffwydoliaeth Myrddin, ac eraill, fod y llywodraeth am lithro yn ôl i'r Brutaniaid, ac mai Owain oedd y dyn, dan yr enwau dychmygol yn y brudiau hynny, a ragbenasid i ddwyn hynny i ben, ac yntef yn tarddu o lin y brenhinoedd a'r tywysogion Brutanaidd, gan hynny, yn ôl eu tyb, yr oedd pob arwydd, achlysur ac anogaeth yn amlygu iddynt yr angenrheidrwydd o ymarfogi yn ddioed. Ac felly yr ymdyrrodd yn fuan lu mawr iawn. Ac Owain a ymosododd yn ebrwydd gyda'i holl allu am gael ymwared o grafangau y Saeson yr un waith hon eto, ac wedi bod yn fuddugoliaethol dair neu bedair gwaith yn erbyn lluoedd y Saeson, efe yn y diwedd a lwyr gollodd y maes, fel y bu raid iddo ffoi, ac ni wybuwyd byth beth a ddaeth ohono: rhai a ddywedant iddo ymguddio o'r naill ogof i'r llall, a llewygu o newyn yn y diwedd; eraill a ddywedant iddo gilio at ferch iddo a briodasai iarll Seisnig, ac iddo fyw gyda hi yn ddirgel hyd ddydd ei farwolaeth.

Ar ôl gorchfygu y Cymry fel hyn, y Saeson a luniasant gyfreithiau newyddion gorthrymol i'r Cymry, ac a'u chwanegasant at y rhai caethiwol o'r blaen: ac ym mysg eraill y pennwyd na chenhadid iddynt brynu tir. Ni ellid eu dewis yn farchogion siroedd na dinasoedd. Os achos cyfraith a ddigwyddai rhwng Sais a Chymro, yr oedd yr achos i gael ei wrando a'i farnu o flaen llys Sesinig, gan hynny nid oedd i'r Cymro ond damwain rhy fechan am gyfiawnder oddi wrth farn ei elynion. Ni chenhadid i Gymro roddi math o ddysg i'w blant, na'u dwyn hwynt i fyny i grefft yn y byd, ond bod yn gaeth lafurwyr, a phob isel swyddau budron, dan ddwrd pob coeg furgyn o Sais, heb wneuthur math o ragoriaeth rhyngddynt ac anifeiliaid direswm.

Ond yn mhob ymgais ac ymgyrch a wnaeth y Cymry am ymwared o gaethiwed eu gelynion, brad eu cydwladwyr a fu bob amser yr achos pennaf o'u darostyngiad a'u siomedigaethau. Yr oedd yn erbyn Owain nifer o wŷr cedyrn yn fradwyr gwradwyddus; o'r dull yma ymysg eraill yr oedd y pendefig rhwysgfawr hwnnw a elwid Syr Dafydd Gam, mab Llywelyn ap Hywel Fychan o Frycheiniog. Yr oedd hwn mewn parch mawr gyda'r brenin Seisnig: ond mewn rhyw fodd Owain a'i cymerth yn garcharor yn Machynllath, oblegid ei ymgais ar ei fywyd; yr englyn canlynol a wnaed iddo:

Dafydd Gam, dryglam dreigl iti'n — wan frwydr,
Fradwr Rhisiart Frenin.
Llwyr y rhoes Diawl, hawl hwylflin,
Y fath ystâd ei fŷs i'th din.

Wedi myned o Owain ar ddidro, ei gymdeithion a'i ewyllyswyr da a obeithiasant iddo fyned i'r Iwerddon, a mannau eraill, i gyflogi gwŷr, ac yr ail-ddychwelai i Gymru gyda chadernid, i adnewyddu y rhyfel: ni a welwn fod ei fardd godidog Iolo Goch o'r dyb honno, yn ôl ei ymadrodd yn y cywydd canlynol, yr hwn a gyfansoddodd ef wedi colli Owain.

Y GŴR hir, ni'th gâr Harri,
Adfyd aeth, a wyd fyw di?
Ac od wyd, a gwayw o dân
Dyred, dangos dy darian.
O wlad, garw aergad eurgylch,
Rhufain dwg, arfau'n dy gylch;
Dwg feddiant Pedr Sant dan sêl,
Drwy'r iawnswydd, Duw a'r insel.
Dyred o wlad y Dwyrain,
Darw mawr, a bwrw dyrau main:
Rhwydd y daw, rhieddiau o dân,
Rhagod pawb a'th anrhegan'.
Eryr glwys, dos Iôr o'r Glyn,
Iarll awchlaif, i dir Llychlyn;
Y gŵr a ddwg arwydd iach

Yn ei darian bedeirach:
Tri llew glas, fal yr asur,
Trwy wyllt dân, a'r tair rhwyll dur.
Rhown ni, ar y paun diwarth,
Rhowch rwyf, ar yr Hwch a'r Arth:
Llyna'r tair bwyall unyd,
Lle mae'r gwaith, llu mawr i gyd.
Gollwng, yn gynta gellych,
Saith long, a saith ganllong gwych;
Dyred wrth ddymuned Môn,
O'r Nordd hyd yn Iwerddon.
Rhaid yw i ti, rho Duw tad,
Gael Owtils a'i galw atad;
Cyfod, o glau Galiod glân
Cawn glywed cyn Gŵyl Ieuan;
Dyro fflam benadur fflwch,
Draw'n Nulyn drwy anialwch,
Gwna lynges gain o longwyr,
O gynfyl Gwyddyl, â'i gwŷr.
Tyred ŵr, a draeturiwyd,
O Fanaw dir, f'enaid wyd;
Gorau arwydd gan Wyddyl.
Melyn a choch, ymlaen chwŷl:
Urdda bensel Llewelyn,
Arddel hwy, a'r ddeuliw hyn.
Galw gar bron, gwae Loegr o'r brad,
Lu Brytaen, a'i lwybr atad.
Dyred i'n gwlad, dur iawn dy gledd
Deyrnaswr, drwy ynysedd;
Cynnau dân cyn oed unawr,
I oror Môn, eryr mawr!
Cur gestyll, caerau gystudd,
Cwncweria wâl cŵn Caer Ludd.
Cur a lladd y wadd a'i wŷr,
Cyrn aur Môn, cur Normanwyr.
Dir yw gwnai, darogan oedd,
Fyd teilwng o fateloedd;
Gwna frwydr, a gwaith grwydr yn groch,

A'r llew mwyn, Iôr, lle mynnoch:
Gwaith dy law a ddaw yn ddig,
Gwŷr meirw a geir ym Merwig,
Gwna drwy'r haf, gwn droi o'r rhod,
Gymynu brwydr Gwminod;
Gwna gad, fal toriad deri,
Fochno a hyn, fych na hi.
Gwna daith yn Rhyd Glyn Iaithon,
Gwŷr lawer a maner Môn:
Gwna naw cad yn daladwy,
Yn un modd, ac na wna mwy.
Deigr CADWALADR FENDIGAID
Dyred a dwg dir dy daid:
Dyga ran dy garennydd,
Dwg ni o'n rhwym dygn yn rhydd.

Esgobion Llanelwy a Bangor a gefnasant Owain yn nechreuad ei yrfa a'i ymgais. Esgobion yn yr amseroedd hynny oedd â gallu a rhwysg mawr yn eu dwylaw, yn gymaint â bod meddyliau y bobl dan eu rheolaeth yn gwbl, yn fonheddig a gwreng: eu bendith, eu gollyngdod, a'u hysgymundod, a dybid o gymaint effaith ynddynt â phe buasent yn dyfod oddi wrth Dduw ei hun. Y gwŷr yma, wedi felly ei annog ar y cyntaf, a droeasant yn fradychwyr iddo: a gwell a fuasai iddo fod pendefigion Cymru oll yn ei erbyn na'r rhai hyn. Ond efe, yn lle digalonni a brawychu o achos y budr ymddygiad yma yn yr esgobion a'r eglwyswyr eraill, efe a barodd iddynt wybod nad oedd eu gwg a'u rhagrith hwynt ond ynfydrwydd ofer yn ei olwg, er maint eu rhwysg a'u hawdurdod : efe gan hynny a roes rai ohonynt i'r cleddyf; ond yr esgobion a ffoesant o'i gyrraedd, fel na fedrasai ef ddial arnynt, efe gan hynny a ysbeiliodd y ddwy brif eglwys, Llanelwy a Bangor, ac a roes yr adeiladau ar dân.

Pan ddaeth Harri y Pumed i Goron Lloegr; efe, yn Frenin synhwyrol a doeth, a ddiddymodd amryw o'r cyfreithiau gormesol a osodasid ar y Cymry, ac a gyhoeddodd faddeuant ac ebargofiant o bob trosedd a gwrthryfel, ac i bawb fwynhau eu meddiannau mewn hedd fel cynt; a darfod i Owain ymysg eraill dderbyn y rhagorfraint yma, ond y mae hyn yn ansicr, fel y gellir meddwl wrth ystyried y digwyddiadau canlynol.

Y Brenin Harri y Pumed a ddaeth i'r goron yn y flwyddyn 1413, ac mae yn debyg nad yn union ar ei ddyfodiad y cyhoeddodd ef y fath orchymyn cysurus ar achos mor bwysfawr, nes gweled ohono yr angenrheidrwydd o ryfela â Ffrainc, gan ei fod yn arddelwi hawl i goron y deyrnas honno; ac mae yn hysbys fod nifer mawr o'r Cymry yn ei fyddinoedd, dan awdurdod a chyfarwyddyd Syr Dafydd Gam megis eu pen cadpen. Y dydd y cyfarfu y rhyfelwyr yn barod i fordwyo i Ffrainc oedd y 24 o Fehefin 1415, yn Southampton. Ond dywedir i Owain Glyndwr farw yr ugeinfed o fis Chwefror cyn hynny, yn nhŷ ei ferch, o gylch 62 mlwydd oed, wedi bwrw 15 mlynedd yn rhyfela am ryddid i'w genedl. Ac yn ôl yr hanesion yma, mae yn lled eglur na fwynhaodd ef y budd ag oedd yn tarddu o gymwynasgarwch y cyhoeddiad hwn. Ond pa fodd bynnag, dyma'r ymgais diweddaf a wnaeth y Cymry am adferiad o'u breintiau a'u rhyddid.

Y Brenin Harri y Pumed o Loegr a fu farw y 31 o Awst yn y flwyddyn 1422, yn 34 mlwydd oed. Un o'r brenhinoedd gorau a fu erioed yn Mhrydain; efe a adawodd o'i ôl ei frenhines yn ieuanc gydag un plentyn a elwid Harri: ei henw hi oedd Catherine, merch oedd hi i frenin Ffrainc. Ond gan ei bod yn ieuanc, ac yn ngwres ei nwyf, hi yn ei gweddwdod a ddilynodd ei phleserau; ac mewn noswaith lawen o ddawns a difyrrwch, digwyddodd i bendefig o Benmynydd yn Môn, a elwid Syr Owain Tudur, gael yr anrhydedd o ddawnsio o'i blaen, gan y cyfrifid ef yn ddawnsiwr rhagorol; a'r frenhines a eisteddodd ar ystôl isel ar fin y ddawns, i edrych ar ei fedrusrwydd yn dawnsio; ond yn rhyw fodd, Owain Tudur a dripiodd yn ei dro, ac a syrthiodd, a'i ben i arffedog y frenhines! Tybir mai ei amcan oedd gwneuthur y trwsglwaith hwn, fel y mae hynny yn debyg ddigon; ond pa fodd bynnag, yn lle cymeryd hyn yn drosedd anweddus, a digio o achos y fath fwnglerdra, hyn a gynheuodd ynddi wres nwyfus i'r gŵr ieuanc; ac yntef fel hithau yn llawn o nwyf ieuenctid, ac o osodiad gwrolwych heinif, ac yn gyfarchus ragorol yn ei ymddygiad ymhlith y benywiaid: y frenhines a'i hoffodd ef tu hwnt i fesur pwyllus a chymwys i'w gradd a'i galwad, ac ni foddlonai hi nes ei briodi. Efe a gafodd ohoni dri o feibion, a elwid Edmund, Jasper ac Owain. Yr hynaf a briododd Margaret, unig ferch John Beaufort, Duc Somerset; a'r mab hynaf a anwyd iddo ohoni a wnaed yn Iarll Richmond, yr hwn a fu wedi hynny yn frenin Prydain Fawr dan yr enw Harri y Seithfed.

Yn y teyrnasiad yma, dan Harri y Chweched, y dechreuodd yr ymrafael mawr rhwng teulu Iorc a Lancaster am y frenhiniaeth, oherwydd yr hyn yr ymrannodd y deyrnas yn ddwyblaid. Yn yr un tŷ yn fynych y byddai yr ymraniad yma, rhwng yr un teulu. Yn Nghymru yr oeddynt yn ymryson, a thywallt gwaed oedd beunydd yn mhob ardal: a dyna yr achos fod cymaint nifer o gywyddau brut wedi eu hysgrifennu yn Nghymru yn yr amseroedd yma, gan Robin Ddu, Rhys Goch, ac amryw eraill o'r beirdd ag a oedd yn byw yn yr amseroedd hynny: gan na feiddient lefaru a mynegi eu meddyliau mewn geiriau eglur, ond arfer iaith ddychmygol dan enw daroganau megis am bethau i ddyfod.

Er bod y Cymry fyth yn goddef cymeryd eu rheoli dan gyfreithiau neilltuol a gormesol, er hyn nid oedd y Saeson yn eu grymuso i eithaf eu gerwindeb, gan fod y Cymry wedi cwbl ufuddhau i'w llywodraeth, ac wedi ymgynefino â'r iau: a'r ymrafael rhwng yr Iorciaid a'r Lancastriaid wedi uno y pleidiau Seisnig a'r rhai Cymreig a fyddai o'r un tu i'r clawdd.

Ond digwyddodd i ddamwain ragluniaethol dorri allan, a fu yn y diwedd yn achos o foddlondeb a heddwch rhwng y pleidiau, wedi yr holl ryfeloedd a'r tywallt gwaed dros fwy na thri ugain mlynedd: ie yn wir, a chyfrif yr ymdrech rhwng y Cymry a'r Saeson yn gyfan, dros fwy na mil o flynyddoedd.

Rhisiart y Trydydd, yr hwn a elwid 'y Cefngam', yr hwn oedd o deulu Iorc, wedi iddo ymwthio i'r orsedd drwy dywallt afonydd o waed, a gwneuthur pob dihirwaith ag oedd ddichon i'r cythraul roi yng nghalon dyn, a reolodd yn ôl y dymer ag oedd ynddo, gyda phob creulondeb, gerwindeb a gormes, fel yr oedd Sais a Chymro yn llosgi am gael ymwared ag ef. Efe yn ail i Athaliah mam Ahaziah, a laddodd yr holl had brenhinol a allai ef gael gafael arnynt, fal na byddai i neb wrthsefyll ei ymgais a'i arddelwad i'r orsedd. Yr oedd pendefiges ieuanc yn fyw o deulu Lancaster, merch y Brenin Edward y Pedwerydd, a elwid Elizabeth; a chan na fedrai ef yn hawdd ei distrywio, a bod ganddi hawl i'r goron, ac am hynny yn angenrheidiol ei tharfu o'i ffordd; efe a fwriadodd ei phriodi, er ei fod yn ewythr iddi; ac felly cysylltu y ddau dŷ Iorc a Lancaster yn un.

Iarll Richmond, ŵyr Owain Tudur, ac o deulu Lancaster, a ddiangasai i Ffrainc oddi ar ffordd Rhisierdyn: yr oedd y genhedlaeth oll yn dymuno o unfryd yn eu calonnau i ryw ddistryw orddiwes Rhisierdyn, fel y gallent ethol yr iarll hwn yn frenin: y Cymry yn enwedig oedd yn ewyllysio hynny yn fawr gan ei fod yn deilliaw, ac yn perthyn i'w cenedl, ac yn tarddu o frenhinol waed y Cymry. Pob un o'r ddwyblaid, gan hynny, a'i hanerchasant drwy lythyrau a chenhadon: ond Rhisierdyn a gafodd edrydd am rai ohonynt, y rhai hynny a offrymodd ef i'w gynddaredd, drwy eu difuddio o'u bywydau; er hyn ni arswydwyd y lleill rhag gyrru rhagddo eu rhagfwriad. Yr oedd Cymro ardderchog, a rhwysgfawr, yn Neheubarth, a elwid Syr Rhys ap Thomas: Rhisierdyn a ofnodd hwn gan ei fod yn alluog, ac yn tueddu, fel y tybiai, i ddwyn i mewn yr iarll: efe gan hynny a'i rhoes ar ei lw o ufudd-dod iddo, ac i gadw Aberdaugleddyf rhag tirio yno longau dieithriol. Syr Rhys a dyngodd os deuai yr iarll a thirio yno, y byddai raid iddo ef, ei wŷr a'i feirch, ddyfod dros ei berfedd ef, neu sefyll draw. Yn ganlynol, pan diriodd yr iarll, dywedir i Syr Rhys fyned a gorwedd ar ei gefn dan bont yr hon yr oedd y fyddin i fyned drosti, fal y cyflawnai ef ei lw, mai tros ei berfedd y daethai rhagddo.

Cymry Gwynedd hwythau ni buant segur ar yr achos, penasant ymgyrchfa ddirgel yn nhŷ periglor Llanddwyn ym Môn (murddyn y tŷ sy'n weledig heddiw, 1804) i ymgynghori ar yr achos pwysfawr ac enbyd; ac a yrasant eu llythyrau at yr iarll i Ffrainc gyda chwch pysgota, i ysbysu iddo eu parodrwydd i amddiffyn ei ymgais. Ac felly pan diriodd ef yn Aberdaugleddyf, y Cymry o bob goror a heidiasant at ei faner fel y chwyddodd ei lu ef i chwe mil, ond cyn chwanegu ohonynt, Rhisierdyn a ddaeth mor ebrwydd ar ei warthau, â deuddeg mil. A'r diwrnod y cyfarfuant oedd y 22 o Awst yn y flwyddyn 1485. Ond pan ddechreuodd yr ymladdfa, gwŷr Rhisierdyn gan mwyaf a droisant eu harfau yn erbyn eu meistr, ym mhlaid yr iarll; a'r Cefngam a laddwyd, ac efe yn ymladd yn wrol: a'i gorff a gaed yn y maes, dan gyrff ei elynion, y rhai oedd yn gorwedd arno yn feirwon.

Felly yr iarll a gyhoeddwyd yn frenin Prydain dan yr enw Harri y Seithfed.

Un o'r amodau pennaf, dan y rhai yr oedd ef yn rhwymedig yn ei ganlyniad i'r goron oedd priodi y dywysoges ieuanc Elizabeth, yr hon a amcanasai Rhisierdyn ei phriodi, ac felly asio y ddau dŷ yn un,
fel na allai fod ymrafael mwyach rhwng y pleidiau, yr hyn a fu yn achlysur o dywallt cymaint o waed: hyn a gyflawnodd ef mor fuan ag oedd yn bwyllus iddo. Ac felly y llonyddodd pob ymryson, ac y tyfodd caredigrwydd a chyfeillgarwch rhwng pob gradd.

Ac yma y terfynodd tymer ryfelgar y Cymry yn erbyn y Saeson; gan eu bod yn awr wedi cael tywysog, nid yn unig i lywodraethu arnynt hwy eu hunain, ond yn frenin ar Frydain oll, ac yn tarddu o waed coch cyfa o'u cenedl eu hunain, ac o lin brenhinol y Brutaniaid.

Y Cymry wedi hyn a fwriasant o'u dwylaw y peiriannau rhyfel, gan, yn ôl geiriau y proffwyd, guro eu cleddyfau yn sychau, a'u gwaywffyn yn bladuriau i drin y ddaear er codi ymborth i gynhaliaeth dyn yn hytrach na distrywio dyn oddi ar y ddaear. Ac yma y terfynodd yr holl aruthr gigyddiaeth creulon, yr hwn a barhaodd dros gymaint o oesoedd, ac ni chodasant gleddyf mwyach.

Harri a ysgafnhaodd y Cymry oddi wrth rai o'r cyfreithiau gerwin a gormesol a osodasid arnynt; ond yr oedd ef o dymer gybyddlyd ofnadwy; ni ddiddymodd ef monynt yn llwyr, gan nad oedd dim yn deilliaw oddi wrth hynny i'w goffrau. Ond yn amser ei fab Harri yr Wythfed, bonedd Cymru a gyd-ddeisyfasant gael gan ei Fawrhydi eu cydgorffori â'r Saeson, a bod dan yr un cyfreithiau â hwythau, a bod yn un deyrnas, megis un genedl: a'r rhagorfraint ardderchog hon a ganiatawyd iddynt yn ôl eu herfyniad: ac o'r amser hwnnw hyd heddiw i'n llywodraethir dan yr un cyfreithiau â hwythau: ac ni a ddylem oll bwyso yn ein calonnau werthfawrogrwydd y fendith fawr yma, a bod yn ddeiliaid cywir ac ufudd; a thalu diolch i'r llywodraethwr nefol ein bod dan lywodraeth mor ddiogel a rhydd; ac am y mwyniant yr hwn sydd goruwch pob peth, sef mwynhad o efengyl Crist yn ei gwir degwch a'i godidawgrwydd.

Ni ddylem hefyd gofio ein hynafiaid gyda mawr-barch, – y rhai yn wrol a dywalltasant eu gwaed yn ymddiffyn eu cenedl, eu defodau a'u hiaith, y rhagorfreinitiau, drwy eu hymdrech hwy dan Dduw yr ydym ni yn eu mwynhau hyd heddiw, a'n dyletswydd yw, er parchus gof amdanynt, ddilyn y cyfryw o'u defodau ag a fyddo diniwaid, meithrin ein hiaith megis cymynrodd oddi wrthynt, ac nad ymgymysgom ond cyn lleied ag y byddo'n bwyllys ac yn gymwys i ni, â defodau nac iaith estroniaid, yn enwedig â hiliogaeth eu gelynion hwy.

Mae yn ngwythennau Siôr y Trydydd, Brenin presennol Prydain Fawr, gymaint o waed Cymreig yn ffrydio, ag un gwaed arall; a'i ach yn deilliaw yn-ôl-yn-ôl o Goel Godebog, Brenin Prydain, tad Elen Lueddog, mam Cystenyn Fawr, Emprwr Rhufain, y Cristion cyntaf o emprwr neu frenin y byd, pa broffes a gymerth ef arno yn y flwyddyn 313 o oed ein Harglwydd.

Ei fam ef, Elen, neu Tiboen, fel y gelwid hi, a aeth, meddir, i Gaersalem yn unswydd ac a orchymynnodd chwalu crug, neu bentwr mawr o gerrig, pridd, a phob malurion eraill, ar fynydd Calfari, yn y fan lle y dywedid y croeshoeliasid Crist, ac yno, meddir, y cafwyd tair croes; a'r groes ar yr hon yr hoeliwyd Arglwydd y Bywyd a adwaenwyd wrth yr ysgrifen ar ei phen uchaf, yr hon a orchymynasai Pilat ei gosod yno. Yn gytunol â'r hanes hwn, mae un o'r hen feirdd yn dywedyd:

Tiboen, merch Coel Godhebog,
I Gred a gafas y Grog!

Mae'r Papistiaid hyd heddiw mewn amryw fannau yn dangos darnau o hen bren, y rhai meddent, a dorrwyd o'r Groes yma a gafodd Elen. Ond dywedir, pe bae yr holl ddarnau yma a ddangosir yn un pren y byddai yn ddigon i wneuthur cant o groesau. Ffiloreg twyllodrus y gau grefydd Babaidd.

YR AMSER PRESENNOL

Ni a welwn yn ôl yr hyn a ragfynegwyd, ein bod ni y Cymry, unig weddillion yr hen Frutaniaid gynt, wedi ein corffori a'n gwneuthur yn un genedl â'r Saeson, hiliogaeth gelynion ein tadau gynt; ac i Dduw bo'r glod, mae gennym yr un hawl a breintiau â hwythau, fel na ddichon y mwyaf rhwysgfawr ohonynt wneuthur â ni y camwri lleiaf; mae gennym yr un gyfraith â hwythau yn amddiffynfa i ni; gan hynny nid oes i ni ond cnoi ein tamaid, a dal ein tafod, a gochel bod yn gynhennus er dim.

Ond cywilyddus a gofidus yw gweled ein bonedd wedi anghofio dewrder eu tadau: ie, a phe medrai llawer ohonynt, fel yr wyf yn credu, hwy a wadent mai o'r Cymry y tarddasant; ac yn wir, pa beth ydynt, gan y mwyaf, ond cymysgryw, yn haeddu edrych arnynt gyda y diystyrwch mwyaf? Ni welwn y rhai mwyaf enwog yn fynychaf megis yn dirmygu merched parchus eu gwlad, ac yn priodi gwragedd Seisnig; a braidd y gŵyr undyn byth i ba deulu y bydd y merched hynny yn perthyn: yn gyffredin merched i ryw ddychymygwyr, anturwyr, neu fasnachwyr a fydd y nifer mwyaf ohonynt, wedi codi megis caws llyffaint o'r domen. Dyma achau y Saeson yn gyffredinol.

O'r tu arall mae math o wibiaid dieithrol, megis bwystfilod newynllyd, yn ein gwlad, yn hely am ein haeresau a merched o gynhysgaeth, ac yn ffynnu yn eu hymgais, gan fod ein bonedd ni yn eu hesgeuluso, ac yn eu dirmygu a'u dibrisio; hwythau a briodant y sothach estronaidd yma, heb fod yn werth ceiniog goch, ac ni bydd byth wybodaeth o ba le y tarddasant, ond eto fel hyn yn dwyn enwau newyddion dieithrol i mewn i hen drigfannau a pharchus dreftadaeth yr hynafiaid. Enwau dychmygol, mae'n debyg, a fydd y nifer mwyaf ohonynt, a gymerasant arnynt fel na amlygid mewn un modd o ba le y tarddasant: ac os bydd rhai o'r giwed yn rhoddi arnynt eu hunain eu gwir enw; braidd y gŵyr un ohonynt pwy oedd ei daid. Nid anghymwys y dywedodd William Jones, Llangadfan, pan y mae'n sôn am achau cenedl: fod y Saeson yn diystyru y Cymry oblegid eu bod yn cadw achau; gan na fedrant ddwyn na dangos dim o'u hachau eu hunain; ond megis y llwynog pan ofynnwyd iddo paham na fwytâi y ffrwythau; oblegid eu bod yn rhy sur, meddai yntef: ond rhy uchel oeddynt, allan o'i gyrraedd. A peth arall, medd ef, sydd yn peri iddynt ddiystyru ein hachau, oblegid fod yn nwylaw llawer ohonynt feddiannau helaeth yng Nghymru, y rhai a gawsant drwy hoced a thrais oddi ar eu gwir berchenogion, a chennym ninnau achau y gwir aerod i'w cyhuddo, fel nad oes ganddynt yn amddiffynfa iddynt eu hunain, ond haeru mai dychymyg ofer a chelwydd yw'r fath achau. Mae yn dywedyd ymhellach, pan y mae'n sôn am y drefn yr oedd yn amcanu ei dilyn i gadw achau: ni ddaliaf ddim sylw, medd ef, am achau y Saeson (Hil Hors Ladron), rhag dwyn y fath ach bwyd y barcut i fastardiaid, i garnlladron a llofruddion; pa'r un bynnag ai Sais ai Normaniad.

Rhyfeloedd yn yr amseroedd gynt a ddugwyd rhagddynt er amddiffyn enw, a rhwysg ac awdurdod gwŷr mawr; myrddiynau o drueiniaid a gollasant eu bywydau yn yr achos ofer, afreidiol a diles yma: y naill gymydog yn curo y llall yn ei ben, ac yn dwyn ei fywyd, oblegid na oddefai fod ei feistr ef yn anrhydeddusach na'i feistr ei hun!

Yn yr oesoedd presennol, rhyfeloedd sy'n tarddu ac yn cael eu cynnal yn achos masnach: dyma y duw mawr yr hwn y mae cenhedloedd y byd yn awr yn ei addoli; y Saeson yn enwedig sy'n ddibaid yn offrymu corff ac enaid ar allor y lloi aur yma; fel y mae y Ffrancod enllibus wedi, yn ddiweddar, gymeryd yr achlysur o enwi y Saeson yn genedl o siopwyr: ac yn wir yr wyf yn tybied fod 99 mewn cant yn dilyn rhyw fasanach neu'i gilydd. Mae'n rhy eglur i holl genhedloedd y byd, ac yn rhy gywilyddus ei adrodd, y fath gyflafan a llanastr echrydus a wnaethant yn y Gorllewinol a'r Dwyreiniol India, a llawer o fannau eraill yn y byd, er mwyn eu cyfoethogi eu hunain â meddiannau ac eiddo eraill, i borthi awydd drachwantus, fel y mae enw Sais yn ddychrynllyd ym mysg dieithriaid pellennig drwy'r byd, cystal gwybodol â barbaraidd.

Am dymer grefyddol ein cydwladwyr y Saeson; os ydym ni i farnu rhyglyddon ac ymddygiad y bobl hyn oddi wrth ymarfer y rhai ag sydd wedi ymneilltuo i Gymru, nid allwn ond cyhuddo a chyfrif yr holl genedl megis ciwed o anghredinwyr penrhyddion, heb ofn Duw o flaen eu llygaid, ac felly heb Dduw yn y byd; neu mae'n rhaid i ni dybied nad ydyw yr alltudion estronol hyn, gan mwyaf, ond yr efrau ac ysgubion y genhedlaeth honno; a chan hynny y dylid eu hystyried gyda diystyrwch ac atgasrwydd gan bob un a garo rinwedd a chrefydd.

Caredigol dyb megys Cristionogion, a'r nifer mawr o esiamplau rhagorol o wŷr rhinweddol a duwiol yn eu mysg, sy'n rhoddi i ni dyb mwy hynaws am ymddygiad grefyddol y genhedlaeth Seisnig. Pa beth a feddyliwn ni am Hervey, Young, Watts, ac yn ddiamau am filoedd eraill o'u bath yn eu mysg? Ai truthio, a thwyllo, drwy ddywedyd un peth a meddwl peth arall yr oedd y gwŷr crefyddol hynny? Nage, mae'n eglur wrth eu dwys ystyriaeth, a'u difrifol ymarweddiad, eu bod yn llefaru y pethau yr oeddynt yn eu cwbl gredu: mae'r effaith ag sy'n tarddu wrth fyfyrio ar eu hysgrifeniadau yn egluro i ni mai o Dduw yr oeddynt.

Esiampl odidog arall sydd gennym o'u cariad a'u sêl tuag at bob dyn, ac at grefydd, ac yn enwedig tuag atom ni y Cymry, pan y cymerasant arnynt y mawr gost yn argraffu Biblau Cymraeg, a llyfrau duwiol eraill, a'u hanrhegu i'r gwerin Gymry: ofer a fuasai disgwyl y gymwynas fawr honno oddi ar ddwylaw ein bonedd ni yng Nghymru, buasai ein gwerinos eto oll mewn tywyllwch.

Ond am y rhan fwyaf o'r gwibiaid anwiw hyn, y rhai sy'n ein blino yng Nghymru, ac a chwydodd Lloegr am ein pennau, neu a ddygwyd yma gan ein bonedd cymwynasol, drwy eu hoffi goruwch eu cydwladwyr, gan gam dybio eu bod yn gynysgaeddol o oruwch cyneddfau; mae yn ysbys ac yn eglur nad oes ynddynt un wreichionen o dueddfryd grefyddol, na gwybodaeth pa beth ydyw amcan a diben crefydd, nac yn tybied fod yn addas i golli amser yn y fath ymarfer difantais. Er bod ein gwerin ni yn eu cyfiawn gasáu; er hynny ni ddiangasant rhag cael eu llygru a'u halogi â'u troseddiadau. Pa fath bynnag o lwon a arferai yr hen Frutaniaid, maent wedi colli heddiw, oblegid mae'n eglur am yr holl lwon presennol yn ein mysg mai oddi wrth y Saeson y dysgasom hwynt.

Puteindra, yn enwedig godineb rhwng rhai priodol, y mae y Cymry yn edrych arnynt bob amser megis troseddiadau gwarthus, er bod ymbell un yn cwympo i'r cyntaf ar amserau, ac mae ymbell esiampl wedi digwydd o'r llall yn yr oes bresennol; ond er pan agorwyd prif ffyrdd o Loegr drwy Gymru, y Saeson a luosogasant ar y ffyrdd hynny, ac a ymwthiasant i'r wlad o'u deutu; ein bonedd, o hynawstra a haelioni, a gynysgaeddasant yr hiliogaeth coegfeilch hyn o elynion chwerwon eu hynafiaid, â thiroedd; ac maent beunydd yn cefnogi ac yn annog ymlaen bob ymgais a ddychymygant; ac ni ofalant pwy a friwir o'u cydwladwyr, er eu bod, yn fynychaf, o ragorach cyneddfau na'r gwibiaid estronol, anraslon hyn. Puteindra sydd wedi tyfu i ymarfer gymeradwy. Mae ein gwlad yn awr mor foneddigaidd â Lloegr; ein prif-ffyrdd sydd yn llawn o fudrogod dihir, yn golechu o gylch y prif dafarnau, a thai gwŷr mawr, yn disgwyl am wobr anlladrwydd. Os disgyn gŵr oddi ar ei farch, a throi o'r brif-ffordd i ymrewydd ag un o'r rhai hyn, ni edrychir ar hynny heddiw ond megis yr edrychid gynt ar ddyn yn troi o'r ffordd i wasanaethu ei gorff ar achos mwy angenrheidiol. Y frech Ffreinig nid adwaenid yng Nghymru hyd o fewn ychydig o amser a aeth heibio, ond heddiw y mae y clwyf atgas yma mor gyffredin fel na edrychir arno ond megis rhyw afiechyd arferol arall; ie, rhai a'i cyfrifant megis clwyf boneddigaidd, gan mae'n debyg mai y bonedd a'i dygodd gyntaf i'r wlad.

Yr arferion anghymeradwy yma a ddygasant, fel y gallwn dybied, gyda hwynt bob diystyrwch o ordinhadau crefyddol, oblegid pan friwer y gydwybod, mae dwy ffordd i dawelu ei chynnwrf a'i chynddaredd, ac i esmwythâu pigiadau ei cholyn; y cyntaf, y pennaf, a'r gwir eli, yw edifeirwch, ac ymwrthod â gweithred a'i briwo rhag llaw. A'r ail, yr hon a arferir yn amlaf, yw bostio o'r weithred, ac edrych arni megis ysmaldod diniwaid: ac yn hyn y mae y drwg yn cymeryd gwraidd sicr, ac yn ôl geiriau ein Iachawdwr, yn cymeryd ato saith ysbryd eraill gwaeth nag ef ei hun.

Ymysg yr amryw ddefodau canmoladwy crefyddol, y Sul a gedwid gynt yn barchus gan fonheddig a gwreng: byddai pob gŵr bonheddig, ynghyd â'i deulu a'i gymydogion, yn ddyfal yn ei ymweliad â'r Eglwys; ond heddiw mae y ddefod Seisnig o esgeuluso hynny wedi cael lle ymysg ein bonedd: ni thybir yn fynychaf yr arfer yma ond rhywbeth perthynol ac addas i'r gwerinos. Yn wir mae ganddynt ryw esgus nad ydynt yn deall yr iaith Gymraeg cyn belled ag y dirnadant y peth a bregethir yn yr Eglwys; ond pam ynte na arferant dduwioldeb deuluol gartref? Yn lle hynny ar y Sul y codir yn foreuach nag ar ddiwrnod arall o'r wythnos, ystyrio y gweinidogion a'u hanfon ar negeseuau prysur: galw ar y gorchwyliwr a'i gyfrifon i'w gwastatáu: talu i'r gweithwyr. Ysgrifennu llythyrau; ac os bydd esgus o achos myned ar ymdaith oddi cartref, y Sul a fydd y diwrnod i gychwyn; bydd, gan hynny, yr holl weinidogion ar y ffwdan mwyaf: plygu a datblygu, clymu a datglymu, cyfrwyo, ymfotasu, ymsymbylu, ymgobu, parotoi y cerbydau, tyngu, rhegu ac ymgwerylu â'i gilydd. Yn fyr, diwrnod yw yn llawn cyffro; pob peth mewn cynnwrf ac anhrefn. Mae chwe diwrnod yn yr wythnos i wneuthur y pethau hyn, gan hynny gellir yn hawdd, yn gyfleus a digolled, eu cyflawni; ac arfer y Sul i'r diben yr amcanwyd ef gan Dduw a dyn. Gan hynny, nid oes dim yn eglurach nad o ran adferu a mwynhau y fantais a dybir ei bod yn colli oblegid esgeuluso gorchwylion cyffredin mewn un dydd yn y saith y mabwysir yr arfer fudr amharchus hon, ond yn hytrach er mwyn dirmygu, diystyru a gwatwor crefydd, y cyflawnir yr holl afraid orchwylion hyn.

Ac felly, nid oes i'r dyn cydwybodol, crefyddol, ond edrych ar y pethau hyn yn ddigyffro; gan ystyried fod Duw, yr hwn sy'n porthi y cyfiawn a'r anghyfiawn, yn canfod y pethau hyn, ac y gwobrwya ef yn helaeth y rhai sy'n gwrando ar ei leferydd; a'i fod yn ddiamau wedi darparu distryw i'r rhai sydd yn ymorchestu am redeg iddo: a dal yn ein cof yn wastad orchymyn ein iachawdwr Crist i'w Apostolion, ym mherthynas i'r gormeswyr annuwiol yn y wlad honno yn ei ddyddiau ef ar y ddaear. Yr hyn oll gan hynny a ddywedant wrthych am eu cadw, cedwch a gwnewch, eithr ar ôl eu gweithredoedd na wnewch; canys dywedant ac nis gwnânt.

Ac nad anghofiwn er dim ufuddhau i bob dynol ordinhad oherwydd yr Arglwydd: pa un bynnag ai i'r brenin megis goruchaf; ai i'r llywiawdwyr, megis trwyddo ef wedi eu danfon er dial ar y drwgweithredwyr, a mawl i'r gweithredwyr da.

Diwedd

II.

Ysgrifau

1.

Fy Ewythr Huw Rolant a Modryb Marsli

Ni a gyfarfyddwn â llyfrau mawrion a dysgedig wedi eu cyhoeddi i'r byd yn cynnwys hanesion bywydau a thrybestod brenhinoedd, tywysogion, blaenoriaid byddinoedd, pendefigion, dysgedigion, a llaweroedd gyda hynny o ddynion mwy diles, ond eto a barasant gynnwrf a niwaid nid bychan tra y buant yn chwarae ar lawr y byd; er hynny, yn ôl siamplau ymddygiadau aflonyddwyr o'r fath yma, y cyfarwyddir camrau ac ymddygiadau dynion yn eu meithriniad mabaidd, fal y dilynant lwybrau pobl ddewrion, ymrysongar, ac na oddefant dynnu blew eu haeliau. A dyma yn ddiamau un achos mawr o'r cynyrfiadau, ymrysonau a'r holl aflonyddwch ag sydd beunydd yn trallodi y byd, pryd y mae y diniwaid a'r daionus yn egino, yn blaguro, yn blodeuo, ac yn diflannu, heb neb yn dal y sylw lleiaf ar eu rhinweddol ymddygiadau, ac felly yn mynd ymaith fel tarth y boreu, ac ni wyddir byth eu bod wedi ympirio yn y byd.

Fy Ewythr, Huw Rolant, oedd lafurwr gruddgoch bach; ni ŵyr neb heddiw pwy na pha grefft oedd ei dad, na'i daid. Mae'n debyg mai dilyn yr un galwad yr oeddynt o dad i dad er amser Noe; mae'n gwbl debyg na bu un ohonynt erioed mewn elwig hanfodol yn lwynau brenin nac un pendefig arall, nac yn enwedig yn lwynau milwr rhyfelgar gan nad oedd y wreichionen leiaf o dymherau rhysgar dynion o'r fath yma tu mewn i galon F'ewythr Huw.

Yn ei ieuenctid efe a briodasai Modryb Marsli, ond ni ddigwyddodd dim plant iddynt; mae lle i dybied na feddyliasant erioed am ymgynnig ennill yr un. Ni fedrai F'ewythr Huw na darllen na sgrifennu, ac ni a allwn fod yn sicr na bu yr un o'i rieni mwy nag yntef yn gynysgaeddol o'r ddawn yma; ond yr oedd Modryb Marsli wedi cael dim llai na blwyddyn o ysgol, yn gymaint ag y medrai hi ddarllen y *Common Prayer* yn Saesoneg; ie, a throi i'r mannau y byddai'r offeiriad yn darllen ynddynt yn yr eglwys.

Yr oeddynt yn byw mewn bwth bach ar fin ffordd fawr, a elwid Ty'n

Lôn (yn agos i'r tyddynnod a elwir Bleddyn Cunnog a'r Dafarn Newydd ym mhlwyf Llangristiolus ym Môn), ond wedi byw ohonynt hwy ennyd ynddo fe'i galwyd Tŷ Marsli. Yr oedd yn perthynu i'r caban gryn ddryll o ardd, o gylch hanner erw neu ychwaneg. Yn hwn yr hauai yr hen ŵr gywarch, pytatws, ffa, pys, moron cochion a gwynion, winwyn, rhosau cochion a gwynion, gold Mair, teim, lafant, ac amrywiol eraill o flodau a llysiau ffisigwriaethol, a phump neu chwech o goed afalau, a llawer o goed eirin Mair neu *gooseberries*. Yr holl greaduriaid bywion yn eu meddiant oedd corgi, cath, dwy hwyaid a cheiliog, dwy iâr a cheiliog, a mochyn. Y ci oedd lesol i gyfarth yn y nos, y ceiliog i ganu yn y boreu.

Dyrnu ŷd a fyddai gwaith yr hen ŵr yn y gaeaf, a'i ran o'r ŷd yn y tymor hwnnw a fyddai ddigon i'w cynnal â bara drwy'r flwyddyn, gydag a borthai y mochyn i'w ladd erbyn y gaeaf nesaf. Yn yr haf a'r cynhaeaf y byddai ddigon o lafurwaith i'r hen ŵr. Nyddu, gwau sanau a gwnio a fyddai gorchwyl Modryb Marsli drwy'r flwyddyn, heblaw golchi a phobi iddi ei hun ac i'w gŵr, glanhau'r caban a phorthi y mochyn.

Rhagorol o lân a fyddai y bwth. Yr oedd gan yr hen ŵr fainc wrth yr aelwyd, a chwd hir ac ŷd ynddo wedi ei osod arni ar ba un yr eisteddai ac y gorweddai pan fyddai'n flin. Ei waith gaeaf ef ar ôl gadael yr ysgubor a fyddai pilio cywarch, ei guro, a'i drafelu, a'i gribo i'r hen wraig i'w nyddu, clocsio a choblio, a basgedu ar amserau.

Yr oedd Modryb Marsli yn llysieuwraig hynod. Yr oedd ganddi gyfarwyddyd i wneuthur diod ddail ragorol rhag y cryd cymalau, ennaint rhag y gafod, ac amryw blasterion llesol i ostwng chŵydd ac i dymheru briwiau. Am y cymwynasau yma y byddai'r hen wraig yn derbyn aml gardod o wlân, llaeth ac ymenyn, a rhoddion eraill gan y ffermwyr cymydogol.

Byddai gan Modryb Marsli weddill go helaeth o liain, a gweuoedd gwlân i'w gwerthu bob blwyddyn gydag oedd angenrheidiol i'w dilladu eu hunain a'r dillad gwely. Yr oedd y gwely wedi ei osod wrth y pared dwyreiniol i'r bwth, a ffenestr fechan ynddo drwy ba un y llewyrchai y wawr foreuol ar ôl canu o'r ceiliog. Gan fod y gwely ag erchwyn uchel iddo yr oedd mainc o'r un hyd ag ef wedi ei gosod wrtho, ar ba un y penliniai yr hen ŵr a'r hen wraig i ddywedyd eu pader nos a boreu, ac nid oedd dichon iddynt gael geiriau mwy addas i weddïo ynddynt. Yr oedd y gwely wedi ei gauadlennu â mat Niwbwrch, gwyn a glân, ac astyllen wedi ei gosod uwch y gobenydd ar ba un y gosodid eu crysau glân erbyn y Sul, a'r cynfasau i fod yn barod i'w newid ar y gwely. Hwy a olchant eu traed a'u coesau yn lân bob nos Sadwrn ac a lanhânt eu hesgidiau neu eu clocsiau yn barod erbyn y boreu Sul. Ni arferid mo'r esgidiau ond ar ymbell Sul teg, heblaw Sul y Pasg, y Sulgwyn a phob Sul cymun. Y boreu Sul y darllenai yr hen wraig ei Chymon Prayr yn Saesoneg a'r hen ŵr yn gwrando arni mor astud â phe buasai ef yn deall yr iaith. Ni ffaeliant yn ymweled â'r eglwys blwyfol bob Sul, oddigerth y byddai'r tywydd yn rhy wlawog neu'n rhy demhestlog. Yr hen ŵr a gerddai ymlaen a'i gob o'i gylch, a'r hen wraig a'i mantell drosti a'i llyfr dan ei braich wrth ei sowdl ef.

Eu hymborth haf a fyddai bara ac ymenyn a llaeth, ffa, pys, moron cochion a gwynion, wyau, a brechden, a'r rhain yn newidiol ac yn amrywiol. Eu lluniaeth gaeaf a fyddai pytatws a maip o'r ardd, potes pytatws wedi ei bupuro a winwyn ynddo, potes pys, a thafell o gig y mochyn ynddynt i beri blas peraidd arnynt.

Yr oedd yr hen wraig o dymer ac o ymadrodd mwynaidd, teimladwy ac yn geirio ei meddwl yn llithrig a rhesymol, ond am yr hen ŵr, nid oedd ynddo ef na gwybodaeth na rheswm mwy nag y disgwyliai dyn mewn bachgennyn deg oed, ond yr oedd ef mor ddiniwaid â'r oen, a'r ddau yn gwbl fodlonol o'u cyflwr.

Hwy a fuant byw hyd nad oeddynt o gylch pedwar ugain oed. Efe a fu farw ryw swrn bach o amser o flaen ei wraig, a phan fu hithau farw, ei cheraint a fu gwell erddi oblegid yr oedd hi yn werth swm o arian.

Ac fel hyn y bwriodd F'ewythr Huw Rolant a Modryb Marsli eu bywyd. A fedr y bonedd dybiad a dywedyd fod eu bywoliaeth yn ddedwyddach na'r ddau yma, neu eu bod yn fwy daionus, llesol, ac anhepgorol yn y byd na'r ddau hyn? Maent yn y trefydd mawr yn Lloegr, ie, ac yn y nifer mwyaf o'r mân drefydd hefyd, wedi darparu chwaraedai i ddifyrru pobl segur yn nosweithiau y gaeaf, fel y mae chwaraedai o bob enw cyn amled â'r eglwysydd, a'r gynulleidfa ym mhob un yn llawer mwy lluosog nag yn yr eglwysydd. Mae'n beth cywilyddus na thybiai pobl o'r fath yma am ryw beth i'w difyrru a barai fwy o sirioldeb i'r meddwl drwy fod yn fuddiolach i'w cyd-ddyn nag ymgyfarfod mewn lleoedd o'r fath yma, yn edrych ar ddynion yn gwneuthur ystumiau plentynnaidd, ac yn llefaru geiriau ynfyd, ac arfer enw yr Hollalluog ar oferedd a ffug-chwedl, na fedr calon deimladwy ond arswydo yn eu clywed, rhai eraill yn bwrw oriau mewn tafarndai mewn gwag ymddiddanion ofer o gelwydd, a choeg ddigrifwch, tyngu, rhegu, cablu, ymsennu, a dychwelyd adref yn benboeth, ac yn frwysgawl, ac felly casglu afiechyd a heintiau oddi wrth wres ei gilydd, a'r tân a'r canhwyllau. Mae'n rhaid fod pobl o'r fath yma, ar bob amser yn gwbl anaddas i alw ar Dduw, na gweithredu yn y fath fodd ag a fyddai gytunol â'r galwad Cristianogol. Pa faint mwy diddanol, cymhwysol, iachusol a diniwaid oedd difyrrwch F'ewythr Huw Rolant a Modryb Marsli, a chyda pha fath addasrwydd a chymwys ymarfer y noswyliant? – y galon yn iach, y pen yn rhydd oddi wrth feddwdod, y gydwybod yn esmwyth, a'r holl gorff mewn tymer addas i orffwyso wedi ymddifyrru â'u gorchwylion diwrnodol. Yr oedd y bobl yma yn ddiamau yn gweithredu yn addas i gwrs natur, ac wedi cyflawni galwad dynol, yn gytunol ag ordinhad eu Creawdydd, ac felly yn mwynhau y ffrwyth a darddai yn ganlynol o'r fath ymarfer, sef iechyd corff a thawelwch meddwl. Onid ydyw, gan hynny, pobl o'r fath yma yn fwy addas o ddilyniad, ac o goffadwriaeth, ac o siampl dda i ieuenctid i'w cofio ac i'w dysgu ynddo, na gweithredoedd rhyswyr arswydus, neu wŷr enwog, pa rai nad oedd ganddynt ddim o werth cofio amdanynt ond eu balchder a'u cyfoeth, pa rai sy'n dwyn ar genhedlaeth drallod a distryw?

2.

Hanes Pedwar o Gymydogion

Llawer o sŵn a sôn sydd yn ein gwlad am grefydd, a sectau, a phregethu; rwyf fi yn byw mewn parth wedi fy amgylchu â meddiannau pedwar o gymydogion, sef Syr Morgan Tudur o'r Plas Corniog, Siôn Llewelyn o'r Llwyn Dugoed, Rhys Cadwgan o'r Llechwedd Syfrdan a Gwilym ap Huw o'r Henffordd.

Mae y rhai hyn yn amrywio yn eu defodau a'u crefyddau, ac o'r achos nid oes ond ychydig o gymdeithas rhyngddynt a'i gilydd.

Gŵr bonheddig, fel y gellwch dybiad, yw Syr Morgan Tudur, ac nid oes dim rhagoriaeth rhwng ei grefydd ef a chrefydd gŵr bonheddig arall. Mae ef yn foesol ar ei fwrdd, ni fyn glywed gair o faswedd yn y fan, yn enwedig yng ngŵydd y merched. Mae ef yn bwyta ac yn yfed yn loddestgar, fel pob gŵr bonheddig arall o'i fath; ond ni oddef ef i feddwdod fod ymysg ei deulu; os gwas a dripia i anghymedroldeb yma, diswyddir ef yn ebrwydd.

Yr oedd ef, fel gwŷr mawr eraill, yn lled wyllt yn ei ieuenctid, yn yfed ac yn hoff iawn ganddo y benywiaid; ond heddiw pan y mae ganddo wraig a phlant, ac mewn gwth o oedran, ni fyn ef weled llances drythyll yn agos i'w lys, er bod ei weision yn neilltuol yn eu dilyn, ac yn porthi y cyfryw â'i fwyd ef yn ei ystablau.

Mae ef fel taid Rodri Randwm, a rhyw gas gwreiddiol yn ei galon yn erbyn begeriaid, ni feiddia un ohonynt ddangos ei drwyn drwy yr holl gymydogaeth: mae arnynt gymaint o'i ofn ag y mae yr adar bach yn ofni y barcut. Digwyddodd iddo'n ddiweddar gyfarfod ar y ffordd fawr â rhyw gardotyn tinllwm, a gwraig iddo yn ei ganlyn, pa un a fu mor annedwydd â gofyn elusen iddo er mwyn Duw; efe a alwodd ar nifer ag oedd yn y cae nesaf yn cribinio gwair i gymeryd gafael ynddo, ac a'i cauodd mewn ystabl, ac a ymgynghorodd â dau neu dri o wŷr boneddigion trugarog eraill; a hwy a farnasant mai un o'r rhai a eilw ein cyfraith *Vagabond*, a *Sturdy Beggar* oedd y dyn hwn; hwy gan hynny a orchymynasant ei chwipio drwy'r pentref nesaf, ac a'i gyrasant o gwnstabl i gwnstabl i'w blwyf ei hun. A chwilio am waith yr oedd y truan, gan nad oedd dim gorchwyl i'w gael yn ei gymydogaeth ef; ac nid oedd ef yn chwennych ei fwrw ei hun yn bwys ar y plwyf; ond wedi'r ddamwain yma, bu raid iddo ei daflu ei hun felly neu lewygu o newyn.

Nid allai fod un math o bla yn fwy niweidiol i Syr Morgan Tudur na'r Sul; mae ef bob amser yn haeru, os oes diffyg a gwendid yn ein cyfreithiau, mai y gorchymyn i gadw y seithfed dydd yn ŵyl ydyw y peth mwya afreidiol; nid ydyw, medd ef, ond achlysur i ddiogi (pa un sydd ganddo gas marwol tuag ato) a pheth sydd waeth na hynny, pe bae dichon fod gwaeth medd ef: mae'n rhoi esgus i grwydraid i ymdeithio o amgylch dan enw pregethwyr, pa rai sy'n hudo dynion a allai fod yn llesol iddynt hwy eu hunain ac i eraill pe dilynent waith eu galwedigaeth, yn lle segura a gwario eu harian yn canlyn dynion syfrdanllyd dychymygol a lledfrydus fel y rhai hyn. Yn ganlynol mae Syr Morgan, fel gwŷr boneddigion eraill, yn codi o'i wely'n foreuach ar ddiwsul nag ar un diwrnod arall, yn ystyrio ei weision, ac yn eu hanfon ar negeseuau prysur: yn galw ei ystiward gyda'i gyfrifon i'w gwastadhau, yn talu i'w weithwyr, yn ysgrifennu llythyrau; ac os bydd achos yn y byd myned ar ymdaith oddi cartref, y Sul a fydd y diwrnod i gychwyn: bydd gan hynny yr holl weinidogion ar y ffwdan mwyaf – plygu a datblygu, clymu a datglymu, cyfrwyo, ymfotasu, ymsymbylu, ymgobu, parotoi y cerbydau, tyngu a rhegi, ac ymgwerylu â'i gilydd. Yn fyr, diwrnod yw yn llawn cyffro; pob peth mewn cynnwrf ac anhrefn. Ond er hyn, mae Syr Morgan ar amserau yn dyfod i'r Eglwys, a dyna yr unig ychydigin y bydd yn gwneuthur rhyw ddangosiad o grefydd a gweddi.

Nid oes dim o'r fath ymarfer â gweddïo yn ei dŷ foreu na hwyr, ac er bod ganddo lyfrgell helaeth a chostfawr, mae'n rhaid chwilio yn fanwl cyn cyfarfod â Bibl ym mysg yr holl gasgliad; ac os ceir ef yno, ni arferwyd mono erioed, oddigerth i roi llw i ddyn. Ac os digwydd weithiau fod gan un o'r gweinidogion hen Fibl, rhaid i'r cyfryw un fod yn ofalus rhag ei agor ond mewn congl ddirgel, rhag i Syr Morgan wybod fod yr un o'i deulu yn bwrw amser ar gymaint oferedd â darllen. Nid oes, medd ef, achos i weinidogion a phobl gyffredin ymarfer â darllen – dyna'r achos fod pobl mor ddychymygol a diog, a bod cymaint o ofer sectau. Mae'r fath bobl wedi eu darparu i weithio; ni ddylant gan hynny fwrw mwy o amser yn segur, ond tra byddant yn cysgu yn y nos, neu'n bwyta eu pryd o fwyd.

Ond barned pawb a fynno, nid yw Syr Morgan Tudur mor gwbl ddiles ag y tybia llawer. Mae ef yn swyddog bywiog yn ei wlad, yn ddiwyd yn erlid ac yn cosbi coeg ladron, segurwyr a meddwon; yn diffodd amrafaelion yn y gymydogaeth, ac yn cosbi y gwrthnysig; ac yn bennaf yn gwylltio yr holl fegeriaid o'r fro, fel na chlywir eu drygnad mewn un drws.

Mae llawer un yn waeth meistr tir na Syr Morgan, ond y mae'n rhaid i bawb gnoi ei damaid a thewi. Ni rydd ef lês i undyn ar ei dir; gan, yn ôl ei dyb ef, nid oes dim sydd waeth na rhoi rhyddid i bobl gyffredin; eu cadw mewn braw ac ansicrwydd, a gwialen haearn uwch eu pennau, yw'r ffordd orau i drin y cyffredin yn ôl ei gred ef. Ond eto, gan ei fod yn gosod ei diroedd dan ardreth rhesymol ac ysgafn, mae ei denantiaid ef gan y mwyaf yn gyfoethogion, a'u bara yn lled ddiogel yn eu meddiant os gofalant yn unig am ddal eu tafodau, a bod yn ufudd i Syr Morgan yn ddirwgnach. Ac felly dyma ychydig hanes am ymddygiad a chrefydd Syr Morgan Tudur.

Siôn Llewelyn ar ôl hwn yw'r cymydog nesaf. Ffermwr enwog iawn yw Siôn, ac yn ôl ei grefydd, neu'n hytrach ei sect, yn un o'r rhai a elwir *Dissenters*: mae'r tŷ a alwn ni yr Eglwys, ac a eilw yntef y Llan, mor atgas yn ei olwg, er nad ydyw ond pridd a cherrig a choed, ag yw uffern ei hun; ni fyn ef gymaint â chroesi'r fynwent ar ei ymdaith, os bydd llwybr i'w gael ryw ffordd arall, er y byddo'n filltir o gwmpas. Mae'n edrych ar ei holl gymydogion megis wedi eu creu a'u rhagddarparu i dân uffern, ac nad oes neb i fod yn gadwedig ond y rhai o'i sect ei hun yn unig. Mae ef o dymer ddu ddifrifol heb na gwên na gorawen, na math o dynerwch na mwynder yn ei galon, ac na chymdeithas na masnach rhyngddo ac un o'i gymydogion, ond yn brin, heblaw ei gyd-sectwyr. Mae'n arfer gweddi deuluaidd, fel y'i gelwir, yn ei dŷ foreu a hwyr beunydd. Ond er maint cethindeb a manylwch ei grefydd, ei ocheneidiau a'i riddfanau, mae'n feistr cignoeth ar ei wraig a'i deulu; yn ystyriwr boreuol ar ei weinidogion; ac ar nosweithiau lloergan, yn enwedig yn y cynhaeaf, mae yn eu dal yn y maes ar eu gwaith hyd lawer o nos. Rhyw lanc gwamal yn ei wasanaeth a alwodd y lleuad 'haul Siôn Llewelyn'; a dyna fel yr enwir y planed hwnnw gan bawb drwy'r gymydogaeth. Ni wna ef na ched nac ymwared i undyn er maint a fyddo yr angen a'r achos, gydag ychydig i ymbell un o'i gyd-sectwyr. Mae ef yn ei fasnach a'i farchnadaeth yn galed ac yn ddichellgar, – braidd y dianc un wrth brynu ganddo rhag cael ei dwyllo: digwyddodd fod ganddo yn ddiweddar fuwch yn fyswynog, ac felly yn anfarchnadol; efe a gymerodd loi o'r beudy, ac a alwodd ar y wraig. 'Sioned,' eb ef, 'a roi di y lloi yma i'r fuwch yma?' 'Rhof,' eb hithau. 'Wrth hynny,' eb yntef, 'lloi y fuwch yma ydyw?' 'Ie,' eb hithau. Efe a yrrodd y fuwch a'r lloi i'r ffair ac a'i gwerthodd megis buwch a'i llo dani.

Er hyn, megis ag y crybwyllwyd o'r blaen, arfer y dyn hwn yw gweddïo, a darllen, ac yn ddyfal iawn yn dilyn defodau ei sect, yn gwrando pregethau, yn canu salmau a hymnau, yn ddifrifol yn ei ymarweddiad, a phob amser yn ocheneidio ac yn griddfanu ynddo ei hun, ac o ymddygiad drist alarus.

Efe a ddigiodd yn aruthr wrth ei ddau fab am iddynt briodi merched pa rai oeddynt aelodau o Eglwys Loegr, ac ni fedrasant byth gael ei gymod: mae'n ysbys i'w gyfrinachwyr ei fod yn ei ewyllys wedi cyfrannu ei dda byd rhwng nifer o'i gymdeithion, ac i gynorthwyo pregethwyr ei sect a ddelo o gylch ar ddamwain. A dyna fuchedd a chrefydd y dyn hwn. A ydyw crefydd o'r fath yma yn gytunol â'r rheol euraid a draddododd awdur y grefydd Gristionogol i ni brofi ein buchedd wrthi?

Y trydydd cymydog yw Rhys Cadwgan o'r Llechwedd Syfrdan. Mae hwn mewn meddiant o fferm lled helaeth; a chrefyddwr mawr iawn ydyw, yn dilyn y bobl a elwir Methodistiaid. Anfynych y bydd gyda'i deulu gartref, ond ar ymdaith drwy Wynedd a Deheubarth yn pregethu, ac yn gwrando pregethau: ond pan ddelo ar ddamwain adref, efe a ddaw â swm taclus o arian gydag ef: a hyn sydd yn gynorthwyol iawn iddo tuag at dalu i weinidogion a threthi ac ardreth. Tra y byddo gartref efe a fydd yn ddiwyd iawn yn darllen y Bibl, gweddïo, canu salmau a hymnau: ond pan elo ar ei ymdaith braidd y dywed yr un o'i deulu na phader na chredo, chwedl yr hen wraig, hyd oni ddychwelo yn ôl adref. Gan fod gŵr y tŷ fel hyn ar ymdaith oddi wrth ei deulu, gellir tybiad pa fath drefn a fydd gartref: mae'r tŷ annedd a'r adeiladau eraill â'u nennau'n dyllog; y ffenestri yn gandryll; y plant yn draed noethion, eu dillad yn garpiau; y wraig yn llom, llydlyd a digalon, yn magu rhai bach, ac yn gweithio'n galed, yn darparu ymborth iddynt hwy ac i'r lleill o'r teulu. Y gweinidogion yn cysgu tan gloddiau, yr anifeiliaid yn yr ŷd a'r gwairdiroedd. A dyma grefydd ac ymarfer y dyn yma.

Nid yw Gwilym ap Huw o'r Henffordd yn ei broffesu ei hun yn aelod o sect yn y byd: pan ofynner iddo, pa'r un ai Calfiniad ai Arminiad yw, 'Nis gwn i,' medd yntef, 'ddim am Calfin ac Armin. Mae fy nghrefydd i yn fy Meibl ac yn fy mynwes.' Er hynny mae ef bob boreu Sul yn arferu myned i'r eglwys, neu'r llan, fel y geilw sectwyr y tŷ gweddi perthynol i'r plwyf. Bob boreu, wedi iddo wisgo amdano, efe a weddïa yn ddwys wrth erchwyn ei wely: felly y gwna ei wraig; ac y mae ef wedi dysgu ei blant i arferu hynny hefyd, ac y maent yn dilyn yr un ymarfer wrth fyned i'w gwelyâu. Cyn profi tamaid o fwyd, efe a ddeisyf fendith Dduw arno; ac wedi darfod bwyta efe a ddiylch drosto ei hun a'i deulu amdano. Bob boreu Sul efe a dderllyn y Bibl i'w deulu, ac a gyfyd allan o'r bennod a ddarlleno, mewn ychydig eiriau, ryw athrawiaeth foesawl i'w dysgu oddi wrthi. Mae'n hoff ganddo fwrw'r Sul yn wastadol, yn darllen y Bibl a llyfrau crefydddol eraill yn fyfyriol, ac heb esgeuluso gweddïo.

Mae o dymer lawen a chellweirgar, ond ni chlywn o'i enau ef, na'i deulu, na llw na rheg, na chabledd na chelwydd; ac ni fyn ef er dim glywed enw Duw yn cael ei arfer ar oferedd.

Mae ef yn dosturiol, ac yn elusengar hynod hyd eithaf ei allu, lle y byddo dlodi a chlefydon, ac hefyd mewn moddion i fod yn gynorthwyol, gan fod yn ei ddaliad fferm gwmpasog, ac yntef yn ei hwsmonaethu'n dda ragorol.

Mae ef yn hynod o deg yn ei fasnach a'i farchnadon. Os gellir dywedyd ei fod yn casáu math yn y byd o ddyn, y dyn twyllodrus yw hwnnw.

Mae'n dra chymwynasgar yn ei gymydogaeth am echwyn a benthyg, yn gynorthwyol i'r anallu, a fyddo ar ôl yn ei lafur a'i gynhaeaf, ac yn gynghorus yn achosion cyffredin ei blwyf, yn groesawus iawn yn ei dŷ: i fyrhau, mae'n gyfryw ag y bydd colled nid bechan amdano pe byddai iddo symud ei sefyllfa neu farw.

Mae y rhan fwyaf, os nid oll, gyda ni heddiw yng Ngwynedd yn ddisgyblion i'r naill neu'r llall o'r pedwardyn hyn. Mae y goreuon oll, fel y gallwn dybiad, yn ddilynwyr i Syr Morgan Tudur, ac angenrheidiol iawn ydyw bod y fath bobl yn ein gwlad, i feistrioli ac i roddi y gyfraith mewn grym; yn niffyg hynny ni byddai diogelwch i neb ym meddiant ei wir eiddo ei hun, ac ni byddai ein bywydau ond ar sefyllfa beryglus; gan hynny mae ymddygiad Syr Morgan Tudur a'i ddilynwyr yn anhepgorol. Am eu crefydd, nid nyni sydd i farnu hynny; peth ydyw rhyngddynt hwy eu hunain a Duw, ac efe a dâl iddynt yn gyfiawn ac addas, am arfer y dalant a roddas ef yn eu dwylaw, i'r diben daionus yr amcanodd ef.

Mae Siôn Llewelyn a'i ddisgyblion yn tybiad eu bod ar yr iawn lwybr, ac yn myned ar lawn dith i'r nef, yng ngŵydd eu holl gymydogion, tra y maent hwythau yn llygadrythu ar wagedd ac heb eu canfod hwy yn eu hymdaith. Ni a welwn yn eglur er hynny eu buchedd a'u hymarweddiad. A ydynt hwy, yn yr ymddygiad hwn a adroddir amdanynt, yn gymwynasgar ac yn anhepgorol yn eu cenhedlaeth? Ydynt hwy, meddaf, yn y dull yma yn addas aelodau o gymdeithas ddynol? Pe byddai i ryw ddistryw eu hysgubo hwynt oll ymaith, a fyddai colled i neb o'u cyd-ddynion amdanynt? Mi a dybiwn fod yn eglur, pe tybiant fel y Pab fod ganddynt awdurdod i roddi y nef neu uffern i'r rhai a ddewisant, y bwriant holl ddynol ryw i'r diweddaf, ac y cadwant y nef i'w brodoriaeth eu hunain yn unig. Gan hynny ni fedraf fi ganfod gyda pha wyneb yr haera y rhai hyn fod ysbryd Crist yn preswylio yn eu calonnau. Ac felly, pa beth ydynt, ond sothach ac efrau, a chymylau diddwfr, a chwbl ddiles yn y byd – heblaw eu bod, ond odid, yn achos ac megis swmbwl i'r hwn ag sydd yn gwyllysio addasu ei ffordd tua dedwyddwch nefol, i ymholi yn fanylach ynghylch y wir ffordd, pa'r un ai ef ai hwynt-hwy sydd yn ei gwir droedio?

Mae disgyblion Rhys Cadwgan yn afrifed iawn, ac yn gwneuthur trwst mawr ym Mhrydain a rhai mannau eraill; ond y mae'n gwestiwn pa'r un ai eu bod yn achos i beri anrhydedd a pharch i'r broffes Gristionogol, ynteu ei difrïo y maent: mae tyb y rhan resymol yn ein mysg, eu bod yn achos o ddiystyrwch iddi, ac yn blaenllymu coeg dyb y digred a'r ehud yn ei herbyn, ac felly yn achlysur i elynion yr Arglwydd i gablu; gan fod y fath nifer o ddynion syml anwybodol ac annysgedig yn myned oddi amgylch i hudo y gwerinos er mwyn budd i'w cynnal i fyw mewn seguryd, a chael eu cyfrif ganddynt yn fath o apostolion wedi eu cynysgaeddu â doniau nefolaidd; pryd y mae'n eglur nad ydyw eu cabolfa ond anghywraint, ac anghyson mewn iaith ac athrawiaeth.

Pe buasai Rhys Cadwgan, yn lle myned ar ddigrain oddi wrth ei achosion cartrefol a'i deulu, yn cyflawni ei ddyletswydd gartref, yn meithrin ac yn sirioli y rhai a osodasai rhagluniaeth dan ei nodded a'i ofal, gydag ymborth a dillad gweddus, ac ysgafnhau y mawrbwys ar ei wraig, ac yn eu dysgu ym mhynciau crefydd Crist, mae'n eglur i mi y buasai yn cyflawni ei ddyletswydd pa un a osodwyd arno yn fwy addas i'r diben yr amcanwyd hi gan Dduw.

Am Gwilym ap Huw o'r Henffordd, ni bu ei ddisgyblion ef ym mhob amser ond ychydig bach o nifer, eto mi a adnabûm rai ohonynt. Rhoed sectwr at ei gydwybod, pa beth sy'n eisiau ar Gwilym ap Huw i'w wneuthur yn fwy addas i'r alwedigaeth Gristionogol? Efe a etyb ond odid y dylasai ddangos rhyw eglurach arwydd o'i ffydd yng Nghrist, a'i gyplysu ei hun â rhyw sect, egwyddorion pa un a fyddai yn amlwg i'r byd. On'd ydyw'n eglur ei fod yn cyfaddef fod ei grefydd ef yn ei Feibl, a pha grefydd a welir yno, ond yr un sydd wedi ei sylfaenu ar gariad tuag at Dduw a dyn? Onid yw ei weddïau yn arwydd sicr o'i ffydd? Nid oes neb yn gweddïo heb fod ynddo ffydd, a gobaith y derbyn yr hyn y mae yn ei weddïo amdano. Gan hynny, i'm tyb i, mae Gwilym ap Huw yn dilyn, ac yn wir aelod o'r grefydd a osodir allan yn y Testament Newydd, ac nad ydyw un sect yn y byd Cristionogol yn dangos tebycach arwydd ei bod yn nes i'r nod na Gwilym ap Huw.

Gan hynny, pe cysgai Siôn Llewelyn a Rhys Cadwgan a'u holl ddisgyblion yn eu gwelyâu, a gadael i Syr Morgan Tudur a Gwilym ap Huw drefnu achosion y byd, ni byddai byth achos fod y fath aflonyddwch, ymryson a thywallt gwaed ag a fu ynddo drwy gydol yr oesoedd oblegid madrondod sectwyr o'r nod yma.

3.

Stori Dylwyth Teg o Fôn

Ers rhyw swm o flynyddoedd a aeth heibio, dau gymydog oeddynt yn cydfarchogaeth adref yn hwyr o farchnad Llannerch-y-medd ym Môn, ac a ddaethant dan gydymddiddan hyd at y ffrwd a elwir Rhyd Lasgrug ym mhlwyf Amlwch, ym mha le y safodd eu ceffylau i yfed: ac un cymydog a gychwynnodd ymlaen ac a adawodd y llall yn y ffrwd i ddigoni ei geffyl â dwfr. Ond wedi iddo fyned ennyd o ffordd, ac yn disgwyl y llall i'w orfyddyd, dyna'n ddiatreg geffyl ei gydymaith yn rhedeg yn ffromwyllt heibio iddo, heb ei farchogwr ar ei gefn. Efe a droes yn sydyn yn ei ôl, dan dybio i'r ceffyl daflu ei feistr; ond er iddo hir chwilio amdano, a gweiddi arno, a chodi i fyny'r cymydogion, nid oedd lef na neb yn ateb. Ac felly efe a aeth ei hunan yn ddychrynllyd tuag adref, gan ryfeddu a myfyrio pa beth yn enw Duw a ddaethai o'i gymydog.

Trannoeth y bore pobl lawer a ymgynullasant, ac a chwiliasant yn fanwl bob ffrwd a phwll a llwyn, ond er hynny'n ofer. Ymhen diwrnod neu ddau, dyma'r gair drwy'r gymydogaeth mai ei gymydog a'i lladdasai ef, ac a'i claddasai, a dyfeisio'r gwag chwedl yma mai ei golli a wnaethai i'w esgusodi ei hun. Felly gwraig y gŵr a hyfforddiwyd i fynnu ei ddwyn ef ger bron swyddog i'w holi. A'r cymydog a glywodd hyn ac a gythryblwyd yn fawr yn ei feddyliau; ac efe a aeth o'i dŷ yn synfyfyriol i goedwig a oedd gerllaw, ym mha le y gweddïodd ar Dduw yn ddygn ddigon, am egluro'r gwirionedd, ac na oddefai pobl iddo gael anair a chosb cyfraith ac yntaf yn gwbl wirion o'r peth y cyhuddid ef o'i blegid. Ym mhen ychydig efe a welai'n cyrchu tuag ato hen ŵr ag edrychiad parchedig arno, ei farf yn llaes, a hi, ynghyd â'i wallt, cyn wynned â'r eira. Efe a graffodd arno gyda rhyfeddod a braw; a'r hen ŵr a'i cyfarchodd ef yn foesgar a llariaidd ac a ofynnodd iddo paham yr oedd ef yn edrych mor drist a chythryblus. Efe a fynegodd iddo ei holl helynt. A'r hen ŵr a'i cynghorodd i beidio ag ofni. 'Mae eich cymydog,' ebe ef, 'yn fyw ac yn iach lawen. Ewch nos Iau nesaf ynghlych 12 o'r gloch y nos, i ben Gorsedd Lasgrug, a chwi a gewch weled yno blasdy. Curwch yn y drws, a phan agorer ichwi, ewch i mewn yn hyf heb ofni dim, ac ymysg llawer eraill chwi a gewch weled eich cymydog. A phan gyntaf y caffoch olwg arno, daliwch ef ac na adewch iddo fyned yn rhydd o'ch breichiau er dim; a chwi a'i dygwch ef adref. Ac yn ebrwydd yr hen ŵr a ddiflannodd o'i olwg ef.

A phan ddaeth nos Iau, efe a aeth, yn ôl cyfarwyddyd yr hen ŵr, i ben yr orsedd, ac fe a welai yno blasdy teg yn ffenestri a goleuni, a sŵn cerddoriaeth a dawnsio. Efe a nesaodd at y drws, pa un oedd â dwrn pres mawr arno, ac a gurodd. Yn ebrwydd dyma lances ieuanc deg o'r olwg yn agor iddo, ac yn ei wahodd yn groesawus i gerdded i mewn, a hi a'i cyfarwyddodd ef i neuadd eang a harddwych, yn y naill ben i ba un yr oedd yn dderchafedig uwch eraill rai'n chwarae ag amryw offerynnau cerdd, yn dra pheraidd a soniarus, megis telynau, cyrn, pibau, ac amrywiol chwibianoglau, na welsai o'r blaen erioed eu cyffelyb, o ddull a phereidd-dra, peroriaeth a chysondeb; a'r llawr yn llawn o ieuenctid llygad-lawen, o'r fath degwch a harddwch na welsai ef erioed eu cyffelyb ym mysg dynol ryw yn troedio'r ddaear, wedi eu dilladu oll yn harddwych odidog: eu gwallt yn disgyn yn grych ar eu hysgwyddau, yn felyn fel edafedd aur: ac ar eu pennau'n blethedig bob math o flodau, pa rai oedd yn perarogli yr holl dŷ. Yr oeddynt yn dawnsio i lais y miwsig mor ebrwydd, ac mor gyfrdro, fel nad oeddynt yn colli lled blewyn, ac mor ysgafn fal braidd y plygai'r cawn dan eu traed. Ym mhen ennyd dyma gloch yn canu i arwyddo fod swper yn barod; a hwy a aethant i gyd allan o'r ystafell fiwsig i ystafell arall helaeth a harddwych iawn dros ben, ym mha un yr oedd byrddau wedi eu tannu â llieiniau gwynion, ac yn osodedig arnynt bob math o seigiau a danteithfwyd. Y gŵr a gafodd gip olwg ar ei gymydog ddwywaith neu dair, ond ni ynganodd ef air wrtho gan faint ei brysurdeb a'i lawenydd, ac ni chawsai'r gŵr eto gymaint cyfleustra â chael gafael arno. Ond ym mhen ychydig dyma ef yn dyfod heibio iddo a dysgl fawr rhwng ei ddwylo yn llawn o ffrwythau haf, ac wrth geisio ei gosod ar y bwrdd, y gŵr a'i daliodd ef gerfydd ei ganol gyda'i holl nerth, ac wrth ymryson ohonynt y tŷ a'r holl gwmpeini a ddiflannodd, fal na adawyd yno ddim ond y ddau yn ymdrechu â'i gilydd, a'r ddysgl eto'n llaw y gŵr a gollasid, felly hwy a aethant eill dau adref, a'r ddysgl ystaen a gadwyd, ac a ddangoswyd dros hir o amser yn dystiolaeth o'r ddamwain yma.

4.

Hynod Weledigaeth Gŵr Bonheddig o Ffrainc

Sefyll yr oeddwn wrthyf fy hun ar ben bryn, uchben carnedd anferth, ac anialwch o'r dyrysaf yn gorchuddio'r fan, lle y buasai unwaith yn sefyll un o'r dinasoedd mwyaf ar wyneb y ddaear. A'r olwg a barodd i mi synfyfyrio ar liaws o bethau perthynol i'r byd gwag presennol, a chyfnewidioldeb pob peth dan haul. Ac wedi gorwedd i lawr i orffwys (gan nad oedd dim i'm rhwystro), dilynais fy myfyrdodau, nes dyfod cwsg yn ddiarwybod i gloi fy synhwyrau, a mi a freuddwydiais fel y canlyn.

Gŵr ieuanc a safai (debygswn) yn fy ymyl, o'r glanaf a welais erioed; ac mi a gasglais yn uniongyrch, mai rhaid mai angel ydoedd ac nid dyn. A chyn i mi gael cyfle i ymholi dim ag ef, efe a'm cipiodd i fyny yn uchel i'r awyr, nes bod amrywiol deyrnasoedd y ddaear yn isel oddi tanom. Oddi yno canfûm, ymhlith eraill, fy ngwlad annwyl fy hun; a rhyfedd fu gennyf weled rhyw gyffro anghyffredin ymhlith yr holl drigolion, a phawb yn ymgyrch am y cyntaf i'r lle mwyaf cyhoeddus, nes bod yno dyrfa afrifed o bobl. Ac er cuwch yr oeddwn wrth eu pennau, yr oedd sŵn eu lleferydd yn cyrraedd yn amlwg hyd ataf, ac yr oeddwn yn abl amgyffred amryw o ymadroddion a lafarid ganddynt yn dra eglur. Megis y rhai a ganlyn: 'Ni allwn ni ddim goddef pethau yn hwy fel ag y maent. Yr ydym yn byw mewn gwlad dda a ffrwythlon, ac eto y mae'r bara mor brin, a phob rhyw ymborth mor ddrud, fel ag yr ydym bron newynu. Y mae'r llafurwr mor ddi-arian, a phob gwaith a masnach nor farwaidd fel ag yr ydym yn methu cael lle i ennill ein bywioliaeth. Y mae ein trethi yn aneirif, ac ymron yn annioddefol, ac eto y mae cri am ychwaneg o arian. Y mae gennym fyddinoedd lliosog o filwyr trwy'r deyrnas, ac eto nid yw ein personau na'n meddiannau ddim mewn diogelwch. A pha beth all fod yr achos o'r holl anhrefn a'r annedwyddwch yma?'

Dyma'r fath oedd yr achwynion a glywn yn ddi-baid; nes i ryw un sefyll i fyny yng nghanol y dyrfa, a chynghori i bawb oll ymrannu yn *ddwy blaid* wahanol. Yr oedd un blaid i gael ei gwneuthur i fyny o *lafurwyr, crefftwyr*, a phawb ag oedd trwy ryw oruchwylion neu'i gilydd yn *wasanaethgar* i'r wladwriaeth. Ar y rhain, yn wir, nid oedd ond agwedd dlawd, a'u crwyn wedi melynu a garwino gan wres yr haul a phob rhyw dywydd garw, yn druain yr olwg o achos caledwaith a thlodi, a'u dillad mor garpiog fel mai braidd yr oeddynt yn cuddio eu noethni. A thyma'r blaid amlaf o lawer. Yn wir nid oedd dim cydmariaeth o ran rhifedi rhyngthi a'r blaid arall. Honno a wnaed i fyny o *dduciaid* ac *arglwyddi*, *esgobion* ac *offeiriaid* o uchel radd, a *swyddogion* ac *uchelwyr* o amrywiol fath. A'r rhai hyn oeddynt yn disgleirio mewn pob math o wisgiadau hardd a chostfawr, yn gyflawn eu gwedd, fel rhai fai'n cymeryd *byd da yn helaethwych beunydd*, heb ond ychydig i'w wneuthur, na nemor i'w blino.

Wedi i'r ddwy blaid yma sefyll ennyd yng nghyfer ei gilydd, mi a welwn yr un amlaf yn cael ei chyffroi'n ddirfawr gan anfoddlonrwydd, llid, a chynddeiriogrwydd; a hynny a barodd i'r blaid arall ddangos pob argoelion arswyd ac ofn. Yna, ebe'r blaid liosog wrth y llall: 'Paham yr ydych chwi yn cadw o'r neilltu oddi wrthym ni? Onid yr un peth ŷch chwi a ninnau?' 'Nage ddim,' ebe'r blaid fonheddig. 'Y *bobl* ŷch chwi, eithr *gwŷr mawr* ydym ni, o rywogaeth a graddau llawer uwch na chwi; ac y mae i ni gyfreithiau, a defodau, a breintiau priodol i ni'n hunain.' 'Ond pa wasanaeth a wnewch yn ein plith ni?' ebe'r bobl. 'Dim, dim,' ebe'r boneddigion, 'ni wnaethpwyd mohonom ni i wasanaethu.' 'Pa fodd ynteu,' ebe'r bobl, 'y daethoch chwi i berchen cymaint o feddiannau?' Atebasant: 'Wrth eich llywodraethu chwi.' 'Ein *llywodraethu* ni!' ebe'r bobl. 'Beth all fod eich meddwl wrth hynny? Yr ŷm ni'n gweithio ac yn chwysu, ac yr ŷch chwithau yn mwynhau ffrwyth ein llafur; yr ŷm ni'n casglu, ac yr ŷch chwithau yn gwasgaru. Atolwg, gan nad ŷch chwi o'r bobl, sefwch ar eich pennau'ch hunain, os gwelwch fod yn dda; cedwch mwyach ar y neilldu, a llywodraethwch eich *hunain* yn ein lle *ni*.'

Erbyn hyn mi a welwn y dyrfa leiaf, sef y gwŷr mawr, yn dodi eu pennau ynghyd i ymgynghori â'i gilydd pa beth i'w wneuthur; ac ebe rhai ohonynt, oedd gallach na'r lleill: 'Gwell i ni eto ymgysylltu â'r bobl, ac uno gyda hwynt i ddwyn yr un beichiau, a chyflawni'r un gorchwylion; oblegid dynion ydynt hwy, a dynion ydym ninnau.' 'Na well, na well,' ebe'r lleill. 'Peth rhy wael a gwaradwyddus o lawer fyddai fe ynom ni i ymgymysgu â'r werinos. At weithio a gwasanaethu yr amcanwyd hwynt; ond yr ydym ni yn rhywogaeth wahanol.'

Yna daeth *swyddogion* y *wladwriaeth* ymlaen, a dywedasant: 'Gadewch rhyngom ni a'r bobl; ond cymeryd ffordd iawn gyda hwynt, y maent yn ddof eu gwala, wedi cynefino â'r iau, ac arfer gwasanaethu. Ni a fygythiwn y *brenin* a'r *gyfraith* arnynt, ac yno fe geir gweled pob un yn dychwelyd eto i'w le, ac at ei waith.' 'Bobl, ewch adref at eich gorchwylion, y mae'r *brenin* yn gorchymyn i chwi.' Hwythau yn un llais a atebasant: 'Ni ddylai'r brenin orchymyn dim ond a fai'n tueddu er daioni i'w bobl; ac ni faidd ef orchymyn dim ond a fyddo'n gytûn â'r gyfraith. A pha beth yw'r gyfraith ond *ewyllys y bobl* yn gyffredin; a hyn yw ein hewyllys ni, sef cael *trefn newydd* ar bethau.'

'Y mae'r brenin o'n hochr ni,' ebe'r swyddogion, 'ac y mae efe'n gorchymyn i chwi i ymostwng.' Ond fe atebai'r bobl: 'Y mae'r swydd frenhinol yn cael ei dechreuad oddi wrthym *ni*, y rhai a ddetholwn un o'n plith ein hunain i gyflawni y swydd honno, er mwyn y daioni cyffredin. Y mae cysylltiad diwahân, gan hynny, rhwng brenhinoedd a'u pobl, ac nid oes un brenin doeth a da a wna ddim a fo'n groes i fantais ei bobl.'

Erbyn hyn gwelwn *swyddogion* y *filwriaeth* yn ymddangos, gyda'u gerwindeb cynefinol, a chlywn hwy'n dywedyd: 'Gadewch y mater i ni; ni rhaid i ni ond bygwth y bobl, a chwi a gewch eu gweled yn llonydd eu gwala. Deuwch, filwyr, at eich arfau, a cheryddwch y sothach pobl anfoesgar yma.' Ond ebe'r bobl wrth y milwyr: 'Ystyriwch pwy ydym. Onid ydych chwi a ninnau o'r un gwaed? Ac a darewch chwi eich *brodyr*? Os distrywir y bobl, o ba le y cewch chwi fara? Erbyn bod y geiriau o'u genau, dyna'r milwyr yn taflu i lawr eu harfau, gan ddywedyd wrth eu penaethiaid: 'na ato Duw i ni gyffwrdd â'r bobl: *rhai o'r bobl ydym ninnau*, a gelynion pob gorthrymder.'

Yna, ebe'r *llywodraethwyr eglwysig*, wedi gweled aflwyddiant anhapus yr holl fesuron blaenorol: 'Gadewch i ni wneuthur cynnig. Nid yw'r bobl (diolch da i ni!) ddim heb ryw fesur o goel-grefydd. Rhaid i ni geisio eu brawychu â geiriau ynghylch Duw a phethau crefyddol.' Yna y dechreuasant araith fel y canlyn: 'Annwyl garedig frodyr! Blant annwyl a hoff! Ewyllys ac apwyntiad Duw yw i chwi wasanaethu a dwyn yr iau, ac ymostwng i bob ordinhad.' 'Ie, ie,' ebe'r bobl, 'dangoswch i ni eich dwyfol awdurdod.' 'Rhaid bod gennych *ffydd*,' ebe'r offeiriaid, 'ni wna rheswm ond eich arwain ar gyfeiliorn.' 'Beth,' ebe'r bobl, 'a ydych chwi, wŷr da, yn llywodraethu heb reswm?' 'Y mae Duw yn gorchymyn *heddwch*,' ebe'r offeiriaid, 'y mae crefydd yn gofyn ufudd-dod!' 'Gwir,' ebe'r bobl, 'ond rhaid bod *cyfiawnder* yn *sylfaen* i heddwch; ac fe ddylai pawb wybod a deall y gyfraith ag y bônt i ufuddhau iddi.' Ebe'r offeiriaid: '*Dyn a aned i flinder*, ac a amcanwyd i ddioddef adfyd.' 'Os felly,' ebe'r bobl, 'dangoswch chwi'r ffordd i ni; rhoddwch chwi siampl o'n blaen ni.' 'A ellwch chwi,' ebe'r offeiriaid, 'fyw heb *flaenoriaid*?' 'Gallwn,' ebe'r bobl, 'fyw heb orthrymwyr a thwyllwyr; heb na gwŷr llys na gwŷr llên:

y mae gwasanaeth y cyfryw (pe haeddai'r enw), yn costi llawer mwy nag a dalo. Ni a drafodwn ein hachosion ein hunain o hyn i maes – ac yn ddigon da heb eich help chwi.'

'Yna,' ebe'r blaid leiaf, mewn dygn anobaith, 'darfu amdanom! Y mae'r lliaws wedi agor eu llygaid!' 'Nage,' ebe'r bobl, 'yr ydych yn camsynied. Os mynnwch, fe'ch achubwyd. Gwir yw, fod y gallu gennym ni; ond gan ein bod wedi ein goleuo, ni chamarferwn ni ddim mohono. Nid ŷm ni'n ceisio dim ond ein breintiau. Ni a ddioddefasom lawer oddi ar eich dwylo chwi; yr ydym yn maddau'r cwbl. Dros *rydd-did* yr ydym yn cyd-sefyll, ac ni a'i *mynnwn*.'

A'r geiriau yma a lefarwyd cuwch (debygswn) nes crynu o'r awyr hyd entrych y nefoedd; ac ar hynny dihunais; ac wele, nid oedd y cwbl ond breuddwyd.

5.

Y Misoedd

Ionawr

Sydd fel baban ar arffed, heb na gwres na nerth, na moddion i sirioli nac i gynnal y creadur: mae ei gynyddiad ef yn egwan ac yn ymarhous, ac heb fod yn ddigon i gysuro neb: ymborth y flwyddyn o'r blaen a ddirprwyir yn gynhaliaeth. Gelyn marwol y tlawd a'r anghenus yw, mae ef megis yn dywedyd, os oes gennyt, cymer a mwynha, ac os nad oes, llewyga a bydd farw, nid oes gennyf fi i'w hepgor. Cofia fel y daeth y ceiliog rhedyn yn fy amser i, at nyth y morgrugyn i ddeisyf ymborth rhag marw o newyn; y morgrugyn a ofynnodd iddo pa orchwyl y bu ef yn ei gylch yn yr haf pan nad oedd ganddo ddim yn y gaeaf i'w ddiwallu. 'Canu,' eb yntef, 'a fu fy ngwaith.' 'Does dithau,' eb y morgrugyn, 'a dawnsia yn y gaeaf,' ac felly ef a gauodd ddrws ei ystordy yn ei erbyn. Gwers i ddyn i ymorol am gynhaliaeth yn nyddiau ei nerth cyn dyfod henaint, penllwydni a gwendid. Medd Aneurin Gwawdrydd am y mis hwn:

Mis Ionawr myglyd dyffryn,
Blin trulliad, treiglad clerddyn,
Cul brân, anaml llais gwenyn;
Gwag buches, diwres odyn;
Gwael gŵr anwiw ei ofyn
Gwae a garo ei dri gelyn!
Gwir a ddywed Cynfelyn,
Gorau cannwyll pwyll i ddyn.

Er bod natur yn farwol yn y mis hwn, eto yr hwsmon a'r garddwr sydd yn llawn ffwdan. Braenaru tir, cludo gwrtaith, ysgythru gwrychod, cau bylchau, dyrnu ŷd, porthi yr anifeiliaid, fydd gwaith pennaf y cyntaf. Y garddwr yntef a fydd diwyd, yn cuddio gwraidd coed ieuanc; tocio brigau mangoed; plannu corddrain, a chrafu mwsogl oddi ar goed ffrwythydd; hau mân hadau. Hau rhai pys a ffa a darparu a ffaethu tir erbyn y gwanwyn os na bydd rhew yn atal.

Na ollynger gwaed, ac na chymerer ffisigwriaeth oni bydd achos mawr yn peri. Bwyta'n fynych sydd dda, ond gochel bwyd hallt os gellir, ac ymgadw rhag cysgu llawer.

Chwefror

Nid yw y plentyn gwan yn cynyddu ond yn brin, mae megis yn agor ei lygaid i edrych ar y gannwyll, ond nid yw'r ymyrraeth a'r gallu ond prin iawn yn cynyddu, na'r twf ond braidd yn weledig. Cynhesrwydd tân a gwely sy'n gwbl angenrheidiol ynghyd â bwyd a diod gynnes. Gocheler ffisigwriaeth, ond yn gynnil, na gollwng gwaed heb achos mawr. Gwisgo dillad sychion ac ymgadw rhag annwyd gyda mawr ofal sy'n gwbl angenrheidiol yn y mis hwn fel yn y rhai o'i flaen ac o'i ôl.

Lle y bo y tir yn sych ac mewn tymer gwrteithiaidd, addas a fyddai hau ceirch yn y cyfryw, tua diwedd y mis hwn, a had gwair a'i rolio yn dda; pa'r un bynnag ai gwlyb ai sych y digwydd i'r haf fod, yr hadau a hauer fel hyn yn gynnar a wreiddiant fal na niweidir hwynt gan yr hin.

Symud a datblannu coed ieuanc a wna y garddwr, a hau ffa, pys, moron cochion, a gwynion y tro cyntaf, golaeth, berw Ffreinig, rhuddugl, ac yn enwedig winwyn, a phob dail addas i'w bwyta gyda chig neu frechdan, plannu helyg a phob math o brysgwydd; palu talarau, a gwrteithio o gylch gwraidd mangoed eirin mair (*gooseberries*), rhosynnau &c., a'u blaendorri neu eu tocio fel y dycant fwy o ffrwyth. Os y mis hwn a fydd tyner, yr adar a gân, ond mynych y gorfydd arnynt dewi yn lled fuan.

Aneurin a ddywed am y mis hwn:

Mis Chwefror anaml ancwyn;
Llafurus pâl ac olwyn;
Gnawd gwaeth, o fynych gyswyn;
Gwae heb raid a wnêl achwyn!
Tri pheth a dry ddrwg wenwyn,
Cyngor gwraig, murn, a chynllwyn:
Pen ci, ar fore gwanwyn;
Gwae a laddodd ei forwyn!

Mawrth

I ddilyn cyffelybiaeth antur dyn i fisoedd y flwyddyn, dyma'r plentyn yn dechrau craffu ar y golygiadau o'i gwmpas, yn adnabod ei fam a'i dad, ond fyth yn wan heb gymorth arall, ac yn oer heb wres gwneuthurol oddi wrth wlanenni, yn ddillad clyd, esmwyth a sych. Mae'n gofyn bwyd yn fynych: ac nid anaddas, meddynt, a fyddai ei ddiddyfnu o'r fron, megis ag y caeer allan y tir i dyfu.

Amser addas iawn i lafurio ac i fod yn ystyriol, a gochel oeri'n fuan ar ôl chwysu: bwyta bwyd hallt, ac yfed diod oer ar ei ôl, sy'n enbyd iawn. Nid anaddas i gorff rhwym a fyddai cymeryd y fath ffisigwriaeth ag a gartha ei ymysgaroedd, gwaedu os bydd eisiau; ond ni ddylai neb wneuthur hynny yn arfer barhaus.

Pawb a ŵyr mai mis ffwdanus yw i'r hwsmon a'r llafurwr, nid rhaid mynegi iddo pa beth sydd i'w wneuthur, mae yr amser a'i ymarfer wedi ei ddysgu a'i gynefino ef i hynny. Y garddwr a orffen y gwaith a ddechreuodd yn y mis rhagflaenol, ac a chwanega atynt yn ôl y bo'r tywydd. Gellir plannu yn gystal â hau yn y mis hwn fel yr olaf. Plannu pytatws cynnar a ddylid ei gyflawni'n foreuol yn y mis hwn, a bresych o bob rhyw, a hau maip cynnar. Glanhau gwlâu asparagus a phlannu gwraidd rhai newydd.

Aneurin a ddywed am y mis hwn:

Mis Mawrth, mawr ryfyg adar
Chwerw oerwynt ar dalar;
Hwy fydd hinon na heiniar:
Hwy y pery llid na galar;
Pob rhyw arynaig a ysgar;
Pob edn a edwyn ei gymar.
Pob peth a ddaw trwy'r ddaear,
Ond y marw mawr ei garchar!

Ebrill

Dyma'r plentyn wedi tyfu'n hogyn, ac yn dechrau newid ei wedd babanaidd, a chwrs natur yn dechrau ymddangos ynddo, ond ysywaeth nid i ddiben daionus, ond i bob peth ag a fyddo yn wrthwyneb i drefn ochelgar, megis ymdrybaeddu yn y baw, torri y pethau yr ymafaela ynddynt os galla; ac yn gofyn cerydd a meithriniad; felly yn y mis mae'n rhaid palu, dadwreiddio chwyn, plannu gwraidd blodau, harddu gwyneb y tir a'i gyfaddasu i ddwyn ffrwyth cymwys. Felly am y dyn, dyma'r amser i ddechrau ei warogi, ond yn dyner, i leihau ac atal blaendarddiad nwyfau cnawdol.

Dyma'r mis ym mha un y mae natur dyn yn ei annog ac yn ei gyfarwyddo i ddiwydrwydd: mae rhyw effaith naturiol ac awyddus yn ei hudo yn foddol i'r gorchwyl tra angenrheidiol hwn; heb y tueddiad yma braidd yr ymwrola dyn i ddarparu iddo ei hun gynhaliaeth cyn i'r gaeaf, ac yn enwedig i henaint, ei oddiwes.

Mae'r hwsmon yn fywiog iawn yn hau haidd a cheirch diweddar, glanhau y gweirdiroedd, sicrhau yr adwyau, yn ymorol am ymborth addas i'r ebolion a'r lloiau bach a'r ŵyn; yn plannu pytatws.

Y garddwr yntef sy'n gorffen ei waith yn hau ac yn harddu ei dir, plannu llawn gnwd o fresych diweddar, hau maip cynnar, dadwreiddio chwyn lle yr ymddangosant, distrywio nythod y lindys oddi ar y coed; dyfrio'r tir os sych a fydd y tywydd, a chau pob twll rhag i gŵn, cathod ac ysgyfarnogod dorri i mewn i'r ardd.

Dyma'r amser i ffisigwriaethu a gwaedu os bernir yn angenrheidiol, bydd hyn yn gymorth yn erbyn clwyfau haf; os oes rhai yn ffisigwriaethu gormod, mae y nifer mwyaf o lawer yn llysu cymeryd un math o ffisigwriaeth o ran gwag dyb ei fod yn niweidiol, heb ystyried fod yr ymborth a'r arfer aeafol yn plannu yn y corff glwyfau, pa rai mewn amser a addfedant fal nad ellir byth eu dadwreiddio; ac felly gwir yw, mai

> Mewn amser mae trwsio y briw sy'n dy flino,
> Rhag iddo hir wreiddio, a phwyso'n dra phell:
> Nid eill ffisigwriaeth, na gwan feddiginiaeth
> Ddim help pan êl rhywbeth yn rhybell.

Arfer diod gadarn yn rhy helaeth sy'n niweidiol i'r iechyd bob amser, ond yn enwedig yn y mis hwn pan y mae dyn yn newid ei luniaeth o un gaeafol i'r un hafol.

Medd Aneurin am y mis hwn:

> Mis Ebrill wybraidd gorthir,
> Lluddedig ychen, llwm tir;
> Gnawd osb er nas gwahoddir;
> Gwael hydd, chwareus clust-hir;
> Aml bai lle nis cerir;
> Gwyn ei fyd a fo cywir;
> Gnawd difrod ar blant enwir:
> Gnawd gwedi traha tranc hir.

Mai

Dyma Fai yn ymweled â ni, gyda'i gog a'i flodau, a holl adar cerdd yn uno i'w groesawu. Y mis hwn a ddarlunnir gan y cywraint megis llances ieuanc dyner, wedi ei gwisgo a'i thrwsiadu yn hardd dros ben â rubanau a blodau, ac yn dwyn ar gamedd ei braich fasged yn llawn o bêr flodau; ei phryd yn deg, siriol a gwengar. Hwn a gyfrifir yn hyfrytaf o holl fisoedd y flwyddyn.

Aneurin a ddywed amdano:

Mis Mai, difrodus geilwad;
Clyd clawdd i bob digariad;
Llawen hen diarchenad,
Llafar cog a bytheiad,
Hyddail coed, hyfryd anllad:
Nid hwyrach daw i'r farchnad
Groen yr oen, a chroen y ddafad.

I gyffelybu'r dyn i hwn, dyma ef megis yn deffro o gwsg, ac yn edrych arno ei hun megis yn haeddu mwy o barch gan arall nag a dybiodd ef hyd yn hyn yn ei gylch. Mae ef yn dechrau dal sylw ar y rhyw fenywaidd, ac yn ymdeimlo â rhyw dueddiad serchogaidd tuag atynt. Mae ef yn ystyrio a oes dim diffyg neu anhrefn ynddo, a'i hanghymhwysa i fod yn haeddigol o'u tueddiad a'u serchogrwydd tuag ato; mae ef yn ymlanhau ac yn ymdrwsio, fal y byddo yn addas i'w golwg, ac yr hoffant ef oblegid ei drefn a'i olygiad mabaidd a gwrol. Mae ef mewn serch â rhyw fenyw foddgar yn ei olwg, ond y mae ef yn rhy wylaidd i ddatguddio ei dueddiad tuag ati. Mae ef yn tybio nad oes ei pherffeithiach, o bryd a gwedd ac o synnwyr ac o dymer dda, ar wyneb y ddaear. Mae ef yn tybio mai yr un peth angenrheidiol ydyw ag a'i gwna ef yn ddedwydd dros fyth! Ond druan! Tebyg ddigon nad ydyw ond mursen aflednais goegffol, fudr, ac anniwair: nid ydyw ef yn ymofyn, nac yn ystyriad, a oes rhyw anaddasrwydd ynddi. Mae'r Creawdwr wedi gosod yr awydd yma mewn dyn, i gynnal i fyny yr epil; heb hynny darfyddai y rhyw ddynol oddi ar y ddaear. Felly y mae y mis yma: mae pob planhigyn da a drwg yn blaguro, a'r cwbl er rhyw ddiben da; mae y rhai mwya gwenwynig, fel y dywed y ffisigwyr, yn llesol, ond eu harferyd mewn gradd gymedrol tuag at iacháu clefydon a doluriau corff ac ysbryd.

Swydd yr hwsmon yn hwn fydd distrywio chwyn, haf franaru, cludo gwrtaith o fôr ac o fynydd i baratoi tir i wenith, darparu tanwydd erbyn y gaeaf, gofalu fod y borfa yn ddigonol i'w anifeiliaid i'w cadw yn flithion er chwanegu llaeth, ymenyn, caws ac i orffen magu lloiau. Cadw'r ŷd a'r gweirdiroedd yn ddiogel rhag i anifeiliaid dorri i mewn.

Rhy faith a fyddai mynegi swydd y garddwr yn y mis yma; dylai fod helaeth draethawd ar hynny, ac ar y barchedig swydd hwsmonaethol: digon crybwyll am ardd y ffermwr, pa un a ddylai gael ei chadw'n lân, a chwanegu planiad o bys a ffa, ynghyd â mân hadau dail i'w bwyta ar brydiau bwyd; dyfrhau y planhigion, os sych a fydd y tywydd: a phlannu bresych.

Gocheler fwyta cigfwyd hallt ond yn brin, nac yfed diodydd cryfion ond yn gynnil, yn enwedig rhai wedi caledu, ac yn tueddu i surdod. Gellir ffisigwriaethu os bydd achos.

Mehefin

Cyfaill i Fai yw, ond yn gynhesach, y dail, y blodau, gwellt y ddaear a'r coed yn chwanegu yn eu gwychder, ac yn tueddu i aeddfedrwydd. Hyfrytaf yw o fisoedd y flwyddyn; y dydd wedi cyrraedd i'r hyd mwyaf. Swydd yr hwsmon a fydd dilyn yr un gorchwyl a arferodd ef ym mis Mai. Chwynnu a glanhau a fydd gorchwyl pennaf y garddwr, a pharhau yn plannu bresych erbyn y gaeaf, a hau mân hadau. Bwyta dail gleision neu saled a gyfrifir yn ymarfer iachus a chanmoladwy, oblegid y mae'n cadw'r gwaed mewn tymer addas i gynnal iechyd rhag brydio gormod. Tybia llawer dyn, pe bae dichon iddo gael ei drigfan mewn gwlad lle byddai yr hin a'r tarddiad daearol bob amser yn gyfryw ag y gwelir ef ym Mhrydain yn y mis hwn, byddai y cyfryw yn sefyllfa baradwysaidd yn ddiamau. Mae rhai gwledydd yn y byd, fel y dywedir, yn mwynhau y fath dymer drwy gydol y flwyddyn, ond pa effaith a dardda o hynny? Mae'n gyffredin, yn blino trigolion y cyfryw wledydd, heintiau dieithrol i ni, mellt a tharanau'n fynych, ynghyd â daeargrynfâu, bwystfilod ysglyfaethgar yn lliosog, ymlusgiaid gwenwynig o bob rhyw, fal nad all dyn droedio y ddaear ond gyda mawr enbydrwydd, a bod yn wyliadwrus ac yn arfog ar bob amser. Pa faint mwy dewisol a diogel ydyw ein cyflwr ni yma ym Mhrydain, yn anadlu awel iachus, digonedd o ymborth a dillad, a phe byddai i ddyn fod yn ofalus ohono ei hun, drwy ymgadw rhag anghymedroldeb a meddwdod, gochel gwlybaniaeth a bwydydd hallt ac afiachus eraill, ac ymwrthod â phob gormodedd mewn bwydydd a diodydd, ni byddai achos iddo gwyno am sefyllfa mwy paradwysol na Phrydain i fydio ynddi: mae dyn yn y parth dedwydd yma o'r ddaear, mewn cyflwr mwy dedwyddach nag un parth arall o'r byd. Mae ei fywyd a'i feddiannau wedi eu diogel amgylchu â muriau cedyrn y cyfreithiau, mae gwybodaeth yn pelydru o'i amgylch fal y mae gwaith y Creawdwr yn eglur i'w olwg, o ba radd a dysgeidiaeth bynnag y bo. Ac uwchlaw pob peth arall, y mae yr ardderchog fendith o ddatguddiad Duw i ddyn, yn llusern i'w draed a llewyrch i'w lwybr, a'r newydd cysurus yn gynwysedig yn yr Efengyl yn ei fawr sirioli ar ei ymdaith farwol enbydus, fod ei Greawdwr nid yn unig yn rhagluniaethu ei achosion tra y mae yma, ond yn sicr ysbysu iddo y dilyna ei dadol ddaioni ef, i fyd perffaith a dedwydd ar ôl marwolaeth, lle nad oes na gofid, haint, na marwolaeth a'i goddiwedda mwyach, a lle y bydd ef yn gwbl hapus dros fyth.

Mae ym mlwyddyn einioes dyn gyfran, pa un a ellir ei enwi Mehefin ei oes, sef ei gyflwr llancaidd. Dyma ef yn ei flodau, yn gwisgo'n wych, yn cofleidio ei lodes, yn canu ac yn dawnsio, yn gryf ac yn fywiog, yn eiddigus ac yn ymgyrchiol yn erbyn yr hwn a'i ffroma ef, yn enwedig os anturia y cyfryw i hudo ei gariadferch ef. Dyddiau diddanol yw ei ddyddiau ef; nid yw ef yn ystyried y goddiweddir ef byth gan ddydd blin a blynyddoedd ym mha rai na bydd iddo ddim diddanwch ynddynt: ond canmoladwy yw yr hwn a wêl o hirbell nad ydyw y tymor blagurol hwn ond megis mis mewn deuddeg; ac nad ydyw y rhai canlynol, ond rhai ar ogwydd, yn treiglo i lawr yr allt, salwach, salwach, a syrthio i lawr megis boncyff pwdr pan gyrhaeddo ei dreigliad y gwaelod.

Hen Aneurin a'i dynoda ef:

Mis Mehefin, hardd tiredd;
Llyfn môr, llawen maranedd;
Hirgain ddydd, heini gwragedd;
Hilawn praidd, hyffordd mignedd:
Duw a gâr bob tangnefedd;
Diawl a bair bob cynddrygedd;
Pawb a chwennych anrhydedd;
Pob cadarn, gwan ei ddiwedd.

Swydd yr hwsmon yn y mis hwn ydyw cadw'n lân ei feysydd yn ŷd a gwair rhag cael eu gorchfygu gan chwyn; priddo a glanhau ei dir pytatws: torri mawn a thywarch, cludo glo, os bydd i'w gael, a ffagl danwydd megis mieri, drain, eithin erbyn y gaeaf, darparu ymenyn a chaws, porthi y moch gyda'r gweddillion llaeth a golchion. Hau maip i fwydo'r teulu a'r anifeiliaid; os myn, cneifio y defaid, golygu'n fynych y porfeydd, a newid sefyllfa'r anifeiliaid; os llwm a fydd y tir eisioes dan eu dannedd, darparu gwrtaith o galch a thyfod os byddant o fewn cyrraedd i'w cael: a phob mân swyddau, i'r diben i gadw pob peth mewn cyflwr tymhoraidd a threfnus.

Y garddwr a blân eto rai bresych, ac a blân rai ffa a ffa Ffreinig yn enwedig, ac a haua fân hadau dail i'w bwyta gyda chigfwyd, ac a fydd diwyd a gofalus yn enwedig i gadw y tir yn lân oddi wrth chwyn. Bwyta dail surion yn fynych gyda brechdan neu gigfwyd, sydd yn arfer ganmoladwy ym misoedd haf, maent yn oeri yr ardymherau, yn iacháu y gwaed, ac yn atal rhag chwysu llawer.

Os bydd rhyw naws clwyf yn blino neb, dylid ffisigwriaethu yn ddiymaros, cyn y misoedd poethion y rhai a ganlynant hwn ddyfod.

Gorffennaf

Mis poeth, anghysurus ac afiachus yw hwn: mellt a tharanau yn gyffredin a ddigwyddant ynddo. Marwolaeth i'r afiachus yn aml. Os bydd y gweirdiroedd yn gnydiol, dylid gosod y bladur ynddynt yn ddiymaros; po mwyaf yr arhosir, caletaf a mwy aflasusol a fydd y gwair, ac yn fwy anaddas i ymborthi yr anifail, ac ni bydd yr adladd ond megis pigsofl amhorthiannus. Ac felly gorchwyl yr hwsmon yn hwn a fydd yn bennaf cynaeafu ei wair, a'r swyddau a grybwyllwyd yn y mis rhagflaenol ar bob rhydd odfa.

Gwaith y garddwr, yng ngardd yr hwsmon yn y mis hwn, a fydd yn gyffelyb i'r diweddaf: gall hau moron cochion i addfedu erbyn Gŵyl Mihangel, a hau winwyn erbyn y gaeaf, hel rhai hadau a dail i wywo'n ffisigwriaethol, ac fe ellir impio rhai coed ffrwythau yn y mis hwn. Lladd malwod yn y mis yma a'r rhagflaenol a ddylid yn ofalus ei gyflawni, oblegid niweidiol erchyll ydynt i bob math o ffrwythau gerddi.

I gymharu dyn â hwn, dyma ei hoender a'i wasgwychder ef wedi ei atalu a'i lareiddio: dyma ef wedi ymgredu â gwraig, ac yn dechrau ystyried pa fodd y gall fyw yn y byd; yn edrych o'i gwmpas ac yn dychymygu moddion addas i'w sefydlu ei hun. Ei wraig yn dechrau clwyfo a cholli ei lliw, ac yn rhagddangos iddo y bydd ychwaneg o gegau ar fyr i ddarparu iddynt ar y bwrdd. Mae hi yn lled groes yn ei natur ac yntef yn anoddefol, y ddau heb eto ymgenefino â'r iau; ond os truan o ddyn wyt, pwy a'th wared di, ac a ysgafnha arnat yn dy antur newyddol hon? Neb ond angau! Ond ystyria fod o'th flaen lawer pwll, ffos, craig, mieri a drain, i dreiddio drwyddynt, os na ddaw angau yn fuan i dorri y dres ac felly byrhau dy lafur: ond pa sut bynnag y terfyna achosion, bydd ddyfal i gyweirio dy wair tra y bo yr haul yn tywynnu.

Aneurin a ddarlunia y mis hwn yn y geiriau canlynol, pa rai a'n hysbysa mai yr un gwep a ddatguddiodd y mis hwn yn ei amser ef ag a ddengys ef inni heddiw, er bod o gylch 12 cant o flynyddoedd wedi machlud o'r amser hwnnw hyd y dydd hwn.

Mis Gorffennaf hyglyd gwair;
Taer tes, tawddedig cysair;
Ni châr gwylliaid hir gynghrair.
Llom ydlan, lledwag cronffair;
Llwyr dielid mefl mawrair;
Ni lwydd hil corff anniwair;
Gwir y ddywaid mab maeth Mair,
Duw a farn, dyn a lefair.

Fal y mae y pryfaid yn y mis hwn yn blino dyn ac anifail, felly y mae y dyn yn ei gyflwr gwraidd yn cael ei bigo a'i anafu gan drethi ac amryw daledigaethau a'i symbylant ef yn ddiorffwys.

Awst

Ynghyd â'i afrifed gymdeithion o bladurwyr a medelwyr sy'n dangos ei drwyn. Mae pob dyn yn llawn prysurdeb yn hwn, os y tywydd a fydd sych; ond os gwlyb, siomedigaeth a cholled a fydd yr effaith. Duw a'n cadwo rhag cynhaeaf gwlyb! Tegwch y mis hwn, er ei fod yn angenrheidiol a hyfryd, a ddwg gydag ef ystormydd o fellt a tharanau, yn disgyn ar amryw bethau wrth ddamwain. Y porfeydd dan drwynau y gwartheg a fyddant yn lled lymion, ond cloddiau a thalarau y sofldiroedd a fyddant megis dirprwy i ysgafnhau arnynt, fel yr atyfant ychydig cyn y gaeaf, a chyn teio yr anifeiliaid. Mae pob peth wedi ei addasu gan ragluniaeth i gynorthwyo y dyn diwyd a gofalus tuag at ei gynhaliaeth; ond y diog a ddeisyf ac ni cheiff ddim. Yr ydym wedi ein gosod megis mewn ystordy, lle y mae llawnder o bob deunydd wrth law, i'n cyfarwyddo mai nyni sydd i ddychymygu ac i weithio: gallasai ef barotoi i ni bob peth wrth alwad, megis tai i fyw ynddynt, bwyd wedi ei gogesu, a gwelâu i orwedd ynddynt, a dillad rhag annwyd; ond i bwy y gweddasai hyn ond i'r diog a'r diles? pa fath anhrefn a fuasai yn y byd pe buasai pob peth felly? a pha gysur a fuasai i ddyn fod fel twrch ym mhesg?

Y ffermwr diwyd a fydd ofalus yn y mis hwn i hau amryw blanhigion dail, addas i'w bwyta'n leision ac i'w berwi gyda chigfwyd erbyn y gaeaf, a'u datblannu wedi cryf darddu ohonynt. Nid oes gan y ffermwr Cymreig ond amcan rhy fychan mewn triniad gardd, mae'n ofer dybiad mai rhy gostfawr a fydd bwrw amser ar y fath glwt diles, yn ei farn ef, o dir. Ond nid yw hyn ond anwybodaeth, esgeulustra a diogi, nid oes dim mwy gwerthfawr i deulu na gardd, mae rhyw beth i'w gael a lenwa y crochan a'r bol, drwy gydol y flwyddyn, gall y gŵr ei hun gydag ychydig bychan o gynhorthwy ei thrin, difyrrwch ac iechyd a fyddai ei wobr ef, tamaid a chardod i hen wraig dlawd am chwynnu ar amserau yn yr haf a fyddai'r gost fwyaf. Ni soniais hyd yn hyn am godi cycymerau mewn gardd: chwardd ein ffermwyr am hyn, gan dybiad nad ydyw y ffrwythyn yma ond ymyrraeth costus y bonheddig, ac nad rhaid i'r ffermwr golli amser ynghylch y fath blanhigyn neu ffrwythyn mor ddiwerth ac afreidiol; felly y dywedwyd am bob llysieuyn a gwreiddyn ar ei ddyfodiad cyntaf i'r wlad, cyn gwybod ei ddefnyddioldeb a'i les. Rwyf yn cofio clywed gan fy nhad, iddo pan oedd yn blentyn weled dyn yn dwyn gydag ef i dŷ ei dad, yr hwn oedd wehydd wrth ei gelfyddyd, ac yn byw ym mhlwyf Llanbedrog yn Llŷn, ddau ffrwythyn neu wreiddyn bychan crwn, a alwodd ef pytatws, ac a ddywedodd eu bod yn addas i'w bwyta; rhai o'r bobl a oedd yn bresennol a'u brathasant, heb wybod mai eu berwi a ddylasid yn gyntaf; y sugn oedd ddiflas, a gwrthodedig i'r archwaeth; hwy a'u taflasant: ond ym mhen nifer o wythnosau hwy a ganfuant ryw blanhigyn yn dangos ei flaen dardd oddi tan y bwrdd llestri, ac wedi ei dynnu i'r golwg, pa beth oedd ond y fytaten oedd wedi blaguro, pa un a daflasant i'r drws. Mae o gylch can mlynedd er pan fu hyn, ac ni welsai neb y pryd hwnnw y fath wreiddyn yng ngogledd Gymru. Ond pwy heddiw sydd yn byw heb y planhigyn anhepgorol a gwerthfawr hwn, pa un sydd yn gynhaliaeth iachus a digonol i'r tlodion druain? A bwrdd y Brenin nid yw un amser hebddo. Y cycymer sydd oer ac iachus yn yr haf gyda chigfwyd neu frechdan, gydag ychydig o dafellau winwyn, gwinegr a phupur. Yr holl gost yn eu codi a fydd darparu ffrâm o goed o lathen neu fwy o hyd, ac o gylch dwy droedfedd o led a gosod gwydr arni, a chludo i'r fan o gylch ychydig mwy na throliad o dail ceffyl, a'i amgylchu ag ychwaneg pan y'i teimlir yn oeri: bydd hwn yn dail i'r ardd yn y flwyddyn nesaf. Pa orchwyl mwy pleserus i ŵr y tŷ, nag ymweled, dyfrio a chysgodi y gwely bychan hwn hwyr a boreu?

Y gwaith hwsmonaethol yn hwn sydd ail i'r ddau ddiweddaf, ond nid oes achosion nac amser i drin dim, mae'r cynhaeaf yn gorchwylio pob llaw.

Dyma'r dyn wrth ei gymharu â'r flwyddyn yn planta, gwich y rhai bychain a ogleisiant ei glustiau'n wastadol: y wraig a fydd llwyd a llydlyd, ac yn rhy fynych yn swga fronllaes anymgeleddus, ac os o dymer groes, gwae'r dyn truan, gwell a fuasai iddo gael ei oddiwes gan y Fad Felen, pa un a laddodd Faelgwn Gwynedd, na bwrw y blynyddoedd diweddaf o'i oes yn y fath warchae tra anghysurus.

Y llên Aneurin a ddywed am y mis hwn:

Mis Awst, molwynog morfa;
Llon gwenyn, llawn modryda;
Gwell gwaith cryman na bwa;
Amlach das na chwaraefa;
Ni lafur ni weddïa,
Nid teilwng iddo'i fara:
Gwir a ddywed Saint Breda,
Nid llai cyrchir drwg na da.

Cymerer gofal rhag cael annwyd yn y mis hwn ar ôl chwysu. Bwyta'n gymedrol a gochel cysgu'n fuan ar ôl bwyd, oblegid hynny a ddwg boen yn y pen, y cryd, rhwystrau yn y corff, ac amryw glwyfau dinistriol. Da fyddai cymeryd rhyw beth a gadwai y corff yn rhydd dyner.

Medi

Dyma'r hwsmon eto heb lwyr ddarfod â'i gynhaeaf, yn enwedig os gwlyb a fu'r tywydd: yr ŷd yn yr iseldir a'r gwair yn y mynydd-dir sydd fyth heb eu cael i mewn. Toi yr ydau a'r gweiriau a ddylai yr hwsmon fod yn ofalus yn ei gylch, ac os lledrydd fydd y dwylaw, dechrau arddu i wenith lle y bo'r tir yn addas a fydd llwyr angenrheidiol.

Nid oes yng ngardd y ffermwr ond ychydig o waith yn y mis hwn, gyda chasglu hadau a'u cynaeafa a'u cadw, impio a datblannu prysgwydd a blodau.

Medd Aneurin amdano:

Mis Medi, mydr anghenion;
Addfed oed ŷd ac aeron;
Gwayw fydd hiraeth fy nghalon;
Gwaetha da drwy anudon:
Gwaetha gwir gwarchae dynion:
Traha, a threisio'r gwirion,
A ddifa'r etifeddion:
Golwg Duw ar y tlodion.

Dyma'r plant yn hogiau digwrs, nid oes ond y wialen a'r ysgol a'u dofa rhag gwneuthur drygau. Mor dueddol i ddrwg ydyw dyn o'i febyd i'w fedd! Os mawr yr anhunedd i'w rhieni yn eu cyflwr babanaidd, nid yw'r gofal a'r aflwydd ond hytrach mwy na llai. Y gost yn chwanegu bob dydd yn eu bwydo a'u dilladu, a phrentisio y rhai hynaf. Dyma'r amser i ddal llym sylw nad arferant ddywedyd celwydd, a chwilenna neu ladrata mân deganau; os unwaith y blysiant arfer y pethau hyn, hwy a lynant ynddynt hyd fedd: tueddol hynod fyddant hefyd yn y cyflwr yma i dyngu a rhegu. Dylid yn ofalus eu dwyn i'r eglwys y Suliau, a'u harfer i ddarllen penodau yn y Bibl foreu a hwyr bob dydd, yn enwedig y Suliau. Sectwyr a arferant dywys eu plant i'w capelau, anaml y tardd da o hynny, mae'n fynychaf sarugrwydd ac uchel dyb o ddoniau, pa rai maent yn ofer dybio eu bod yn feddiannol ohonynt, yn eu hanaddasu i gymdeithas addfwyn a moesgar: maent yn dwyn yn blanedig yn eu calonnau genfigen a digasedd tuag at holl broffeswyr y grefydd osodedig, yn enwedig yr Eglwyswyr. Dyna fel yr oeddynt o unfryd yn amser y Brenin Siarles y Cyntaf nes o'r diwedd ymgryfhau ohonynt a dinistrio y drefn eglwysig a'r wladaidd, a thywallt gwaed dros fesur, a syrthio yn y diwedd y brenin ei hun drwy eu dwylaw! Ac y mae'n debyg ddigon, na buasai un math o drefn ar y llywodraeth hyd gorff y dydd hwn, oni bae galw yn ôl y brenin ac ail adferyd trefn fal cynt.

Mae amryw ffrwythau coed megis afalau a gellyg yn gwbl addfed yn hwn, pasteiod aeron yn y misoedd poethion haf sy'n lluniaeth tra iachus a pheraidd; dylid gan hynny eu meithrin a'u hamlhau drwy blannu coed ieuanc, oblegid mai ystôr anhepgorol a fyddant yn y gaeaf yn nhŷ y ffermwr, ac yn flasusfwyd yng ngenau y cleifion tlodion: gwall mawr ydyw esgeuluso plannu coed ffrwythau: dylai berchenogion tiroedd gymell eu tenantiaid dan ddirwy trwm i blannu a meithrin coed ffrwythau: pe yr arferant hynny o unfryd llenwid y wlad o ffrwythau coed mewn llai na deng mlynedd o amser, fel y byddai digon o sug neu seidr yn iachus ddiod, a digon i'w pobi er amlhau ac amrywio lluniaeth i ddyn.

Dylid gochel yfed diod oer ym misoedd poethion haf ond yn gynnil ac yn ofalus, maent yn dueddol i fagu yr eisglwyf neu'r pigyn. Nid da a fydd ffisigwriaethu oni fydd achos mawr. Ymdrochi mewn dwfr oer, naill ai hallt neu groyw, sy'n arfer gymeradwy, ym Mihefin a Gorffennaf yn enwedig, trwy na wneir hynny yn rhy fynych.

Hydref

Dyma'r dydd yn byrhau'n ffest, a'r gaeaf yn nesáu; dylid gan hynny ddarparu yn ei erbyn yn ddiymdro. Mae ysbryd dyn yn marweiddio gyda'r tymor. Hau gwenith yw gorchwyl pennaf yr hwsmon yn hwn: dylai yr anifeiliaid gael eu troi i'r adloddion; os y tywydd a fydd oer ac ystormus yn y mis canlynol, bydd anghenraid teio'r anifeiliaid, gan fod y nos yn hir iddynt i fod allan oni bydd tir sych â llwyni o eithin cysgodol i'w troi iddo. Plannu drain gwynion yn y cloddiau, rhwyddhau ffrydiau dwfr, torri ffosydd i ddihysbyddu tiroedd gwlybion, a chau i mewn y gwenithdir yn ddiogel. Ni bydd ond ychydig o waith gardd i'r hwsmon yn hwn gyda ei glanhau yn hollawl rhag hadu o'r chwyn arni, diogelu y cloddiau rhag i ddefaid ac ysgyfarnogod dorri i mewn a difrodi y bresych a llysiau llesol eraill.

Aneurin a ddywed amdano:

Mis Hydref, hydraul echel;
Chwareus hydd, chwyrn afael;
Gnawd yspeilynt yn rhyfel,
Gnawd lladrad yn ddiymgel,
Gwae ddiriaid! ni ddawr pan ddêl;
Trychni nid rhwydd ei ochel:
Angau a ddaw'n ddiogel;
Amau fydd y dydd y dêl.

Dyma'r plant yn llanciau ac yn llancesau, yn ymwychu ac yn caru, ac yn dechrau priodi ac yn dechrau ysu y tad am gyfran i ddechrau trin y byd. Mae cenhadon oddi wrth henaint yn ei rybuddio am barotoi lletyf i'r ymwthiwr wynebgaled hwn; a gwae fydd i'r hwn na chlydodd ei nyth cyn ei ddyfodfa! Ni adawn y mis anghysurus hwn ac a lithrwn i un gwaeth nag yntef, sef –

Tachwedd

Yn hwn y mae dydd yn prysur fyrhau ac ystormydd yn chwanegu, gwlybaniaeth yn fynychaf a ddigwydd ynddo, bydd yn angenrheidiol fod y rhychau gwenith yn glir i'r dwfr i redeg ymwaith. Gocheled pawb rhag cael annwyd, nid ymedy â'r dyn a'i caffo drwy'r gaeaf. Os bydd rhyw gonglau gwenithdir heb ei hau, dylid yn brysur ei orffen, a gorffen codi y pytatws yn ddiymaros, rhag i rew eu goddiwes. Braenaru soflydd a thyndiroedd a fydd gorchwyl addas yn y mis hwn, fal y ffaethir hwynt gan y rhew a'r eira, y rhai a ddisgwylir ar fyr. Os y tywydd a fydd tyner gellir plannu pob math o goed, a grafftio coed ffrwythau. Hau ychydig o ffa a phys mewn clwt cysgodol heulog: glanhau a bras balu y rhannau clir o'r ardd. Os bydd achos cymeryd ychydig o ffisigwriaeth yn y mis hwn, gorffenner hynny os bydd dichon, ac ymgadwed y dyn rhag cymeryd ychwaneg hyd fis Mawrth. Y ffisigwriaeth gorau yn hwn a'r misoedd canlynol yw ystyrio a gweithio, gwisgo dillad sychion a chlydion a bwyta lluniaeth iachus, a byw mewn tŷ a gwely glân, a dedwydd yw'r dyn a fedro gynnal ei ysbrydoedd yn siriol ac yn llawen. Da a fyddai yn y misoedd marwol dilynol, i ddyn ddifyrru ei hun gyda llais miwsig a cherddi, dyma gyngor y ffisigwr bob amser; nid oes dim yn fwy niweidiol na meddyliau dwysion a phrudd-der meddwl; maent yn difetha'r iechyd mewn corff ac ysbryd. Dyma henaint wedi methelu'r dyn, ac os bydd yn fethiantus gyda hynny oddi wrth glwyf neu glefyd, mae ei gyflwr ef yn resynus. Dyna'r plant, os bydd nifer ohonynt, yn ei bluo ef, ond gocheled am gadw y ffon yn ei law yr hyd o amser ag y byddo; os yr ymadawa â'r cwbl a hyderu ar ei blant, truan o ddyn a fydd! Nid oes nodded na chysur i'w disgwyl, ond yn angau.

Aneurin Gwawdrydd a ddywed am hwn:

Mis Tachwedd, tuchan merydd;
Bras llydnod, llednoeth coedydd;

Awr a ddaw drwy lawenydd;
Awr drist, drosti a dderfydd:
Y da nid eiddo'r cybydd:
Yr hael, a'i rho, pieufydd;
Dyn a da'r byd a dderfydd;
Da nefol tragwyddol fydd.

Rhagfyr

Y gorchwyl mwyaf yn hwn fydd porthi yr anifeiliaid, crafu ynghyd dom a phob sothach budr a chwanego'r domen, cludo gwrtaith i'r meysydd a'i domennu yno, os sych a fydd y tywydd. Gellir hau rhai mân hadau mewn conglau heulog o'r ardd, a rhyw ychydig o ffa a phys, plannu cerrig eirin o bob rhyw fel yr eginant tuag at godi coed ffrwythau ieuainc, a phlanhigion drain gwynion.

Dylai dyn gadw ei draed yn sychion ac yn gynnes drwy ystyrio ei gorff mewn rhyw waith, cadw ei ben yn llugoer drwy ochel yfed yn rhy helaeth o ddiodydd cedyrn. Na fwytâd hyd na bo yn lled newynllyd, ac nac yfed ond yn gymedrol.

Ym mlwyddyn oes dyn dyma ef yn fethiant gan henaint, y gongl a'r gwely a fydd ei gyniweirfa, a dedwydd a fydd os bydd ei gydwybod yn ei ryddhau o weithredoedd anghyfiawn, os bydd yn dwyn yn ei fynwes obaith cysurus o anfarwoldeb dedwydd ar ôl angau, ac yn gwbl hyderus yn haeddigaethau ei iachawdwr i'w gyfiawnhau o flaen ei Dduw; felly rhydd ef i fyny'r ysbryd gyda boddlondeb a llawenydd, heb ofni na marwolaeth nac uffern, a dedwydd a fydd, wedi diweddu ei holl drybestod helbulus, yn ymadael â baich y cnawd, ac fel hyn wedi gorffen ei yrfa, ei enaid a eheda i'w naturiol gartref lle na bydd gofalon, gofid nac ofn mwyach i flino mono.

Einioes ac amser dyn sydd, fel y dywed y bardd Seisnig:

Fel y rhosyn damasg tyner,
Neu fel blodau'r coed'n eu gwychder,
Neu fel hafddydd Mai tra paro,
Neu fel boreuddydd teg yn gwawrio,
Neu fel haul-des, neu fel cysgod,
Neu fel bresych Iona'n darfod.

Pan ddirwyner eda'r einioes,
Bywyd hir ni bydd ond byroes.
Y rhosyn pêr ar fyr a wywa;
Y blodeuyn a ddiflanna.
Deifia'r blagur, oll yn gyfan,
A'r boreu pasio wna yn fuan.
Yr haul a fachlud, darfu'r diwrnod,
Ac felly o'r achos cilia'r cysgod.
Bresych Iona, gwywodd hwnnw,
Felly dyn, fel hyn fydd marw.

Aneurin yntef a ddiwedda ei fisoedd yn y geiriau canlynol:

Mis Rhagfyr, byrddydd, hirnos,
Brân ar egin, brwyn ar ros;
Tawel gwenyn ac eos;
Trin yngheuodd diweddnos:
Adail dedwydd yw diddos:
Yr hoedl er hyd fo'i haros,
A dderfydd, yn nydd a nos.

Ac yma y terfyna fy ngolygiad byr ar y misoedd.

III.

Cerddi

1.

Mari Lân o'r Dyffryn

A mi'n fy ngwely ar noswaith oer,
Pan oedd y lloer yn llawngron,
Clown guro distaw wrth y drws,
A grydwst, ac ochneidion.

Codi a wneuthum yn llawn brys
Yn fy nghrys i ysbio:
Gwelwn blentyn bychan gwan
Yn wylo, druan, yno.

'Druan, o ble y daethost ti
A pham yr wyli, 'mhlentyn?'
'Dyfod yr wyf i geisio tân,
I Fari lân o'r Dyffryn.

Rwyf fi yn noeth, a'r hin mor oer,
Yn rhewi'r poer o'm genau:
Gollyngwch fi, ŵr da, dan do,
Bendith a fo i chwithau.'

Gollyngais ef ar frys i'r tŷ,
A chynnig gwely iddo:
Goleuais gannwyll ar ôl hyn,
I weld pa lun oedd arno.

Roedd ef yn noeth a'i gnawd mor wyn
Â'r ôd ar fryn Elidir;
A'i ruddiau'n wridog fel y rhos,
Yn dirion deg dros fesur.

Wrth ei glun roedd cawell gwyn,
A hwnnw'n dyn o saethau,
Ac yn ei law roedd bwa swrth,
Ac esgyll wrth ei 'sgwyddau.

Ei wallt fel mân fodrwyau aur,
A llygaid disglair serchog;
Ac ôl bawd Pedr ar ei foch,
Pa un oedd goch a gwenog.

'Ba beth? Ai breuddwyd ydyw hyn?
Mae braw a dychryn arnaf:
O! mynega imi'n rhodd,
Pwy wyt, – pa fodd y'th enwaf?'

'Mab wyf i Fenws wiwdlws wen,
A'm henw yw'r bachgen Ciwpyd:
Er bod im lygaid bywiog call,
Rwyf fi yn ddall o'm mebyd.'

A chyda hyn ergydiodd saeth,
I'm calon aeth rwy'n coelio;
A ffoi a wnaeth y cenau bach,
Na welais mwyach mono.

Ac felly rwyf yn poeni'n brudd,
O ddydd i ddydd heb derfyn:
Mae ynof gariad megis tân,
I Fari lân o'r Dyffryn.

2.

Y Goedwig

Braint tra mawr i bob dyn byw,
Gael moli Duw'n garedig;
A lle rhagorol i roi clod
Yw cysgod ceudod coedwig.

Mi glywaf yma'r adar mân
Yn eilio cân foledig;
Unaf finnau i ganu bas,
Ym mherfedd gwyrddlas goedwig.

Moliant, a moliant yn ddi-baid
It, dad pob enaid unig,
Am yr hamdden yma i mi,
I'th foli di'n y goedwig.

Mor glyd a thawel ydyw'r fan,
O fydol ffwdan ffyrnig;
Croeso i'r barchus deml hon
Yn nghalon gwiw-dôn goedwig.

O drallod a thrybestod byd
Rwyf yma'n glyd a diddig;
I foli Duw, gweddïo am ras,
Lle addas ydyw'r goedwig.

Wele Natur ym mhob rhyw lwyn
Yn gwenu'n fwyn barchedig;
Mae'r dail a'r blodau yn eu rhyw
Yn moli Duw yn y goedwig.

Y gwynt a'r glaw, cymylau'r Nef,
A'u molant ef yn ystig;
Yr haul a'r lloer, holl lu'r Nef wen,
Sy'n moli uwch ben y goedwig.

Dros oesoedd gynt bu gŵr mewn dôl
Yn gwrando ar nefol fiwsig,
Heb wybod ei fod ef yn hwy
Nag awr neu ddwy'n y goedwig.

I'r anialwch o ffordd pob dyn
Âi Crist ei hun yn unig:
Pa fath a dybiwn oedd y lle,
Ond tawel ne'n y goedwig?

Ei gennad ef, sef Io'n, bu'n hir
Yn eithaf tir mynyddig,
Ym mhell o ffordd holl ddynol ryw,
Yn moli Duw'n y goedwig.

Y prif Gristnogion mewn byd caeth
Dan erlidigaeth ffyrnig:
Ffoi a wnaethant o bob man
I 'mguddio dan y goedwig.

Yr hen Dderwyddon doethion gynt,
Rhai oeddynt yn fonheddig,
Molasant Arglwydd nef a llawr
Mewn teml fawr yn y goedwig.

Tra byddwyf yn y babell hon,
Dod nerth a chalon ystig,
Dod gyfle a gras tra byddwyf byw
I'th foli Dduw'n y goedwig.

Pan drengwyf ac na byddwyf mwy
Mewn byd a chlwy trancedig,
Par im dy foli di'n ddi-nych
Yn Eden, harddwych goedwig.

3.

Rhyddid

Gwell yw byw a bod yn glaf,
Yng nghwmni araf Rhyddid,
Na byw hebddi hi un pryd
Mewn llawnder byd ac iechyd.

Pe cawn ddanteithion brenin mawr,
A dillad costfawr gwychion,
A chlod a pharch gan bawb drwy'r byd,
Beth ŷnt heb Ryddid dirion?

Gwell ganwaith gennyf sieced lwyd
A bwyta bwyd cardotyn;
A chael fy amser yn gytûn,
I mi fy hun bob mynnyn.

Ni fedrais oddef ddydd na nos,
'Tyred a dos a brysia';
Mwy addas ydyw'r araith hon,
I weision y gwŷr mwya'.

Myfi pe cawn holl gyfoeth gwlad,
Ni wnawn ymrwymiad ddiwrnod;
I un gŵr mawr tu fewn i'r fro;
Er maint a fo'i awdurdod.

4.

Bore Dydd Calanmai

O annwyl Fai, dy wyneb di
A'm llonnodd i'n rhyfeddol:
Trig yn hir, chwanega yr ha',
Mae'th gwmni'n dra rhagorol.

'Ti wyddost, ddyn, mae f'amser i,
Fel d'amser di'n penodi:
Os ceri fi, croesawa f'awr,
A gwna di'n fawr ohoni.

Y gog a'r cerddgar adar mân,
Rhaid im eu cyfan roddi,
Gyda'm blodau a'm hawddgar hin
I fis Mihefin heini.

Rhydd yntau ei holl olud haf
I fis Gorffennaf wedyn,
A hwnnw i Awst a'i rhydd fel hyn;
Ac felly hyd derfyn blwyddyn.

Dysg wrth hyn, y cyfaill clau,
Fod d'amser dithau'n treiglo;
Yfory bydd dy holl dda mall
Gan arall yn ei eiddo.

Yr amser sydd fel cylchfa rhod,
Rhai'n isod, rhai yn uchaf:
Gwna dy wair ar heulog hin,
Cyn dyfod drycin gaeaf.

Odid na ddychwelwn ni
I lonni blwyddyn eilwaith:
Ond pwy fechnïa dros un dyn
Y gwêl ef derfyn noswaith?'

5.

Bara a Gwin

Nid oen o'r praidd, neu fyn neu hwrdd,
Sydd ar y bwrdd i'n porthi,
Ond bara gwenith gwyn a gwin,
Yn lluniaeth glân i'n llonni:
Arwydd yw hyn fod Crist wrth raid
Yn lluniaeth enaid inni.

6.

Rhag Dau Bechod

Cadwed Duw'r Drindod ddyn gwan rhag dau bechod,
Godineb a meddwdod, rhai hynod eu hynt:
Y cnawd yw eu tadmaeth, a than ei lywodraeth
Y caent eu cynhaliaeth a'u helynt.

Ffrwyth y cnawd breuol, wych oll wrthwynebol
I natur ysbrydol Duw nefol 'n ei ŵydd:
Dyma'r gwendidau, sy'n faich i'n heneidiau,
Sef cnawdol anwydau annedwydd.

Wrth agor yr argae i gnawdol wyllt chwantau,
Fe red gyda'r ffrydau i'n bronnau, er braw,
Angylion y fagddu, i'n hudo a'n denu
I bechu, a'n dallu drwy dwyllaw.

Yr Arglwydd a nertho bob dyn a wir geisio,
Ac a'i cynorthwyo i rodio ar yr iawn,
A gochel cymdeithas y cnawdol ddyn atgas,
Fasweddus ffieiddwas anffyddlawn.

7.

Congl Heddychol

Moes gongl heddychol, dawel neilltuol,
Lle gallwyf fyw'n dduwiol a haeddol o hedd,
A nerth dy Lân Ysbryd, holl ddyddiau fy mywyd
I'm cynnal a'm symud heb siomedd.

Yna fy ysbryd ni bydd yn derfysglyd,
Ond gwedd fy wynepryd fydd hyfryd mewn hwyl,
Yr haul a'm siriola a'r lleuad a'm llonna,
Holl natur a wena'n wiw annwyl.

Cymdeithas Duw nefol i'r enaid anianol
Sydd well na da bydol anfeidrol ei faint,
Heddwch a chysgod i'r euog gydwybod
A gobaith mwyn gymod mewn henaint.

Nid ydyw mwyn mawrbris o Beru neu Baris
Ond siomgar wag esgus anfelys o'i fod;
O Dduw na ddod fawredd a bydol anrhydedd:
I mi dod ddigonedd, a'th gymod.

Gwagedd o wagedd yw'r byd a'i holl fawredd;
Mawr ynte' yw'r ffoledd, mae'n fregedd i'r fron;
A gaiff ynddo ryddid, ymborth ac iechyd,
A gras, mae'n fwy golud i'r galon.

* * * *

Dieithriaid ŷm yma, ar frys ar ein siwrna'
Heb amser nac oedfa na noddfa i fyw'n hir.
On'd ydyw'n ddallineb ac eithaf ffolineb
I ddisgwyl bodlondeb mewn blindir?

Y dyn wedi'i eni sydd yn llawn hoffi
Y gwagedd a'r bryntni sy'n berwi'n y byd:
Nid all y wlad nefol a'r cyflwr ysbrydol
Fod iddo'n ddymunol un munud.

Call synwyrolion yw'r holl fydol ddynion;
Llebanaidd plant Seion a gwirion i gyd:
Heb nefol ragluniaeth o'u hôl hwynt yn helaeth,
Ni chânt fyth mo'u lluniaeth mewn llawnfyd.

8.

Blwyddyn Newydd

Dyma'n gwawrio flwyddyn newydd,
Tymhestlog iawn a gwlyb yw'r tywydd;
Megis llew rhuadwy'r coedydd,
Yn llawn newyn, yn llawn awydd
Yr ymwêl â ni'r boreuddydd:
Pa fodd diwedda, Duw a'i gwybydd.
Llawer gwyneb teg a dderfydd
Drwy gydol hon – y llon a'r llonydd;
Nid oes neb yn perchen bedydd
A ŵyr ei brudd ddydd dihenydd.
Yn dy law, y Duw tragywydd,
Y mae dy holl greaduriaid beunydd:
Wrth bwy disgwyliwn dan bob cystudd,
Ond wrthyt ti, ein tad a'n llywydd?
O bydd gan hyn i ni'n waredydd;
Drwy gorff y flwyddyn hon dod gynnydd,
Fel y gallwyf mewn llawenydd
Dreiddio drwyddi yn ddiaflwydd.
Cadw fi, o Dduw, rhag digwydd
Tristwch calon a thrwst'neiddrwydd;
Llanw 'nghalon ag addasrwydd,
A nerth i'th foli di drwy'r hirddydd:

Yn lle tlodi, cwymp a gw'radwydd,
Dod ddiogelwch a chynhesrwydd.
Â gras nefolaidd gwna fi'n ddedwydd
Drwy obeithio ynot, f' Arglwydd.
Tro oddi wrthyf o Dduw'n ebrwydd
Glefydau, heintiau a phob aflwydd:
Dyro ryddid o'th gar'digrwydd,
Iechyd, nerth a digonolrwydd.
I'm plant dod ras, a phlant y gwledydd,
Planna ynddynt ofal a diwydrwydd.
Cadw'th was rhag cas a chelwydd,
Rhag cenfigen ac enllibrwydd,
Rhag pob cnawdol wan feddalrwydd,
Meddwdod, diogi ac anlladrwydd.
Os gelwi fi i'r byd na dderfydd,
Cyn i ddiwedd hon gael digwydd,
Cyn dêl angau dyro rybudd,
A gallu i wneuthur fy nyletswydd.
Bendithia 'mhen ar fy ngobenydd;
Llanw f'enaid â gwir grefydd.
Hyn a mwy, er mwyn Crist lywydd,
Dyro, a chadw rhag pob tramgwydd.

9.

Yn Iach i'r Goedwig

Yn iach it Pan, hen dduw di-dlws,
    A'r hen Sylfanws hefyd;
Yn iach i'r Dryaid yn ddioed,
    Duwiesau coed y cynfyd:
Ni welwch fi tu yma i Fai
    O fewn eich deildai hyfryd.

Fe ddaw ar fyr y gaeaf du,
    A gwynt i chwythu'n ffyrnig,
Daw eira, rhew, a byrddydd dig
    I grino brig eich coedwig:
Ni chlywir llais eich adar mân
    Yn pyncio cân blethiedig.

Er gwaetha'r tywydd, eto rhaid
    I'ch Hamadryaid druain
Gadw'ch derw rhag, o wall,
    I saer â'i fwyall filain
Eu torri lawr, a dwyn drwy loes,
    Eich einioes chwi eich hunain. ...

Ti Flora deg, cyn gwelych fi,
    Daw rhew ac oerni i'th erbyn:
Dy flodau brithion, gwychion, gant
    Ddiflannant fel gwe'r gopyn.
Cais lechu yn dy frydion dai
    Nes dyfod Mai i'th ddyfyn.

Daw i'ch sirioli ar ôl hyn
    Haul-des blwyddyn eto,
Ond breuol ddyn, ni ŵyr efô
    Na elwir heno amdano;
Siawns i minnau, os deuaf drwy,
    Eich annedd mwy i rodio.

Dyna alarus gyflwr dyn –
    Duw ei hun a'i pennodd:
Ei ddedfryd ef yw hon heb wad,
    Ar Adda dad pan bechodd;
Ac arnom ninnau'i blant yn awr,
    Yn felltith fawr y syrthiodd.

Mae in addewid ar ôl hyn, –
  Yr un Duw gwyn sy'n addo –
Y cawn fwynhau tragwyddol oes
  Heb glwyf na loes i'n blino,
Mewn teg hyfrydol lwyddol wlad,
  A Duw yn geidwad yno.

Blodeuog fyth coedwigau hon,
  Ni wywa'i meillion siriol;
Ni fachlud chwaith ei hinon haf,
  Na'i hawel araf nefol:
Temhestlwynt gaeaf oer ni chwyth
  Ar feysydd hon byth bythol.

Wel dyna gysur inni draw,
  Ar ôl ein braw angheuol;
Dyna dda yn tarddu o ddrwg,
  Gwedi y cilwg marwol:
Rhoed offrwm mawr dros ddynol ryw,
  A wnaeth ein Duw'n fodlonol.

Yn awr, O angau glas, gan hyn,
  Ple mae dy golyn, gelach?
Cysurol wyf, – nid rhaid i mi
  Dy ofni di ddim mwyach:
Dy follt ddinistriol, chwerwol chwyth,
  A'm gwna dros fyth yn holliach.

10.

Ar Fedd Gras Williams

Peidiwch, na wylwch weled, – na meddwl
  Un modd am fy nhynged;
I hyn o fan im ganed;
Holl blant Adda'r yrfa red.

Peidiwch (a wylwch yn wir) – Â buchedd
O bechod rhai anwir;
Hyn a galyn 'e goelir
O'r byd hwn i'r bywyd hir.

Boreuddydd ryw ddydd a ddaw – im gelwir
O'm gwely bach distaw,
I fyd da hyfryd difraw,
Y lle i fyw byth rhag llaw.

11.

Adfer Iechyd Siôr III

Romulus gynt pan gollwyd ef,
Bu'n Rhufain lef a dychryn;
Er maint eu braw a'u syndod hwy,
Ni welsant mwy eu brenin.

Collodd Brydain deg ei Siôr,
Dros ennyd hir o'r senedd;
Ond clod i Dduw, adferwyd ef
Drwy ras y nef i'w orsedd.

Pan safodd men ein haul brydnawn,
A'r meirch yn llawn o nwydod,
Penodwyd Phaeton o un fryd
I yrru'r cerbyd ddiwrnod.

Er bod Phaeton yn ddi-fai,
Roedd eto rai yn ofni,
Rhag wrth gam-ffrwyno'r meirch oedd ffrom
Y llusgai drosom ddrysni.

Yng nghanol y gynghorfa hon,
A Phaeton ymron gyrru,
Ympiriodd Phoebus deg ei wedd,
Gan wneud i'n senedd synnu.

Derchafa'r cerbyd yn ddioed,
A chura'i droed i ymdaith,
A gyrred, gyrred ar ôl hyn
Dros lawer blwyddyn hirfaith.

12.

Gwahoddiad i'r Blodeuyn

Blentyn haf melyn, gwiw rosyn yr ardd,
Tor allan o'th garchar, yn hawddgar a hardd,
Lleda dy flodau i'r golau haul gwyn,
Amlyga dy degwch a'th harddwch wrth hyn.

Darfu'r cawodydd a'r stormydd ers dydd,
Y gaeaf a giliodd, fe'th rhoddodd yn rhydd;
Gan hynny tor allan â'th wyledd lân wedd,
Ddieithryn cariadus, yn barchus o'th bedd.

Yr haul sydd yn glaear a gwengar ddi-gudd,
I daenu dy harddwch, am degwch hir dydd;
Deheuol awelau yn chwarae'n iach hedd
Anadlant dy fynwes sydd gynnes ei gwedd.

13.

Uchenaid am Ras a Rhyddid

Gweiddi yr wyf er dechrau f'oes,
    Ar Dduw a roes im fywyd;
Am ei wir ras i mi yn rhan,
    A'i nefol wiwlan olud.

Nid ydyw'r byd i gyd ond cas
    Heb fywiol ras yr Iesu;
Mi gaf gan hwn dan boen a cham,
    Fy nghynnal a'm diddanu.

I'r hael ddiddanydd hwn mae chwaer,
    Maent yn gyd aer ac aeres,
Hardd riain nefol freiniol fron,
    Gariadlon, galon gynnes.

Ond O! pa fodd yr henwaf hon?
    Mae 'nghalon ymron torri,
Gan faint yr hiraeth i mi a bair,
    Pob chwarter gair amdani.

Rhyddid yw gwir enw'r fun;
    Duw ei hun a'i henwodd,
Ac i'r sawl y mynnodd ef,
    Y rhiain nef, fe'i rhoddodd.

Cant a'i cadd, ond dau mewn cant,
    Ni roesant foliant felys,
I Dduw yn rhwydd am ei dda rodd;
    A'i nefol fodd haelionus.

Llefais innau â chalon brudd,
    O ddydd i ddydd am ryddid
Po mwya lefais, pella'r aeth,
    A mwya caeth fy mywyd.

Hi roed i rai yn briod ferch,
    Heb ganddynt serch na mwyndra
I'w nefol bryd na'i chwmni da;
    Y rheini a hoffa hitha'.

Meddyliais gynt y deuai hon,
    Ar f'ôl yn ddigon buan;
Gan dybio'n ynfyd fod y ferch,
    I mi mewn serch nid bychan.

Pe gwnaethwn i fel Siôn o'r Ddôl,
    Fel'n rhedeg ar ôl Siani,
O amgylch ogylch cociau gwair,
    Yn'r Erw Fair y leni.

Roedd Siani'n sioncach nag oedd Siôn,
    Er rhoi o'i galon egni,
Yn ei fyw er maint ei fryd,
    Ni chae ef hyd i Siani.

Ar ei sowdl yn sydyn troes
    Gan redeg yn groes iddi;
Ac heibio i gocyn fel y saeth,
    Dal-dal, y daeth â Siani.

Pe troeswn innau yn fy ôl,
    Heb ganlyn hen ffôl lwybrau;
Mi gawswn heddiw wyn fy myd,
    A'm rhyddid yn fy mreichiau.

Mi ddysgais hyn mewn ysgol, do,
    Na thâl myfyrio amdani;
Gweiddi o'i hôl, a throi fy ngheg,
    At eiriau teg a'i moli.

Mae'n rhaid ffyrnigo ati hi,
    A gafael ynddi heb wrido:
Mae'n wyllt fel ewig yn y coed,
    A chynt ei throed na honno.

Yn weddw y'i cafodd llawer cant,
    O ynfyd blant y bonedd:
Dewiswn innau'n well ei chael,
    Yn forwyn ddiffael rinwedd.

O Dduw, creawdwr nef a llawr,
    Dyro o'th fawr ddaioni, –
O dyro Ryddid im heb ball,
    Cans ti a all ei rhoddi.

14.

Y Ci a'r Dryll Cig

Y ci a gawsai ddryll o gig,
    I'w gario'n ddiddig ymaith:
Yn ei ffordd roedd afon wâr
    I'w chroesi ar ei ymdaith.

Ond gwelodd Dewryn yn y dŵr
    Ddryll arall yn siŵr ddigon!
I ddala hwnnw, yn ei ddig
    Gollyngai'r cig i'r afon.

A chyda hyn diflannai'r ddau,
    Heb ddim rhwng gweflau Dewryn:
Tuthio adre'n wag ei big,
    Heb na chig na chrystyn.

Yr Ystyr:

Gormod gwanc, a dyn mewn llwydd,
  A ddygodd aflwydd ganwaith.
Bodlonwn bawb, rhown glod i Dduw,
  A byddwn byw mewn gobaith.

Os yn dy dŷ mae torth o fwyd,
  Tân rhag annwyd, a gwely,
Iechyd a dillad gyda hyn,
  Bydd fodlon, ddyn, ar hynny.

Na flysia afael mewn peth pell,
  Gan dybio'n well dy ffortun:
Yr hyn sydd gennyt, cadw hyd fedd;
  Cofia am ffoledd Dewryn.

15.

Y Weddi Gyffredinol

Ti Dduw, wyt i bob peth yn dad;
  Pob oes, pob gwlad a'th fola:
Gan wyllt a gwâr dy enwau clau
  Fu Arglwydd, Iau, Iehofa.

Ti Hanfod Mawr uwch deall dyn;
  Synnwyr pa un a bennwyd,
I wybod hyn, mai da wyt ti,
  A dall wyf fi ac ynfyd.

A pheraist imi wybod da,
  A drwg yn rhodfa'r deillion;
Gan rwymo naws i dynged brudd,
  Ac 'wyllys rydd i ddynion.

Os dywed fy nghydwybod, gwna,
Neu gwylia rhag ei wneuthur,
Pâr imi ochel gwaith y fall,
A gwneud y llall yn brysur.

Na fydded imi fwrw o'm gŵydd
Dy fendith rwydd haelionus:
Mwynhau y rhodd yw talu i Dduw;
Ufudd-dod yw ei 'wllys.

Dy fendith dda, na rwymwyf hon
I'r ddaear gron yn unig;
Rwyt ti yn Dduw, fel ag i ddyn,
I'r bydoedd sy'n gylchiedig.

Na fydded im ymledu braw,
Drwy ddwyn o'th law dy folltau,
I gosbi 'ngelyn wrth fy ngŵyn;
I ti y perthyn dialau.

Os uniawn wyf, o dyro ras,
I fyw yn addas beunydd;
Os ar gam lwybr, o arwain fi
I'th ganlyn di yn ebrwydd.

Rhag ynfyd falchder gwared fi,
Rhag anfodloni hefyd:
Os mawr neu fach dy rodd i'm rhan,
Pennaist hi pan y'i rhoddwyd.

Dysg fi i deimlo gwaedd y gwan,
A chelu'i egwan ffoledd:
Fel y tosturiwyf fi wrth ddyn,
Gwna im yr un drugaredd.

Er gwaeled wyf, – nid gwael i gyd –
    Ti roist im fywyd ebrwydd;
O tywys fi'r dydd hwn fy Nuw,
    Yn farw neu'n fyw, fel digwydd.

Bara a heddwch ddêl i'm rhan:
    Rhodd arall pan ofynner,
Ti wyddost os da hon i mi:
    Dy 'wllys di a wneler.

Dy Deml di yw'r ehangder mawr,
    Holl ddaear lawr dy allor:
Offrymed Natur arogl darth,
    A chaned pob parth gydgor.

16.

Yn Drigain ac Un

Dyma drigain mlwydd ac un
    Er pan wy'n ddyn daearol.
Rwy'n nesu'n brysur ar fy nhaith
    I'r porthladd maith tragwyddol.

Ni fedraf ond rhyfeddu f'oes
    A'r amryw groes ddamweiniau,
O ddydd i ddydd, o flwydd i flwydd,
    Fu'n aflwydd ar fy llwybrau.

Duw a'm tywysodd hyd yn hyn
    Dros bob rhyw ddibyn enbyd,
Er imi haeddu rhynnu'n rhwyd,
    Heb ddillad, bwyd na bywyd.

Weithiau'n grefyddol ac yn dda,
'Nôl hyn yn dra annuwiol;
Troseddu ac edifarhau, –
Ailrodio llwybrau marwol.

O Arglwydd mawr, i ti bo'r glod,
Am roddi bod ac ymborth;
Dod imi iechyd, gras a braint,
Yn nyddiau henaint cymorth.

Ymbil yr ydwyf ger dy fron,
O eigion calon barod:
O! na chyfrif, fy Nuw gwyn,
Byth byth mo hyn yn bechod.

Fy nymuniadau im pe cawn,
Gwna hyn fi yn llawn foddlon.
Pa beth all mwy 'moddloni i,
Na'th ysbryd di'n fy nghalon?

Dy ysbryd glân, a rhyddid byd,
A rydd im wynfyd yma;
A rhyddid byd, heb d'ysbryd di,
Ni rydd i mi orffwystra.

Dyro'r ddau, o Arglwydd hael,
Eu rhoddi'n ddiffael gelli:
O dangos imi, ar fyr dro,
Dy fod yn gwrando 'ngweddi.

17.

Brenhines Ffrainc

Ym mhorthladd tawel angau glas
Cest hedd oddi wrth ormeswyr cas;
    Nid allant mwy'th gyffroi.
Pe ca'nt dy enaid yn eu rhan
Hwy luniant burdan yn y man,
    Lle mynnant fyth dy gloi.

Yn awr dialgar lid a ffodd;
Trugaredd mwyn yr angau rodd,
    Na welaist ail ei fath;
Er mor ddychrynllyd oedd ei awr
Fe'th ddug o rwyd barbariaid mawr,
    Creulonach hon na'i frath.

18.

Enbydrwydd Llysoedd

Y sawl sy'n caru rhyddid,
Gwir heddwch a dedwyddfyd,
Ac 'wyllys da'i gyd-ddynol ryw,
A gras gan Dduw a bywyd,

Gocheled ef gwmnïaeth
Gwŷr mawrion a'u gwasanaeth:
Ffoed ef rhagddynt, fel rhag pla
Distrywiol a marwolaeth.

Nid ydyw'r mawrion blasa'
Ond Sodom a Gomora,
Llysoedd Diawl lle mae e'n bod
Yn ei awdurdod mwya'.

Os llid a chas a chelwydd,
Os lladrad ac anlladrwydd,
Os y genfigen felen fain,
Cewch yma'r rhain yn ebrwydd.

Os cablu Duw a'i ddeddfau,
Os sisial ofer chwedlau,
Os ehud lwon creulon cras,
Os anghyfaddas oriau,

Di'styru a gwatwar crefydd;
Erlidio'r duwiol llonydd,
Ymsennu ag ef, a'i alw'n ffŵl,
A hurthgen dwl diddeunydd.

Gorchmynnodd Crist i'w Eglwys
I 'mgadw oll yn gymwys
Rhag suredd does y rhain a'u rhyw;
Nid addas i'w Baradwys.

Gwnewch, medd ef, a archant;
Na wnewch yr hyn a wnelant:
Archant dda i chwi a'ch plant:
Yr hyn ni wnânt gorchmynnant.

Yn amser Paul ŵr tyner,
O'r mawrion wŷr, nid llawer
A alwasai Duw o'i ras
I'w deyrnas a'i gyfiawnder.

Maent felly heddiw hefyd;
Un am fil a alwyd;
Meibion Belial, oll o'r bru,
A hil y fagddu danllyd.

Ple mae pob puteindra,
Meddwdod a bolera?
Ple heb weddi difri dôn,
Ond yn y mawrion blasa'?

Ple torrir y Sabothau?
Ple porthir melys chwantau?
Ple mae gwâl pob creadur ffôl
Heblaw'r urddasol blasau?

Ple mae balchder bywyd
A choeg ddigrifwch hefyd?
Chwant y cnawd mewn grym di-baid
A chwant y llygaid hefyd?

Os crefftwr wyt, neu hwsmon,
Heb gilwg yn dy galon,
Dilyn dy orchwyl a bydd dda,
A gochel blasa'r mawrion.

19.

Llythyr at Gapelwr

Paham, o ddyn, 'r edrychi'n drwm,
  A golwg gorthrwm isel,
A llysu ffordd pob cyfaill cu,
  A chyrchu tua'r capel?

Rwyt megis alltud yn ein plith,
  Heb gariad rith na mwynder;
'Dy' dawch' a 'nosdawch' aeth o'th ben:
  Mae ynot sen a dicter.

Os credu rwyt dy fod yn dda,
    A doethach na'th gymdeithion,
Gochel guddio'r dalant fawr
    Mewn daear lawr rhag dynion.

Os cefaist ras ac ysbryd da,
    I'th gynnal a'th ddiddanu,
Dod glod i Dduw a pharcha ddyn:
    Fel ti dy hun gwna'i garu.

Ysbryd llariaidd ysbryd Crist,
    Ysbryd didrist llawen;
Ni tharia byth, lle byddo'i ras,
    Na llid, na chas, na chynnen.

Gochel falchder – gwylia ei fod
    Yn barod yn dy ganlyn.
Rhag byrbwyll farn ystyria'n ddwys,
    Hola a phwys y testun.

Nid mewn capel, neu dŷ, neu lan
    Mae ysbryd purlan Iesu:
Chwilio'r plwy a'r wlad ni les,
    Ni byddi nes o'i feddu.

Nid wrth deithio o'r wlad ymhell,
    I chwilio am well pregethau,
A dyfal wrando'r rhain i gyd,
    A hynny o hyd fy nyddiau;

Ac nid wrth dywallt cyffes lawn
    O'm pechod mewn cymdeithas,
A gadael gwraig a phlant a phlwy
    Y byddaf byth mwy addas.

Nid wrth fostio o addysg Pôl,
Neu deithio ar ôl Apolos,
Mae Duw'n ei air yn dysgu dyn:
Pan fyddo'i hun mae'n dangos.

Ni chafodd cariad Selyf iach
Un hanes bach amdano,
Er chwilio'r strydoedd oll bob un,
A holi pob dyn yno.

Wedi 'mado â'r rhain i gyd,
Cyn pen un munud bychan,
Cyfarfu hon pan oedd ei hun
Â'i hannwyl ddyn ei hunan.

Felly, os mynnwn Grist a'i ras,
Gwnawn lety addas iddo;
Gwnawn o'r galon addas gell,
Nid chwilio 'mhell amdano.

Yn y galon lle y mae gras,
Mae yno gas i bechod;
Gweithredoedd drwg â chywir ffydd,
Byth, byth ni chydfydd ddiwrnod.

Gan hyn y galon ydyw'r llan,
Ein capel a'n gorchymyn:
Y bregeth yno beunydd yw:
CÂR DI DY DDUW A'TH GYD-DDYN.

Nid angenrhaid chwilio am le,
Neu gyfle i'w addoli;
Mae pob rhyw le'n y nef a'r llawr
Yn un deml o'i fawrhydi.

Gan hyn, ple bynnag byth y bwyf,
    Yno yr wyf yn barod,
I offrwm aberth ar bob awr
    Ar allor fawr y Duwdod.

20.

Yn Drigain a Deg

Bûm drigain mlynedd faith a deg,
    Ar redeg angenrheidiol:
Ni bu'r amser hwn i gyd
    Ond megis hyd diwrnodol.
Ym mhob rhyw ddydd y mae aml groes
Tra rheto einioes ddynol.

Pan yr edrychwyf ar fy ôl,
    Y llwybrau ffôl a rodiais,
Yr aml graig, a'r tra aml dwll,
    A'r aml ddyfn bwll lle tripiais;
Yr aml lwyn o fieri a drain,
Pa fodd drwy'r rhain ymwthiais!

Pe gwelswn gynt cyn rhoddi cam
    Yr aml ddrwg lam lle syrthiais:
Ond dall a fûm drwy gydol f'oes;
    Am hyn aml loes a gefais:
Cwilyddio heddiw am hyn rwyf,
Dan chwer'dod clwyf a haeddais.

Mae'r hwn fo'n dechrau'i daith ddydd Llun
    Yn tybio'i hun yn wrol,
Na ddigwydd iddo drwstan lam,
    Na naid na cham niweidiol:
Ond o hil Adda, hyd yn hyn,
Ni bu un dyn dihangol.

Pe byddai angel mawr o'r nef
    Ac uchel lef fynegi, –
'Bydd di esmwyth a gwna dy nyth,
    Gan yma byth y byddi:
Cei iechyd corff, a byd di-boeth,
A chyfoeth i'th ddigoni.'

D'wedai f'enaid, 'O angel da,
    Ni phennwyd yma imi:
Blinedig wyf, yn llusgo cnawd:
    Ni wnaf â'r brawd briodi;
Rwy'n caru f'elfen bur fy hun,
Nid all corff dyn fy llonni.'

Gan hyn, fy Nuw, tra bwy'n y byd,
    Dod iechyd yn ddiochri:
Dod fwyd a dillad, llety a lles,
    A gwely cynnes imi:
Dod ras a ffydd a gobaith da,
I'm cynnal a'm sirioli.

21.

Prinder a Drudaniaeth, 1800

Pan ydoedd newyn tenau
Yn rhythu ei lygadau,
Ac yn nesu o gam i gam
I ruthro am ein pennau,

A chydag ef roedd hefyd,
A'i wisg i gyd yn waedlyd,
Yr ellyll didda, ddera ddig,
Sef rhyfel ffyrnig dybryd;

Roedd hefyd yn eu canlyn
Yr haint a'i wedd ysgymun:
Fflangellau creulon fawrion faint
Yw'r cleddyf haint a newyn.

Pan lefodd pawb o unfryd
Ar awdwr mawr ein bywyd,
Am ein cadw rhag y rhain
Oedd giwed filain ynfyd,

Efe o'r nef a glybu,
Rhoes in ei law i'n helpu,
Ac a darfodd yn ddiymdroi
Y tri, a'u rhoi o'r neilltu.

Maent at ei alwad eto,
I gosbi dyn pan becho:
Gan hynny oll gwnawn gydymroi
Mewn gweddi i'w troi heibio.

22.

Myfyrdod Gwen

I hardd drwsiadu pen fy mun,
    I mi fy hun dewisais
Y rhos a'r pinc, a'r lili gwyn
    O'r fron a'r dyffryn cesglais.

Y bore'n hardd o gylch ei phen
    Y gwisgai 'ngwen y plethiad;
Os pêr y rhain a theg i gyd,
    Can tecach pryd fy nghariad.

Ar ôl derchafu o'r dydd, a'r haul
    Yn twnnu'n araul eirian,
Gwywa'r blodau o beth i beth,
    Nes gwywo o'r bleth yn gyfan.

Eu peraidd arogl cyn yr hwyr,
    Darfu yn llwyr ei fwyniant:
A'r nefol liwiau yr un pryd
    Yn ddu i gyd a droesant.

Yn drwm a thrist dywedai hon,
    Dan wylo heilltion ddagrau:
Fel y gwywa blodau'r haf,
    Ar fyr y gwywaf finnau.

Fy llygaid disglair fel y wawr,
    Mae pawb yn eu mawrygu,
A'm gruddiau siriol fel y rhos
    All wywo nos yfory.

Gan hyn yn falch ni feiddiaf fod,
    A'm lliw fel ôd yn glaerwyn,
Nac o'm gwedd a'm gwisg sy'n gwau
    Fel gwychion flodau'r dyffryn.

Blodeuo'r wyf ben bore'n llon,
    Fel siriol Saron rosyn;
Prydnawnol awel oer pan ddêl,
    Diflannaf fel blodeuyn.

Fel y gedy y gwelltyn glas
    Ei wreiddyn mewn cras briddyn,
Pan ddêl cynhyrchiol gawod ha',
    Blodeuo wna'r ail flwyddyn.

Felly ar ôl fy nghodwm mawr,
Daw eto awr i minnau
I darddu'n deg mewn hyfryd fro,
I ailymwisgo'm blodau:

Blodau o fath na wywant mwy,
A'u harogl hwy ni dderfydd:
Y lle na throedia henaint croes,
Na galar, loes na chystudd.

Nefol rodd yw tegwch pryd,
A synnwyr gydag efo:
Ffôl balchïo o'r naill na'r llall,
Ond clod di-ball amdano.

A chadw 'nghorff yn ddiwair lân,
A meddwl da'n y galon:
Gweddïo'n dyfal tra bwyf byw,
A charu Duw a dynion.

Hyn a'm gwna'n wir addas un,
I darddu'n nyffryn nefol,
Y lle nad oes na thor na thrai
Ar wychder Mai'n dragwyddol.

23.

The Fair's Meditation

My lovely Laura's head to adorn,
The sweetest flowr's I chose,
And pickt for this, one summer's morn,
The lily, pink and rose.

When with this garland she was dress'd,
How fair! How sweet and gay!
The flowr's were fair and she confess'd
Herself like heav'nly ray!

The sun when in the zenith shone
Its torrid heat threw wide;
The flow'rs faded, one after one,
And soon the garland dy'd.

Ere winning calm its reign came on,
They felt a total blight:
Their fragrant odour too was gone,
Their hue as black as night.

Laura shed a flood of tears,
And moralizing said:
Lo! my fate, – in after years
I shall like these be dead.

These eyes, which like Aurora glow,
Admir'd and praised by all,
This face, which wears such roseate show,
Ere morn may fade and fall.

This quenches pride and tells me plain
(Tho' all divinely fair),
My hue and gaudy dress are vain,
Ev'n light and null as air.

I flourish gaily in the morn,
Like Sharon's charming rose:
The even of age will leave me shorn
Of all my brilliant shows.

The wither'd blade its roots will leave,
   Secur'd from winter's rage,
Till May's soft shower falls, to heave
   It up another age.

And so with me, tho' down I fall,
   A victim unto death,
Restor'd I shall at the great call,
   To life and heav'nly breath.

I trust that I shall flourish then
   Adorn'd with lasting flow'rs,
Where age and sorrow and pain again
   Dare not disturb my hours.

Heav'nly gifts are beauty and sense,
   For which a praise is due:
To boast of these is great offence!
   Great pride and folly too!

Grave modesty with this retain,
   My heart stockt with good will,
Love to God and man maintain
   In prayer fervent still.

This will prepare me ere 'tis late,
   A guest to Heav'n's great king,
Where May in all its blooming state
   Presents eternal Spring.

24.

Y Grwgnachwr

Yn y gaeaf, gweiddi am haf,
  Ac yn yr haf, am aeaf;
Y dydd am nos, a'r nos am ddydd,
  Yn gweiddi'n brudd y byddaf.

Gweiddi am fwyd ddwy waith neu dair,
  A phan y'i cair, ei wrthod,
Gan na fedraf, da iawn y gwn,
  Mo'r profi hwn heb ddiod.

Ar ddiwrnod gwaith, gweiddi am ŵyl,
  A phan ddêl gŵyl, diflasu:
Gweiddi am waith a fydd fy nghân,
  Yn fuan i'm difyrru.

Os y tywydd a fydd sych,
  Gweiddi am wlych drwy'r amser;
A phan ddigwyddo cawod drom,
  Gweiddi'n ffrom am sychder.

Pan fyddo'n oer, gweiddi am wres:
  Ar amser cynnes, oerni;
Os rhew ac eira fydd yr hin,
  Gweiddi'n flin am doddi.

Ac felly'r ydwyf, fel y môr
  A'i sŵn dygyfor gyffro:
Ton yn treiglo ar ôl ton,
  Ac ar ôl hon, ton eto.

25.

Calan Mai Oer a Llwm

'Pwy sydd yma wrth y ddôr
Yn cyfarch amor imi?
A'r hin mor oer, a'r maes mor llwm,
A minnau'n drwm i godi;
A musgrell wyf dan glwyf a haint,
Sef henaint i'm dihoeni.'

'Myfi'ch cyfeilles, fawrlles Fai,
Sy'n gweiddi hai ben borau;
Mae gennyf yma wrth fy mraich
Anferthol faich o flodau,
A'm harogl pêr a'm siriol bryd
Rydd iechyd yn eich bochau.'

'Gwneithio 'leni yr wyt ti,
I'm hudo i â'th wenau;
Arferaist, drigain waith a deg,
Roi geiriau teg i'm clustiau;
Ni thrigaist yma ar un tro
Ond union fis o ddyddiau.

Mae'r môr yn ddu, a'r Wyddfa'n wen,
Yn gwisgo'i phen â chwmwl,
A llym ogleddwynt oer, a'r iâ,
Heb eidion da nac adfwl,
A'r sawl sy heb damaid yn ei gist,
Mae'n ddigon trist ei feddwl.'

'Mawrth ac Ebrill wnaeth y tro,
Yn deifio, gwywo'r meysydd;
Fy ngorchwyl i yw, fel y bu,
Sef ailwynebu'r dolydd,
A thaenu blodau yn ddi-oed
I wychu coed a bronnydd.

A glywi di mor fwyn fy nghog,
  A'r côr asgellog mwynion,
Sydd yn ymbyncio draw drwy'r dail
  Ym mrigau'r gwiail irion?
A'r meysydd âr, er gwaetha'r hin,
Sy'n glwyd o egin gleision.'

'O! wele! hai, bid da, bid drwg,
  Dy gilwg, neu'th deg berwyl,
Dau gant i un y gwelaf i
  Monot ti cyn f'arwyl:
Rwy'n disgwyl syrthio ar bob cam
I fynwes fy mam annwyl.'

Byrfoddau

Ba.	Bangor
BBCS	*Bulletin of the Board of Celtic Studies*
C	Caerdydd
GPC	*Geiriadur Prifysgol Cymru*
LlC	*Llên Cymru*
LlGC	Llyfrgell Genedlaethol Cymru
NWG	*The North Wales Gazette*
TCHNM	*Trafodion Cymdeithas Hynafiaethwyr a Naturiaethwyr Môn*
TCHSG	*Trafodion Cymdeithas Hanes Sir Gaernarfon*

Nodiadau

I. Prydnawngwaith y Cymry

tud.

18. Elfod. Dyma Elbodius neu Elfoddw, 'Archesgob Gwynedd' medd Brut y Tywysogion wrth nodi ei farw yn 809. Esgob Bangor o bosib, a Nennius yr hen hanesydd yn ei gyfrif ei hun yn ddisgybl iddo. Ychydig iawn a wyddom amdano, ond dywed Brut y Tywysogion iddo 'symud y Pasg i'r Brytaniaid', sef peri bod yr Eglwys Gymreig, wedi hir ddadlau, yn cydymffurfio â'r dull Rhufeinig o bennu dyddiad y Pasg.

    Yn 'Brutus neu Brydain' wele weddill bychan o'r hen, hen draddodiad mai dan arweiniad 'Brutus o Gaerdroea' y daeth y Brytaniaid gyntaf i'r ynys hon. Nennius yn yr *Historia Brittonum* (Hanes y Brytaniaid) sy'n rhoi 'Britto' fel enw arall ar Brutus, yn un o'i fersiynau o'r tarddiadau tywyll hyn, y dywedir wrthym fod tystiolaeth DNA bellach yn peri eu hailystyried.

20. Cynan Nant Nifer. 'Kynan Nawdd Nifer' meddai fersiwn Peniarth 20 o Frut y Tywysogion, ond tebyg fod 'Nant Nifer' y Llyfr Coch yn nes ati: Nanhyfer, bellach.

    Alfred Frenin yw 'Aelfryd Mawr', a osododd y Cymro hwnnw yn 'broffeswr' yn Rhydychen gan ddchrau dylifiad miloedd ar filoedd o Gymry yn athrawon i Loegr.

    'Y Bann Goleu' ac 'Ynegyd' medd Brut y Tywysogion (Peniarth 20) am safleoedd y ddwy frwydr ym Môn.

21. Mae'r darn hwn a italeiddiwyd i'w gael yn y llawysgrif a hefyd yn y drafft Saesneg cynharach. Penderfynodd un ai Robert Williams neu John Jones y cyhoeddwr ei dorri allan am ryw reswm.

23 Yr oedd 'Cynwy' yn hen ffurf ddigon cyffredin ar 'Conwy', y dref a'r afon. ('Treganwa', meddai Thomas Williams yr anterliwtiwr o Lanllechid am y dref.)

Tebyg fod yr 'haid o locustiaid' yr un rhai â'r creaduriaid rhyfedd a ddisgrifir gan Frut Peniarth 20: 'Blwyddyn wedi hynny y diffygiawdd bara yn Iwerddon o achaws pryfed a ddigwyddawdd [= ddisgynnodd] o'r awyr â deuddaint iddynt ar waith twrch daear, a'r rhai hynny a fwytasant y bwyd oll ac a ddistrywyd drwy unpryd [= ympryd] a gweddi'.

24 'Gwŷr Dulyn', yma fel yn y Brut, yw'r Llychlynwyr a oedd wedi ymsefydlu yn Nulyn.

28 Swân, Sweyn neu Yswein (a gamenwir 'Ywein' ym Mrut Peniarth 20) yw'r pennaeth Llychlynig a roes yr enw Saesneg ar ddinas Abertawe. Mab Harald, a thad yr enwog Frenin Cnud, neu Caniwt.

29 Rhain, medd Peniarth 20 (yn gywirach, mae'n debyg) am yr ymhonnwr a elwir 'Rhun' yma.

31 Edward Gyffeswr yw'r Edward hwn.

33 Brwydr Mynydd Carn, yn Nyfed, yw hon 'ar fynyddoedd Carno'; buddugoliaeth dyngedfennol Gruffudd ap Cynan.

39 Yr arysgrif Ladin: 'Yma gorwedd yn gladdedig, yr enwog Frenin Arthur yn Ynys Afallon'. Y trawsgrifiad cywir yw: 'Hic iacet sepultus inclitus rex Arturius in insula Avalonia'.

48 Yn sicr nid oedd Roger Mortimer yn frawd-yng-nghyfraith i'r Llyw Olaf. Tebyg fod yma ryw gymysgu, gan W.W. neu rywun o'i flaen, â Ralph Mortimer, ail ŵr Gwladys Ddu ac felly brawd-yng-nghyfraith Dafydd fab Llywelyn Fawr. (Yr oedd y Llyw Olaf a Roger Mortimer ill dau yn wyrion i Lywelyn Fawr, ond o ddwy berthynas wahanol; hanner cefndyr, felly.)

61 Anodd deall sut y gallodd W.W., gyda'i wybodaeth amgenach, ddweud 'na feiddiai un ei broffesu ei hun yn fardd' dros ysbaid can mlynedd wedi'r goresgyniad Normanaidd. Enghraifft o ddilyn haneswyr eraill sydd yma, Warrington yn arbennig efallai.

63 Yn sicr nid mab i'r Llyw Olaf oedd Madog ap Llywelyn, arweinydd y gwrthryfel hwn, er i lawer gredu hynny. Mab ydoedd i Lywelyn ap Maredudd o Feirion, o un o is-ganghennau teulu tywysogol Gwynedd. Arno gweler y *Bywgraffiadur*; hefyd: John Griffiths, 'The Revolt of Madog ap Llywelyn, 1294-5', TCHSG 16 (1955), t. 12; A.D. Carr, 'Madog ap Llywelyn: the Revolt of 1294-5 in Caernarfonshire', TCHSG 58 (1997), t. 35.

65 O'r *Myvyrian* y cafodd W.W. yr awdl hon i Gruffydd Llwyd. Bardd yn ei flodau tua 1280-1320 oedd Gwilym Ddu o Arfon, yn ôl y *Bywgraffiadur*. Benthyciodd W.W. ei enw yn enw barddol, er na ddefnyddiodd lawer arno.

67 Thomas Pennant sy'n awgrymu i Owain Glyndŵr fod 'yn gysurus gydymaith' i Risiart II wedi ei garchariad. Anodd cael unrhyw warant o hyn. Llyfr bach prin, gwerth gwybod amdano yw: O.M. Edwards, *Owen Glyndwr gan Thomas Pennant*, gyda rhagymadrodd (Caernarfon, d.d.). Cyfieithiad ydyw o'r adran ar Lyndŵr yn nheithlyfr Pennant, a'r rhagymadrodd yn cywiro rhai pethau fel hwn.

69 Nid Iolo Goch biau'r cywydd hwn, ac nid Glyndŵr yw'r 'gŵr hir', er gwaethaf traddodiad cryf o honni hynny yn y llawysgrifau. Cywydd brud gan fardd anhysbys ydyw, i un o'r Tuduriaid adeg Rhyfeloedd y Rhos, ac yn llawn o drawiadau cyfarwydd y canu darogan. Ceir trafodaethau arno: W.J. Gruffydd, *Y Cymmrodor* (1909), t. 105; Henry Lewis, BBCS I, t. 305. Yn *Y Flodeugerdd Newydd* (Caerdydd, 1909) cynhwysodd Gruffydd ef dan enw Iolo Goch (t. 12), ond brysio yn ei nodiadau (t. 211) i rybuddio nad Iolo a'i piau!

75 Ers canrifoedd yr oedd traddodiad wedi uniaethu mwy nag un Elen, neu wedi cymysgu rhyngddynt. (1) Elen Luyddog, ffigur mytholegol, efallai dduwies Geltaidd, nawdd-dduwies y lluoedd neu'r byddinoedd. (2) Elen ferch Coel Godebog, pendefig Brythonaidd yn byw efallai tua dechrau'r bumed ganrif. (3) Y Santes Elen neu Helena, mam Custennyn Fawr, a thraddodiad amdani iddi 'ddarganfod y wir groes' yng Nghaersalem. (4) Elen ferch Eudaf ap Caradog, a gwraig Macsen Wledig yn y chwedl. Yr ail a'r drydedd Elen a wneir yn un yn y cwpled o waith 'un o'r hen feirdd', a daw hyn yn syth o *Ddrych y Prif Oesoedd*, Theophilus Evans. Mae stori Breuddwyd Macsen yn uniaethu'r Elen gyntaf a'r bedwaredd.

78 Sylwer ar 'y lloi aur', gyda 'lloi' yn unigol. Amlwg mai felly y golygir ef drachefn yn yr ysgrif 'Hanes Pedwar o Gymydogion' (t. 89). Tebyg mai 'lloeau' fyddai'r lluosog i W.W., fel i lawer o Wyneddwyr: testun chwerthin i bobl rhannau eraill o Gymru! Noda GPC yn gall 'lloe' fod yn unigol.

79 'Yn lle hynny ar y Sul ... ac anhrefn'. Amlwg i'r awdur benderfynu bod y disgrifiad hwn yn rhy dda i'w ddefnyddio ddim ond unwaith, ac fe'i cawn eto yn 'Hanes Pedwar o Gymydogion'.

II. Ysgrifau

rhif

1. LlGC 19069 D, Caerdydd 4.50. 'Coffadwriaethol Hanes fy Ewythr Huw Rolant a Modryb Marsli'. Er mor addas fuasai i ryw gylchgrawn, nid ymddengys i'r ysgrif hon gael ei chyhoeddi yn oes W.W. Ond fe'i cyhoeddwyd bedair gwaith yn ystod yr ugeinfed ganrif, mewn tri golygiad gwahanol. Dyma'r darn o waith W.W. a argraffwyd amlaf o ddigon. Gweler y Llyfryddiaeth.

2. LlGC 19070 D. 'Hanes Pedwar o Gymmydogion'. Gweler LlC 19 (1996), t. 79.

3. LlGC 19070 D. 'Dieithrol Ddamwain Gŵr o Fôn'. Gweler TCHNM (1995), t. 83.

4. *Y Cylchgrawn Cynmraeg* (1793), t. 221. 'Hynod weledigaeth gwr bonheddig o Ffraingc, tra ydoedd ymhell oddi Cartref, yn ymdeithio yn un o Wledydd y DWYRAIN. [*a gymmerwyd allan o Waith a elwir* – THE PATRIOT]'. Arwyddwyd 'G.' ar ddiwedd yr ysgrif. Gweler: Gwyn A. Williams, 'Morgan John Rhys and Volney's *Ruins of Empires'*, BBCS, xx (1962), t. 58.

5. LlGC 19069 D, Caerdydd 4.50. 'Y Misoedd'. Gweler LlC 22 (1999), t. 93.

Wrth gwt yr ysgrif rhoddodd W.W. y dyddiad 'Mai 1af 1810', ac ychwanegodd y nodyn: 'Mae'n beth tra hynod i olygu arno fod y ddaear yn impio ac yn rhoddi ei ffrwyth o bob rhyw, mewn cyn lleiad o amser ac o gylch 180 o ddyddiau, ac ynghorph yr 180 arall pa rai a wna i fynu y flwyddyn, yn diflanu ac yn marw.' Am drafodaethau ar 'Englynion y Misoedd', gweler: Kenneth H. Jackson, *Early Welsh Gnomic Poetry* (Caerdydd, 1935, 1961), tt. 37, 66; *idem*, *Studies in early Celtic Nature Poetry* (Caergrawnt, 1935; Felinfach, 1995), *passim*; Nicolas Jacobs, '"Englynion" y Misoedd: Testun B, neu fersiwn Llansteffan 117, a Pheniarth 155', *Dwned* 6 (Hydref 2000), t. 9; *idem*, 'The "Stanzas of the Months": Maxims from Late Medieval Wales, *Medium Aevum* L (2001), t. 250; *idem*, '"Englynion" y Misoedd: Testun C neu Fersiwn Nyffryn', LlC 25 (2002), t. 1.

Nid oes lwyr gytundeb pwy oedd y 'bardd Seisnig' a gyfieithir dan fis Rhagfyr: un ai Simon Wastell neu Francis Quarles, cyfoeswyr yn nechrau'r ail ganrif ar bymtheg. Bu cynigion cynharach ar drosi'r darn hwn i'r Gymraeg; gweler: Brinley Rees, *Dulliau'r Canu Rhydd* (Caerdydd, 1952), t. 209; Nesta Lloyd, *Blodeugerdd Barddas o'r Ail Ganrif ar Bymtheg*, Cyf. 1 (Barddas, 1993), tt. 117, 364.

III. Cerddi

rhif

1. Ba. 868, Ba. 2633, NWG 1 Medi 1808: 'Mari Lân o'r Dyffryn' (gan Idwal). Cynhwysir y gerdd hon a hefyd rhifau 2, 3, 13, 19 yn y gwaith 'Hanes Ifan o'r Cyffredin Glas', y mae'r ddwy lawysgrif uchod yn gopïau ohono. Golygais y testun cyfan, gyda rhai sylwadau ar ei gefndir, yn LlC 20 (1997), t. 75. Gwelir mai math o fraslun nofel ydyw, mewn rhyddiaith a mydr bob yn ail, patrwm poblogaidd yng nghyfnod W.W. ac am beth amser wedyn.

Tebyg mai bwa heb fod ar annel, neu heb ei dynnu, yw'r 'bwa swrth' yn y seithfed pennill.

2. LlGC 19070 D: 'Y Goedwig A ysgrifenwyd Ynghoed y Penrhyn yn yr Hâf 1797 '. Ba. 868, Ba. 2633. *Y Greal* 1805: 'Y Goedwig' (gan Gwilym). NWG 11 Awst 1808 (gan Idwal), ac eilwaith 11 Chwefror 1819.

3. Ba. 868, Ba. 2633.

4. LlGC 19070 D: 'Ar foreu ddydd Calanmai, wedi gaeaf anghysurus'.

5. Ba. Penrhyn Ychwanegol 2942: 'Y Bara a'r Gwin ar fwrdd y Cymmun'.

6. LlGC 19069 D: 'Rhag pob cnawdol awydd, gwared ni o Arglwydd'.

7. NWG 6 Medi 1821: 'Pennillion o waith y diweddar W.W. Llandegai. O DDUW!' Dangosir y rhaniad wedi'r pumed pennill, am nad yw'n gwbl glir ai un gerdd ai dwy sydd yma. Wedi'r pum pennill cyntaf yng ngolofn farddol y NWG rhoddir trosiad rhyddiaith Saesneg ohonynt; yna fe ddilyn y tri phennill arall, gyda 'W.W.' ar y diwedd.

8. LlGC 19070 D: 'Gweddi a Ysgrifenais ddydd Calan 1796. W.W.'. *Trysorfa Gwybodaeth neu Eurgrawn Cymraeg* [Rhan I] (1807), t. 28

9. LlGC 19070 D: 'Yn iâch i'r Goedwig. A sgrifenwyd ynghoed y Penrhyn, ar ddydd Sul y 5d o Awst 1798'. Rhydd-gyfieithiad yw hon o gerdd Saesneg, mewn cwpledi arwrol, a gyfansoddwyd ryw fis ynghynt ac a geir yn yr un llawysgrif: 'Farewell to Penrhyn Woods for the remainder of the Summer 1797 now first of July'. Cyhoeddwyd y fersiwn Saesneg uwch enw 'W.W. late of Llandegai', NWG 13 Medi 1821.

10. LlGC 19070 D: 'Ar Fêdd Grâs, diweddar wraig, Rhisiard Williams, Dolawen. A gladdwyd yn Llanllechid.' Bu'r llinell 'O'r byd hwn i'r bywyd hir' gan Ddafydd ab Edmwnd. Wedi llechu yn y cof, tybed, fel sy'n digwydd weithiau?

11. LlGC 19070 D: 'Ar adferiad Iechyd i'r Brenhin George y trydydd o'i orphwyllglwyf athrist ym Mawrth 1789'. Mab i Helios, duw'r haul, oedd Phaeton neu Phaethon yn ôl y chwedl Roegaidd. Doedd dim byw na marw na châi Phaeton yrru cerbyd ei dad, ac wedi dyfal swnian gan y mab a'i fam, ildiodd yr hen ddyn ryw ddiwrnod i'w gais. Dan law'r gyrrwr gwyllt, dibrofiad, bu bron i'r cerbyd (sef yr haul) ddod yn rhy agos at y ddaear a'i rhoi ar dân. Trawyd Phaeton yn farw gan un o folltau Zews. Gadawodd ei enw ar fath o gerbyd. Sonia seicolegwyr am 'gymhlethdod Phaetonaidd', ac yn ôl Dr. Emyr Wyn Jones dyna oedd yn bod ar H.M. Stanley. Gweler ei lyfr *Henry M. Stanley: Pentewyn Tân a'i gymhlethdod Phaetonaidd* (Dinbych, 1992). Caed cryn brydyddu yn y cyfnod i afiechyd ac adferiad Siôr III, a bydd y rhai a welodd y ffilm, *The Madness of King George*, yn gyfarwydd â'r hanes. Fe welir fod W.W. yn bur drugarog yn ei gyfeiriad at y Rhaglyw Dywysog (y darpar Siôr IV) yn rhan Phaeton. A thrwy drugaredd daeth Phoebus (neu Apolon), sef y brenin, yn ei ôl; hynny'n wahanol i Romulus, cyd-sefydlydd Rhufain, a ddiflannodd yn sydyn o blirh ei bobl un diwrnod heb olwg ohono mwy, dim ond rhyw stori ei fod wedi ei gipio ymaith gan Fawrth mewn cerbyd tân.

12. LlGC 19070 D: 'Gwahoddiad i'r Blodeuyn, yn ôl Hervey'. Gwaith poblogaidd iawn yn ei ddydd oedd *Meditations and Contemplations* (1745-7), James Hervey. Cafodd W.W. gopi yn rhodd gan ei gyfaill Robert Hughes (Robin Ddu II o Fôn). Chwe cherdd weddol hir yn y mesur moel yw corff y gwaith, gyda 'Reflections in a Flower-garden' yn un ohonynt. Cyfaddasiad rhydd iawn, ar fesur hollol wahanol, yw tri phennill W.W.; ond diddorol gweld fod D.Williams, Merthyr, yn ei rydd-gyfaddasiad Cymraeg (Llundain, 1828) – mydr a rhyddiaith bob yn ail – wedi dethol yr un darn i'w droi eto'n dri phennill. Awgryma'r tebygrwydd fod tri phennill yn y fan hon mewn un o amryw argraffiadau'r *Meditations and Contemplations*.

    Mae'r peidio â threiglo ar ôl *'th* (fe'th rhoddodd, o'th bedd) yn eithaf cyffredin yn y cyfnod, gyda digon o enghreifftiau yng ngwaith Twm o'r Nant.

13. Ba. 868, Ba. 2633, NWG 29 Medi 1808: 'Uchenaid am Râs a Rhyddid'. Rhan o 'waelod Bangor', fel y byddwn yn dweud, yw Erw Fair (y degfed pennill), a gwelir rhan o 'Lwybr Erw Fair' o hyd yn croesi cornel o Barc y Coleg.

14. LlGC 19070 D: 'Y Cî a'r dryll Cîg'. Un o'r amryw Chwedlau Esop a drosodd W.W. ar fydr a rhyddiaith.

15. LlGC 19070 D: 'Rhydd gyfieithiad or emyn hynod o waith Mr. Pope, yr hyn a enwodd ef – Y Weddi Gyffredinol.' NWG 7 Medi 1809. 'A Welsh versification attempted of Pope's Universal Prayer' (gan G.). Amlwg fod i'r emyn hwn ei apêl ar draws yr eglwysi a'r sectau, sef yr union beth y gobeithiai ei awdur amdano, gyda throsiadau Cymraeg hefyd gan Evan Pritchard (Ieuan Lleyn) a chan David Davis, Castell Hywel.

16. LlGC 19070 D: 'Fy nydd genedigol. Mawrth 1af 1800'. Rhywbeth fel 'rhynnu'n druan' yw ystyr 'rhynnu'n rhwyd' yn y trydydd pennill. Ceir 'yr hen rwyd' yn weddol gyffredin yng ngwaith Twm o'r Nant a'i gymheiriaid am 'yr hen druan', 'yr hen greadur'.

17. LlGC 19070 D: 'A Translation' yw'r teitl, o dan gopi o gerdd Elizabeth Moody, 'On the death of the Queen of France'. Gweler *Un o Wŷr y Medra*, tt. 245-6.

18. LlGC 19070 D: 'Enbydrwydd Llysoedd, a Chymdeithas eu Preswylwyr'.

19. Ba. 868, Ba. 2633, NWG 13 Hydref 1808 a thrachefn 25 Gorffennaf 1816. Llythyr at 'gyfaill o sectwr' yw hwn gan Ifan o'r Cyffredin Glas, ac fe'i rhagflaenir gan ddwy adnod: 'Ier. VII.4. Nag ymddiriedwch mewn geiriau ofer, gan ddywedyd, Teml yr Arglwydd, Teml yr Arglwydd yw y rhai hyn. Rhuf. X.8. Mae'r Gair yn agos attad sef yn dy Enau ac yn dy Galon'.

    Daw 'Apolos' (pennill 10) o'r Actau 18: 24-8. 'Alexandriad o genedl, gŵr ymadroddus, cadarn yn yr ysgrythurau'.

20. LlGC 19070 D: 'The First of March 1808'.

21. LlGC 19070 D: 'Y prinder a'r mawr ddrydaniaeth yn y flwyddyn 1800'.

22. LlGC 19070 D, NWG 6 Medi 1808, a thrachefn 2 Ebrill 1818: 'Anrheg Tâd iw ferch Galanmai 1790. Myfyrdod Gwen'.

23. LlGC 19070 D. NWG 6 Medi 1808, a thrachefn 2 Ebrill 1818: 'The foregoing attempted in an English verse. The Fair's Meditation'.

24. LlGC 19070 D, NWG 8 Ionawr 1818: 'Y Grwgnachwr'.

25. NWG 8 Mai 1820: 'Calanmai Oer a Llwm, gan y diweddar William Williams, Llandegai'. Benthyciad hapus oddi ar y Bardd Cwsg yw'r 'côr asgellog mwynion / Sydd yn ymbyncio draw drwy'r dail' (y chweched pennill).

Llyfryddiaeth

I. GWAITH CYHOEDDEDIG GAN WILLIAM WILLIAMS

Prydnawngwaith y Cymry neu fer hanes o lywodraeth y tywysogion Cymreig ar Gymru, yr hon a barhaodd o'r flwyddyn o oed ein hiachawdwr 686 hyd y flwyddyn 1283. A amcanwyd megis cyflenwad i'r llyfr a elwir Drych y Prif Oesoedd (Trefriw, 1822).

Observations on the Snowdon Mountains, with some account of the customs & manners of the inhabitants to which is added a genealogical account of the Penrhyn Families (Llundain, 1802).

'A Survey of the Ancient and Present State of the County of Caernarvon by a Land Surveyor, 1806', gol. Emyr Gwynne Jones o lawysgrif LlGC 821 C, yn TCHSG 33 (1972), t. 190, 34 (1973), t. 112, 36 (1975), t. 194, 37 (1976), t. 133, 38 (1977), t. 139, 39 (1978), t. 108.

'Coffadwriaethol Hanes fy Ewythr Huw Rolant, a Modryb Marsli', gol. (1) J.E. Griffith, TCHNM 1932, t. 105; (2) T.G. Walker, *Dau Blwyf: hanes Llangristiolus a Cherrig Ceinwen* (Llangristiolus, 1944), t. 62; (3) golygiad T.G.W. eto, gyda chyflwyniad gan David Thomas, *Lleufer* XI (1955), t. 188; (4) Graham G.C. Thomas, *Y Drysorfa* CXXXVIII (1968), T. 193.

'Stori Dylwyth Teg o Fôn', gol. Dafydd Glyn Jones, TCHNM 1995, t. 83.

'Hanes Pedwar o Gymmydogion', gol. *idem*, LlC 19 (1996), t. 79.

'Hanes Ifan o'r Cyffredin Glas', gol. *idem*, LlC 20 (1997), t. 75.

'Y Misoedd', gol. *idem*, LlC 22 (1999), t. 93.

II. RHAI GWEITHIAU GAN WILLIAM WILLIAMS MEWN LLAWYSGRIF

Ba. 91. 'Hanes Teulu Gwydir o gyfansoddiad Syr John Wynne o Wydir ...' (Cyfieithiad i'r Gymraeg).

Ba. Pen.Ych. 2942. 'Cofnodau Hanesyddol Perthynol i Gymru yn y rhan fwyaf. Edrybod Cwtta. 1800.' Cynnwys ddrafft Saesneg sy'n cyfateb i tua hanner y *Prydnawngwaith*.

C. 4.50. Amrywiol gerddi, ysgrifau a chofnodion.

LlGC 822 C. 'Historical Memoirs of the ancient and present state of Mona or the Isle of Anglesey By a land Surveyor ... 1807.'

LlGC 6707 C. 'Prydnawngwaith y Cymry'.

III. BYWYD A GWAITH WILLIAM WILLIAMS

Dafydd Glyn Jones, *Un o Wŷr y Medra[:] Bywyd a Gwaith William Williams, Llandygái 1738-1817* (Dinbych, 1999). Ad. Trefor M. Owen, TCHSG (1999), t. 151. Ad. Prys Morgan, TCHNM (2000), t. 80.

Edmund Williams, 'Cofiant y diweddar Mr. William Williams, Llandegai, Arfon, mewn llythyr oddiwrth ei fab at Griffith Williams, o'r Braich Talog', *Y Gwyliedydd,* Ebrill 1828, t. 97.

W.R. 'Hanes Bywyd y diweddar Mr. William Williams, gynt o Landegai, gerllaw Bangor, Swydd Gaernarfon', *Y Gwladgarwr* Cyf. VIII, Rhif XCI (Gorffennaf 1840), t. 193.

Y Bywgraffiadur Cymreig, t. 1015.

IV. RHAI LLYFRAU HANES

(a) Rhai o weithiau'r 'traddodiad' (yn nhrefn eu cyfansoddi):

David Powel, *Caradoc of Llancarfan: the historie of Cambria now called Wales* ... (Llundain, 1584; adarg. Amsterdam ac Efrog Newydd, 1969).

Charles Edwards, *Y Ffydd Ddi-ffuant, sef Hanes y Ffydd Gristianogol a'i Rhinwedd* (Rhydychen, 1667; helaethwyd 1671, 1677). Gol. G.J. Williams (Caerdydd, 1936). Detholiad ohono yw Hugh Bevan, gol., *Hanes y Ffydd yng Nghymru* (Caerdydd, 1948).

William Wynne, *The History of Wales, written originally in British by Caradoc of Llancarvan, translated into English by Dr. Powell, augmented by W. Wynne* ... (Llundain, 1697).

Theophilus Evans, *Drych y Prif Oesoedd* (Amwythig, 1716, 1740, ac amryw argraffiadau wedyn). Golygiadau modern: S.J. Evans (testun cyfan 1740) (Bangor, 1902); David Thomas (rhan gyntaf 1740) (Caerdydd, 1955); Garfield H. Hughes (testun 1716) (Caerdydd, 1961).

Simon Thomas, *Hanes y Byd a'r Amseroedd; Er Hyfforddi rhai o'r Cymru* (Llundain, 1721).

Thomas Williams, *Yr Oes Lyfr* (Caerfyrddin, 1724).

William Warrington, *The History of Wales, in nine books with an Appendix* (Llundain, 1786).

Titus Lewis, *Hanes Wladol a Chrefyddol Prydain Fawr* (Caerfyrddin, 1810).

David Peter, *Hanes Crefydd yn Nghymru ... hyd y flwyddyn 1816* (Caerfyrddin, 1816).

Robert Jones, *Drych yr Amseroedd* (Trefriw, 1820). Arg. newydd, gol. Glyn M. Ashton (Caerdydd, 1958).

Thomas Thomas, *Memoirs of Owen Glendower (Owain Glyndwr) with a sketch of the History of the Ancient Britons* ... (Hwlffordd, 1822).

Thomas Price (Carnhuanawc), *Hanes Cymru a Chenedl y Cymry* (Crughywel, 1842).

Jane Williams (Ysgafell), *A History of Wales derived from Authentic Sources* (Llundain, 1869).

R.J. Pryse (Gweirydd ap Rhys), *Hanes y Brytaniaid a'r Cymry* I, II (Llundain, Caer ac Abertawe, 1872-4).

O.M. Edwards, *Hanes Cymru* I, II (Caernarfon, 1895, 1899).

idem, *Wales* (Llundain, 1901).

(b) Llyfrau haneswyr yr ugeinfed ganrif:

W. Ambrose Bebb, *Ein Hen, Hen Hanes* (Wrecsam a Chaerdydd, d.d.)
idem, *Llywodraeth y Cestyll* (Wrecsam a Chaerdydd, 1934).
A.D. Carr, *Llywelyn ap Gruffydd ?-1282* (dwyieithog) (Caerdydd, 1982).
John Davies, *Hanes Cymru* (Llundain, 1990).
R.R. Davies, *The Revolt of Owain Glyndŵr* (Rhydychen ac Efrog Newydd, 1995).
idem, *Owain Glyndŵr, trwy ras Duw Tywysog Cymru* (Tal-y-bont, 2002).
idem, *The Age of Conquest[:] Wales 1063-1415* (Rhydychen ac Efrog Newydd, 1987).
David Fraser, *Y Goresgynwyr* (cyf. T.H. Parry-Williams) (Caerdydd, 1966).
idem, *Yr Amddiffynwyr* (cyf. Bedwyr Lewis Jones) (Caerdydd, 1967).
J.E. Lloyd, *A History of Wales from the Earliest Times to the Edwardian Conquest* I, II (Llundain &c, 1912).
idem, *Owen Glendower* (Rhydychen, 1931).
J. Beverley Smith, *Llywelyn ap Gruffydd Tywysog Cymru* (Caerdydd, 1986).

V. RHAI FFYNONELLAU

Thomas Jones, *Brut y Tywysogyon. Peniarth Ms. 20* (Caerdydd, 1941). (Y testun Cymraeg.)
idem, *Brut y Tywysogyon or the Chronicle of the Princes. Peniarth Ms. 20 Version* (Caerdydd, 1952). (Cyfieithiad Saesneg a nodiadau.)
idem, *Brut y Tywysogyon or the Chronicle of the Princes. Red Book of Hergest Version* (Caerdydd, 1955). (Testun, cyfieithiad a nodiadau.)
idem, *Brenhinedd y Saesson or the Kings of the Saxons* (Caerdydd, 1971). (Testun, cyfieithiad a nodiadau.)
Huw Pryce, *The Acts of Welsh Rulers 1120-1283* (Caerdydd, 2005).

VI. CEFNDIR

Dafydd Glyn Jones, 'Saith Math o Hanes', *Agoriad yr Oes* (Tal-y-bont, 2001), t. 181; hefyd yn Geraint H. Jenkins, gol., *Cof Cenedl* XIV (1999), t. 69.
Prys Morgan, *The Eighteenth Century Renaissance* (Llandybie, 1981).
idem, 'From a Death to a View: The Hunt for the Welsh Past in the Romantic Period', yn E.J. Hobsbawm a Terence Ranger, goln., *The Invention of Tradition* (Caergrawnt ac Efrog Newydd, 1983), t. 43.

(Am ragor o gyfeiriadau gweler Llyfryddiaeth *Un o Wŷr y Medra*.)

Geirfa

Allwedd

a.	*ansoddair*	*e.bg.*	*enw benywaidd neu wrywaidd*
adf.	*adferf*	*e.g.*	*enw gwrywaidd*
amr.	*amrywiad*	*e.ll.*	*enw lluosog*
ardd.	*arddodiad*	*ebych.*	*ebychiad*
b.	*berf*	*rhag.*	*rhagenw*
e.b.	*enw benywaidd*	*S.*	*Saesneg*

Fe wêl y darllenydd yn syth fod ystyron eraill i rai o'r geiriau hyn. Rhoddir yma yn unig yr ystyron sy'n berthnasol i'r testun.

adfwl *e.g.* tarw wedi ei ysbaddu, bustach
adladd *e.g.* ail dyfiant, yr hyn sy'n aros ar ôl medi
aflasusol *a.* di-flas
amor *e.g.* llwyddiant, hapusrwydd; **cyfarch amor**, cyfarch gwell
amrafaelion *e.ll. amr. ar* ymrafaelion
anair *e.g.* enw drwg, anghlod
anallu *fel a.* tlawd, heb fodd
anfarchnadol *a.* anwerthadwy
anghywraint *a.* anghelfydd, anfedrus, di-lun
anoddefol *a.* anoddefgar
anwybodol *a.* anwybodus
arddelwad *e.g.* hawl, teitl
arddelwi *b.* hawlio, mynnu, honni
araul *a.* disglair, gloyw, hyfryd
ardreth *e.b.* rhent
ardymer *e.b.* tymheredd
ar ddidro *adf.* ar grwydr
ar ddigrain *adf.* ar grwydr
arddu *b.* troi tir, aredig
atyfu *b.* aildyfu, ailegino
bedlemiaid *e.ll.* 1. cardotwyr. 2. gwallgofiaid
berw Ffreinig *e.g.* + *a.* berwr gardd, *S. cress*
blaendarddiad *e.g.* blaguriad, eginiad
blaendiroedd *e.ll.* gororau
blaenllymu *b.* miniogi
blith *a.* llaethog
boddgar *a.* dymunol, deniadol
bradfwriad *e.g.* cynllwyn, brad
braenaru *a.* troi tir
bregedd *e.g.* oferedd, gwegi
breuol *a.* brau, darfodedig
brodoriaeth *e.b.* brawdoliaeth
brwysgawl *a.* ffyrnig, chwyrn
brydio *b.* poethi
brydion *a.ll.* cynnes
budrogod *e.ll.* puteiniaid
bwyd y barcut *e.g.* caws llyffant
bywioli *b.* bywiogi, bywiocáu, deffro

cafod *e.b.* tarddiant neu lid ar y croen
camedd *e.g.* tro, plyg
cefnu *b.* cefnogi

cenhadu *b.* caniatáu
cenhedlaeth *e.b.* cenedl
cethin *a.* garw, caled
ceudod *e.g.* tu mewn
cilgwthiad *e.g.* gwth, hwrdd
clau *a.* eglur, amlwg
clwyd *e.b.* rhwyllwaith
cnydiol *a.* toreithiog, yn dwyn cnwd
cociau *e.ll. lluos.* **cocyn**. twmpathau, mydylau bychain
cogesu *b.* coginio
corddrain *e.ll.* mân ddrain
creirwy *e.g.* crair
cuwch *a.* cyfuwch, cyn uched
cydgor *e.g.* corws, cytgan
cyfarchus *a.* serchog, parod eich cyfarchiad
cyfarchwylio *b.* gwarchod, gofalu am
cyfrdro *a.* cyflawn, perffaith
cyfylchu *b.* torri'n fylchau, bylchu o gwmpas
cynghorfa *a.* senedd, ystafell cyngor
cynghorus *a.* doeth ei gyngor
cymynu *b.* torri i lawr
cyniweirfa *e.b.* cynefin, cyrchle, hoff le
cysurol *a.* calonnog
cywraint *a.* celfydd

chwilenna *b.* chwilota, mân-ladrata
chwynoglyn *e.g.* chwynnyn; *ffig.* rhywbeth diwerth

dail surion *e.ll.* + *a.* suran, *S. sorrel*
dera *e.b.* bwystfil
diatreg *a.* sydyn, syth, diymdroi
di-dlws *a.* diolwg, hyll
diddeunydd *a.* diwerth, da-i-ddim
difuddiad *e.g.*, **difuddio** *b.* ysbeilio, amddifadu
digwrs *a.* afreolus, di-ddisgyblaeth
dihir *a.* drwg, cnafaidd
dihirwaith *e.g.* anfadwaith
dihuddo *a. amr. ar* **dyhuddo**, tawelu, bodloni
diochri *a.* union, syth
diwarth *a.* di-fai, anrhydeddus
Diwsul *e.g.* dydd Sul
diymdro *a.* diymdroi
drygnad *e.b.* sŵn drwg, nadu, swnian
dryll *e.g.* darn
dwrd *e.b.* cerydd
dychrynllyd *a.* dychrynedig
dychymygol *a.* ffantasïol, disylwedd
dychymygwyr *e.ll.* ? twyllwyr
dyfyn *e.bg.* galwad, archiad
dygyfor *e.g.* mynd a dod

ebargofiant *e.g.* pardwn cyffredinol
echwng *e.g.* cyfyngder
echwyn *e.g.* benthyg
edrydd *e.g.* adroddiad, hanes
efrau *e.ll.* chwyn
eglwyswr *e.g.* offeiriad
ehud *a.* ffôl, difeddwl, hawdd ei dwyllo
eirian *a.* hardd, teg, disglair
eisglwyf *e.g.* plewrisi
elwig *e.b.* ffurf, dull

ffaethu *b.* meddalhau
ffest *a.* cyflym
ffromwyllt *a.* cynddeiriog, gorffwyll

garwino *b. amr. ar* gerwino
gelach *e.g.* cnaf
goddiwes *b.* goddiweddyd
golaeth *e.g. amr. ar* gwylaeth, letys
golchion *e.ll.* bwyd moch
golechu *b.* llechu, llercian

golygu *b.* goruchwylio, cadw golwg ar
gorawen *e.b.* llawenydd
gorddiwes *b.* goddiweddyd
gorfyddyd *b.* goddiweddyd
gorllin *e.g.* prif linach
gorsedd *e.b.* bryncyn
gorthrwm *a.* rhy drwm, trymaidd
gosodfa *e.b.* trefniant
grydwst *e.g.* griddfan, tuchan, sŵn isel
gwaethygu *b.* trechu, gorchfygu
gwahanol *a.* didoledig, wedi ei fwrw allan
gwâr *a.* tawel, llonydd
gwarogi *b. amr. ar* darostwng, ffrwyno, dwyn dan yr iau
gwarrog *e.b.* 1. ergyd ar war. 2. iau, cebystr
gwarthau *e.g. amr. ar* gwarthaf
gwasgwychder *e.g.* gwag-ymffrost, gwychder ffôl
gweinidogion *e.ll.* gweision
gwibiaid *e.ll.* crwydriaid, pobl ansefydlog
gwinegr *e.g.* finegr
gwirion *a.* diniwed
gwlych *e.g.* 1. diod. 2. glaw
gwybodol *a.* gwybodus, goleuedig
gwŷd *e.g.* nwyd, pechod
gwŷn *e.g.* mympwy

haeddol *a.* haeddiannol
hinon *e.b.* tywydd braf
hurthgen *e.g.* hurtyn, twpsyn

impio *b.* trawsblannu, grafftio
insel *e.b.* sêl

llebanaidd *a.* lloaidd, gwladaidd, hurt
lledfrydedd *e.g.* penwendid
lledfrydus *a.* penwan, gwallgof
lledrydd *a.* gweddol rydd
lletyf *e.g.* llety
llewygu *b.* llwgu
lloi *e.g. amr. ar* llo
llydlyd *a.* llwydaidd, gwelw
llysu *b.* 1. gwrthod, nacáu. 2. rhwystro

mabaidd *a.* 1. ifanc. 2. llencynnaidd, llancaidd
madrondod *e.g.* penwendid
maethgen *e.b.* curfa
mall *a.* llwgr, melltigaid
mechnïo *b.* rhoi sicrwydd, gwarantu
methelu *b.* maglu, llesteirio
mursen *e.b.* hoeden
mynnyn *e.g.* mymryn, tamaid
myswynog *e.b.* buwch heb eni llo

neseifiaid *e.ll.* perthnasau agos

odfa *e.b.* (*amr. ar* oedfa) cyfle
oriau *e.ll.* gweddïau

parotoi *b. amr. ar* paratoi
pendalaith *e.b.* talaith, coronig
pennor *e.g.* penwisg
pigsofl *e.g.* sofl tenau, gwael
priodol *a.* priod
priodolaeth *e.b.* hawl
prysgwydd *e.ll.* mân lwyni
pwyllus *a.* doeth

rhimynnau *e.ll.* rhigymau, penillion
rhwyd *e.b.* truan; gw. nod. ar gerdd 16
rhyglyddon *e.ll.* teilyngdod, haeddiant

rhysgar *a.* rhyfelgar
rhyswr *e.g.* rhyfelwr

sieced *e.b. amr. ar* siaced
siomedd *e.g.* siom
sofldir *e.g.* tir sofl (h.y. gwair ifanc, tyfiant newydd)
swga 1. *a.* budr, di-raen. 2. *e.b.* slwten
swmbwl *e.g.* priciad, symbyliad
swrn *e.g.* 1. (o amser) ysbaid. 2. swm, nifer
swrth *a.* gw. nod. ar gerdd 1
syfrdanllyd *a.* hurt, penwan, penfeddw
syml *a.* diniwed, gwirion
synwyrolion *a.ll.* doeth, craff

talar *e.b.* pen tir âr, y lle y troir wrth aredig
tarfu *b.* ymlid, gyrru ar ffo
teio *b.* dwyn dan do
tith *e.b.* gwib, rhuthr
trafelu *b.* crafellu, rhwbio, brwsio
trawswyro *b.* gwyro, cyfeiliorni
tres *e.b.* cadwyn
trwsiadu *b.* harddu, addurno
trybestod *e.g.* cynnwrf, cythrwfl, terfysg
tyndir *e.g.* tir heb ei aredig

ychydigin *e.g.* ychydig bach
yng nghyfer *ardd.* ar gyfer, gyferbyn â
ymarhous *a.* araf
ymbell *rhag. amr. ar* ambell
ymffrwst *b.* dicter, cynddaredd
ymfotasu *b.* gwisgo esgidiau
ymgno *e.g.* cnofa, poen, anesmwythyd
ymgobu *b.* gwisgo côb
ymgredu *b.* cyfnewid cred neu addewid, cytuno i briodi
ym mhesg *adf.* yn pesgi
ympirio *b.* ymddangos (*S. appear*)
ymrewydd *b.* ymgyplu, trythyllu
ymsennu *b.* difrïo, sarhau, gwatwar
ymsymbylu *b.* eich gyrru'ch hun, styrio
yntaf, yntef *rhag.* yntau
ysgythru *b.* torri, tocio, barbio
ystaen *e.g.* tun, piwter
ystig *a.* dyfal, diwyd, brwd
ystyrio *b.* styrio, cymell, gyrru (*S. stir*)
ystyriwr *e.g.* styriwr, cymhellwr

Geirfa'r hen gerddi

addrossedd *e.g.* trais
aerbar 1. *a.* yn peri brwydr. 2. *e.g.* gwaywffon
aergad *e.b.* brwydr
allwynin *e.g.* tristwch
ancwyn *e.g.* 1. diod, dogn. 2. gwledd, cyfeddach
anudon *e.g.* cam-lw, llw celwyddog
anwedd *a.* enfawr, aruthrol
arial *e.g.* nwyf, ysbryd, dewrder
arygledd *adf.* ? ar ei aswy (yn llythrennol, ar ochr ei gledd)
arynaig *e.g.* dychryn, arswyd
awchlaif *a.* miniog ei gledd

cadrwalch *e.g.* gŵr cadarn, rhyfelwr
caith *e.ll.* caethion
cawdd *e.g.* trallod, tristwch
ced *e.b.* rhodd, *ffig.* rhoddwr
clust-hir *e.b.* ysgyfarnog
cofain *e.g.* cof
cronffair *e.b.* ? ffair fechan

cul *a.* tenau
cydwedd *e.g.* cymar
cyfedd *e.g.* 1. gwledd, cyfeddach. 2. cyd-yfwr, cydymaith
cymynu *b.* torri i lawr
cynddrygedd *e.g.* malais, drygioni
cynfyl *e.g.* cynnen, cweryl
cynhebyg *a.* tebyg, cyffelyb
cysair *e.g.* *amr. ar* cesair, cenllysg
cyswyn *e.g.* cyhuddiad, ensyniad
cywala *a.* tebyg, cyffelyb

chwŷl *e.b.* hynt, gyrfa

dedwydd *a.* *ac fel e.* 1. ffortunus, hapus. 2. daionus
diarchenad *a.* 1. heb ddillad, noethlwm. 2. heb esgidiau, troednoeth
didawl *a.* cyson, dibrin, hael
digyfedd *a.* 1. heb wledd neu gyfeddach. 2. ? digyfaill
dihewyd *e.g.* eiddgarwch, brwdfrydedd
dilyd *b.* dilyn
dir *a.* sicr
diriaid *a.* *ac fel e.* 1. anffortunus, annedwydd. 2. drygionus
diryfedd *a.* nid rhyfedd
diwarth *a.* anrhydeddus, clodfawr
diymgel *a.* di-gudd, amlwg
Dofydd *e.priod.* Duw
dyedd *e.b.* ? rhyfel, cythrwfl
dyhudd *e.g.* cysur, diddanwch

echwng *b.* rhwymo, caethiwo
edn *e.g.* aderyn
engiriawl *a.* erchyll, ysgeler
Eingl-dud *e.g.* Gwlad y Saeson
enwir *a.* celwyddog, twyllodrus, drygionus
eres *a.* rhyfeddol
erwyr *a.* tawel, tyner
esbys *a.* hysbys

fflwch *a.* hael, parod

Galiod *e.ll.* Ffrancwyr
geilwad *e.g.* aradrwr, gyrrwr gwedd
glyw *e.g.* arglwydd
gnawd *b.* mae'n arferol
gohir *e.g.* gohiriad, oediad
gorthir *e.g.* tir uchel
gryd *e.g.* 1. bloedd, gwaedd. 2. brwydr
gwaith *e.bg.* brwydr
gwawdgan *e.b.* cân o fawl
gwayw *e.bg.* gwaywffon
gwaywdwn *a.* â gwywffon doredig
gwyd *e.g.* 1. drygioni, pechod. 2. celwydd, ffug

heiniar *e.g.* cnwd, cynhaeaf
hilawn *a.* llawn, cyflawn
hirgain *a.* hir a braf
hydraul *a.* treuliedig
hyddail *a.* deiliog
hyffordd *a.* hawdd i'w dramwy
hyglyd *a.* clyd, diddos

lledfryd, lledfrydedd *e.g.* gwangalondid, iselder
llydnod *e.ll.* anifeiliaid

madferth *a.* gwych, rhyfeddol
maner *e.g.* baner
maranedd *e.ll.* pysgod, creaduriaid môr
maran[n]edd *e.ll.* trysorau
masw *a.* diffrwyth

mau *rhag. meddiannol* eiddof i
mawrair *e.g.* ymffrost
mefl *e.g.* cywilydd
menestr *e.g.* trulliad, gweinydd
merydd *e.g.* diogyn, pwdryn
mignedd *e.ll.* corsydd
modryda *e.g.* haid o wenyn, cwch gwenyn
modur *e.g.* pennaeth
molwynog *a.* bras, toreithiog
murn *e.g.* 1. twyll, cynllwyn. 2. trosedd. 3. llofruddiaeth

neu, neud *rhagddodiad* fe, mi
Nordd *e.priod.* Gogledd Lloegr

osb *e.g.* ymwelydd, gwestai
Owtils *e.ll.* Eidalwyr

pabir *e.ll.* canhwyllau
pensel *e.g.* baner, pennwn
pieufydd *b.* sydd piau
preiddin *e.g.* ysbail
prudd *a.* doeth

rheiddiau *e.ll.* 1. cyrn carw. 2. gwaywffyn
rheufedd *e.g.* golud, trysor

seirch *e.ll.* arfwisg

tonn *a.* toredig
trablwng *a.* blin iawn
traeturio *b.* bradychu
trulliad *e.g.* bwtler, gweinydd
trychni *e.g.* trychineb
trylwyn *a.* ? parod

uddfryd *a.* arglwyddaidd, pendefigaidd
unyd *a.* unffurf, o'r un hyd

wybraidd *a.* cymylog

ynghlyd *adf.* ? yn glyd
yngryd *adf.* ? mewn brwydr
ymbyncio *b.* canu
ynyd *e.g.* dechrau'r Grawys
ysgwaeth *a.* gwaeth
yspeilynt *e.ll.* ysbail

CYFROLAU CENEDL

Yn awr ar gael yn y gyfres hon:

1. *Canu Twm o'r Nant*. Gol. Dafydd Glyn Jones. ISBN 978-0-9566516-0-0. Pris £15. Y casgliad safonol cyntaf oddi ar 1889 o waith 'pen bardd Cymru' (chwedl ei gyfaill Y Meddyg Du).

2. *Twm o'r Nant: Dwy Anterliwt. Cyfoeth a Thlodi a Tri Chydymaith Dyn*. Gol. Adrian C. Roberts. ISBN 978-0-9566516-2-4. Pris £15. Dwy o ddramâu'r athrylith o'r Nant, y naill heb ei chyhoeddi oddi ar 1889, a'r llall oddi ar yr argraffiad cyntaf, 1769!

3. *William Williams: Prydnawngwaith y Cymry*. Gol. Dafydd Glyn Jones. ISBN 978-0-9566516-3-1. Pris £10. Y llyfr Cymraeg printiedig cyntaf (1822) ar Oes y Tywysogion, ynghyd â detholiad o ysgrifau a cherddi'r gŵr amryddawn o Landygái.

4. *Emrys ap Iwan: Breuddwyd Pabydd wrth ei Ewyllys*. Gol. Dafydd Glyn Jones. ISBN 978-0-9566516-4-8. Pris £8. Gweledigaeth ddychanol y cenedlaetholwr mawr ym 1890 ar Gymru 2012.

DALEN NEWYDD

Dyma a ddywedwyd am gyfrol gyntaf y gyfres,

CANU TWM O'R NANT:

'Bellach dyma ddetholiad o ganeuon, areithiau ac ambell ddeialog o'r anterliwtiau a phrif waith barddonol Twm o'r Nant yn cael ei gyflwyno i ganrif newydd, gyda nodiadau manwl, geirfa a rhagymadrodd gwerthfawr.' – *Llafar Gwlad.*

'Mae Dafydd Glyn Jones wedi dethol yn ofalus o waith Twm o'r Nant – ei gerddi a'i anterliwtiau, ac mae'n ffynhonnell hollbwysig i unrhyw un yn astudio hanes neu lenyddiaeth Cymru.' – *Y Faner Newydd.*

'Dyma ddetholiad diddorol a chytbwys, wedi ei osod yn drefnus gymen. ... Cyflwynwyd rhagymadrodd eglur, hawdd ei dreulio, wedi ei rannu'n adrannau hylaw, ac sy'n trafod gwahanol agweddau ar y bardd a'i gyfnod. At hynny, cyflwynwyd nodiadau byr a pherthnasol ar ambell bwynt o dywyllwch yn y cerddi, a geirfa dra defnyddiol sy'n esbonio ystyr ambell air diarffordd. Nid oes esgus dros ddiystyru cerddi'r Bardd o'r Nant ragor.' – *Gwales.com*

'Cyfrol sy'n werth ei chael ac sy'n rhoi golwg o'r newydd ar weithiau ffraeth un o gymeriadau mawr ein cenedl.' – *Fferm a Thyddyn.*

'Dyma fenter, i'w chanmol yn fawr, gan ysgolhaig ar ei liwt ei hun. Ni fu casgliad mawr o waith yr hen Dwm ar gael ers 1889. Detholiad yw hwn o ryw bedwar ugain cerdd, o'r pum cant a adawodd, a cheir arolwg, geirfa a nodiadau tra gwerthfawr. Addewir y bydd y gyfres yn dwyn i olau dydd weithiau clasurol na buont ar gael ers hydoedd.' – *Y Casglwr.*

'[Y] mae dewis cyflwyno gwaith baledwr ac anterliwtiwr fel hyn yn awgrymu y bydd y gyfres yn herio ein rhagdybiaethau ac yn ein gorfodi i ailgloriannu statws a chyfraniad rhai o feirdd ac awduron y gorffennol.' – *Llên Cymru.*

CYFROLAU CENEDL

'Arwydd o genedl sy'n falch o'i thraddodiad llenyddol yw ei pharodrwydd i gadw testunau a fu'n gerrig milltir pwysig yn y traddodiad hwnnw mewn print. Cyfres sy'n amcanu i wneud hynny yw Cyfrolau Cenedl o wasg Dalen Newydd. ... Bydd hon yn gyfres bwysig.' – *Llafar Gwlad*.

I ddilyn yn y gyfres hon:

Beirniadaeth John Morris-Jones. Detholiad o feirniadaethau ac ysgrifau'r beirniad Cymraeg mwyaf ei ddylanwad erioed.

Rhywbeth yn Trwblo. Casgliad o straeon ysbryd gan ein prif awduron.

Cerddi Goronwy Owen. Y casgliad cyflawn cyntaf oddi ar 1911!

Llythyrau Goronwy Owen. Y golygiad cyntaf oddi ar gasgliad J.H. Davies, 1924, sydd bellach yn llyfr eithriadol brin.

O Lwyfan yr Anterliwt. Golygfeydd o waith diddanwyr poblogaidd y 17-18 ganrif – Huw Morys, Huw Jones, Elis y Cowper, Siôn Cadwaladr, John Thomas ac eraill. Defnydd na bu ei fath, gan fechgyn ar y naw!

Drych y Prif Oesoedd. Golygiad newydd – y cyntaf oddi ar 1902! – o argraffiad 1740 yn gyfan.

Daniel Owen: Y Dreflan. Pob beirniad yn ei thrafod, ond neb yn ei gweld!

Daniel Owen: Gweithiau Byrion. Detholiad newydd o weithiau llai y gŵr o'r Wyddgrug.

Samuel Roberts: Cynhyrfwch! Cynhyrfwch! Casgliad newydd o weithiau'r radical mawr o Lanbrynmair.

Taith y Pererin. Mawr ei fri a'i ddylanwad yn ei ddydd. Gadewch inni ei weld!

Brut y Tywysogion. Diweddariad yn iaith heddiw o brif ffynhonnell Gymraeg hanes Cymru'r Oesau Canol.

Sieffre o Fynwy: Brut y Brenhinedd. Yr hen glasur celwyddog, camarweiniol mewn Cymraeg modern.

Gildas: Coll Prydain. Trosiad newydd o 'lyfr blin' ein hanesydd cyntaf!

Nennius: Hanes y Brytaniaid. Ffynhonnell cymaint o hanes a chwedl. Trosiad Cymraeg newydd.

... A rhagor – yn cynnwys ambell syndod!

OS BYW AC IACH!

ac *OS CEIR CEFNOGAETH!!*

DALEN NEWYDD